FAHIM AMIR lebt als Philosoph und Autor in Wien. Amir lehrte an Universitäten und Kunsthochschulen in Europa und Lateinamerika; er beschäftigt sich mit den Übergängen von NaturKulturen und Urbanismus, Kunst und Utopie, kolonialer Historizität und Modernismus. Amir war war u. a. Kurator des Live Art Festivals (Kampnagel Hamburg, 2013), einer Kunstausstellung (Secession Wien, 2014) und eines Symposiums für Neue Musik (Internationale Ferienkurse Darmstadt, 2016). Er arbeitete mit Künstler*innen wie Chicks on Speed, Deichkind, Ted Gaier und Rocko Schamoni. Amir war u. a. Mitherausgeber von *Transcultural Modernisms* (Sternberg Press, 2013) und schrieb das Nachwort zur deutschen Übersetzung von Donna Haraways *Manifest für Gefährten* (Merve, 2016).

Schwein und Zeit wurde mit dem österreichischen Karl Marx Preis geehrt, stand auf der Sachbuch-Bestenliste von Deutschlandfunk Kultur, ZDF und Die Zeit und wurde von Goethe-Institut und Frankfurter Buchmesse zu einem der besten Bücher des Jahres 2019 gewählt. Es ist ins Englische (Between the Lines, 2020) und Persische (Elm, 2021) übersetzt worden und erscheint 2022 in französischer Übersetzung (Editions Divergences). Auszüge des Buches wurden 2021 am Wiener Burgtheater aufgeführt.

FAHIM AMIR

SCHWEIN UND ZEIT

TIERE, POLITIK, REVOLTE

EDITION NAUTILUS

Sofern nicht im
Literaturverzeichnis anders
angegeben, sind alle
Übersetzungen vom Autor

Edition Nautilus GmbH
Schützenstraße 49 a
D-22761 Hamburg
www.edition-nautilus.de

Originalveröffentlichung
Erstausgabe September 2018
Umschlaggestaltung:
Maja Bechert
www.majabechert.de
Autorenporträt Seite 2:
© Jakob Gsöllpointner

MIX
Papier aus verantwortungsvollen Quellen
FSC® C083411

Druck und Bindung:
CPI – Clausen & Bosse, Leck
2., vom Autor aktualisierte
und ergänzte Auflage
November 2021
ISBN 978-3-96054-274-2

VORWORT ZUR ZWEITEN AUFLAGE

Lass die Affen aus'm Zoo
Haftbefehl

Dieses Buch ist ein Plädoyer für Leben und Kämpfen in ökologisch und politisch verschmutzten Räumen. Wir leben nach Tschernobyl und Fukushima im Zeitalter von E-Nummern und nichtdeklarierten Inhaltsstoffen. Wie übernächtigte Raver müssen wir uns eingestehen: Wir sind schon verstrahlt, es gibt kein Zurück mehr. Doch wir sind nicht ganz allein als urbanes Strandgut am Tag nach der Party angespült worden. Wenn wir um uns blicken, erkennen wir die Konturen anderer Ökologien: Virtuos singende Hormonvögel und mexikanische Nikotin-Nestbaupraktiken höhlen die Idee einer »unberührten« Natur aus. Stadttauben eignen sich als »Ausländer« der urbanen Tierwelt die Stadt an, während ökologische Ordnungshüter*innen an älteren Frauen verzweifeln, die sich nicht am Taubenfüttern hindern lassen wollen.

Hatte einst Brecht das Theaterpublikum angeherrscht: »Glotzt nicht so romantisch«, so sollten auch wir unsere Vorstellungen von Natur entromantisieren und politisch mutieren lassen. Denn Kritik an Umweltzerstörung basiert meist auf konservativen Ideen einer »jungfräulichen Natur« oder wird in die ökokapitalistische Sorge um nachhaltiges Ressourcenmanagement transformiert.

Die Biodiversität, um die es in dem Buch geht, ist die der Widerständigkeit – auch an unerwarteten Orten: Unbeherrschte Ansammlungen von Menschen und Schweinen widersetzten sich der Zähmung New Yorks zu Beginn des neunzehnten Jahrhunderts. Fünfzig Jahre später provozierten renitente Paarhufer in Chicago und Cincinnati die Entwicklung des Fließbands.

Die Geschichte malariöser Moskitos und die Versuche ihrer Bekämpfung werfen ein stroboskophaftes Licht auf neokoloniale Beziehungen zwischen medizinischen und politischen Fieberschüben. Die klimatisch unmögliche Termitenkolonie von Hamburg lässt uns über die Bedeutung von Lebensräumen und deren Invasion nachdenken.

No space is innocent

Während sich in der biofleischgewordenen Idee von Artgerechtigkeit Vorstellungen des guten Lebens mit Bildern des schönen Lebens verbinden, geht es hier um etwas anderes. Tiere und Menschen werden als politische Artgenossen in den Blick genommen. Die Geschichte und Gegenwart von Tieren werden aus einer Perspektive der Kämpfe erzählt. Daraus kann nichtunschuldige Solidarität entstehen, anstatt in den paternalistischen Fallen von Mitleidsethik und Verantwortungsrhetorik zu verharren. Nicht um moralische Selbsterhöhung oder marktförmige Imaginationen gesellschaftlicher Reform durch korrekten Konsum geht es hier, sondern um utopische Momente und tierliche Revolten.

Diese Verschiebung der Perspektive auf Tiere als politische Akteure macht es möglich, ihre Bedeutung anders als bisher gewohnt in den Blick zu nehmen. So erscheinen Tiere nicht mehr nur als klassistische, sexistische oder rassistische Markierungen, sondern erweisen sich als mehr-als-menschliche diskursive Räume, innerhalb derer sich Kämpfe artikulieren. Denn Tiere teilen nicht nur unsere Räume, sie bewohnen auch unsere Träume.

Bei einer Publikumsdiskussion nach einer Lesung aus *Schwein und Zeit* berichtete die Leiterin einer großen Wohneinrichtung für Flüchtlinge, dass es in den letzten Jahren nicht immer einfach war, den aus dem Libanon, Afghanistan usw. Geflüchteten »hiesige« Werte zu erklären. Nur eines wollte sie nie wieder hören: das hartnäckige und unverbesserliche Unverständnis der Flüchtlinge, warum Tauben nicht gefüttert werden dürfen.

Nicht nur leben heute die meisten Menschen in Städten, hier wird auch die größte Wirtschaftsleistung erbracht und am meisten konsumiert. Die Zukunft des Planeten wird sich in den Städten entscheiden. Aber weder die Natur noch die Stadt sind für alle gleich. Für manche Wesen, menschliche und nichtmenschliche, wird der Aufenthalt im öffentlichen Raum erschwert. Deshalb sind diese Zusammenhänge nicht von der Frage zu trennen: Wem gehört die Stadt? Auch darum geht es in *Schwein und Zeit*. Das Buch will zu einer Weitung unseres ökologischen und politischen Vorstellungshorizonts beitragen.

Dabei ist Humor unverzichtbar. Denn je brisanter eine politische Frage, wie heute die der »ökologischen Krise«, desto wichtiger ist es, nicht zu verkrampfen. Wer allzu fest zupackt, beschädigt dabei womöglich den Gegenstand und kann außerdem nicht mehr loslassen.

Wir brauchen Tiere, um uns in ihnen als ähnlich oder anders zu erkennen, so der Historiker Boria Sax: »Jedes Tier ist eine Tradition, und zusammen bilden sie den Großteil unseres Erbes als menschliche Wesen. Keinem Tier fehlt die Menschlichkeit völlig, wie auch keine Person jemals vollkommen menschlich ist. Für sich selbst genommen, sind wir Menschen einfach Klumpen Protoplasma.«[1]

Sofern wir also nicht nur ein »Klumpen Protoplasma« sein wollen, stellt sich die Frage, im Spiegelbild welcher Wesen wir uns erkennen und verkennen wollen – nicht im Sinn absoluter Erkenntnis, sondern im Sinn einer provisorischen und politischen Frage. Metaphorische und materielle Ebenen können dabei nicht immer auseinandergehalten werden – und müssen dies auch nicht. Und überhaupt: Wie soll der Spiegel beschaffen sein, in welchem wir uns betrachten und in welchem sich die Tiere widerspiegeln? In *Schwein und Zeit* ist es Sozialgeschichte und politische Theorie auf der Grundlage eines leicht verwilderten Kulturmarxismus.

Aus Angst vor der »Schweinegrippe« diktieren Risikoalgorithmen schon länger das Leben der Menschen in der Schweineindustrie. Mit dem Auftreten des neuartigen Coronavirus ist es zu einer Globalisierung solcher Biosicherheitsregeln gekommen. Dies ist kein Zufall.

Denn der Coronavirus-Erkrankung ging das Fieber der neoliberalen Reformen und Freihandelsabkommen der 1990er Jahre voraus. Der mit diesen Reformen verbundene Marktradikalismus führte in vielen Ländern zu einer schlechter ausgestatteten öffentliche Gesundheitsversorgung sowie generell zu einem Abbau staatlicher Regulierungen in Bereichen wie Lebensmittelqualität, Tierhaltung und Fleischverarbeitung. Schrittweise wurde die profitorientierte Ausnutzung unterschiedlicher Standards des Arbeitsrechts und des Umweltschutzes erleichtert. So ermöglichte beispielsweise das Nordamerikanische Freihandelsabkommen von 1994 US-Investoren die Errichtung industrialisierter Schweinefarmen in Mexiko. Nicht lange danach, im Jahr 2009, brach dort die »Schweinegrippe« aus.

Im postmaoistischen China wiederum war die Geflügelzucht einer der ersten Wirtschaftszweige, der für Marktmechanismen geöffnet wurde. In den 1990er Jahren verdrängten Großkonzerne immer mehr kleine Produzenten vom Markt. In der Folge wechselten viele Bauern und Bäuerinnen zu lokalen Vogelarten oder ungewöhnlichen Zuchtlinien. Dazu gehörten jene Wildgänse, die im Jahr 2005 eine wesentliche Rolle beim Ausbruch der »Vogelgrippe« spielten. Vielerorts wurde die verarmte Landbevölkerung dazu gedrängt, auf die Haltung oder Bejagung wilder Tiere wie Bambusratten, Schuppentiere oder Zibetkatzen umzusatteln; letztere gelten als die Ursprungswirte des SARS-Ausbruchs von 2002/2003.

In vielen Teilen Afrikas wird das Fleisch von Wildtieren als »Buschfleisch« bezeichnet. Heute ist Buschfleisch, das mit dem Auftreten von HIV und Ebola in Verbindung gebracht wird, wieder stark auf dem Vormarsch. Dank der Straßen, die ursprünglich für den Bergbau und die Holzwirtschaft gebaut wurden, dringen Jäger immer tiefer in die Wälder vor. Die Zunahme der Jagd, des Verzehrs und des Verkaufs von Buschfleisch hat mit dem Zusammenbruch der Kleinfischerei zu tun. Die Europäische Union, China und Südkorea haben mit ihrer industriellen Überfischung und dem daraus resultierenden Zusammenbruch der Fischpopulationen an den afrikanischen Küsten maßgeblich dazu beigetragen.

Beziehungen und Prozesse wie diese geraten aus dem Blick, wenn in Medienberichten über ein als »chinesisch« bezeichnetes Virus die Aufmerksamkeit auf scheinbar extravagante kulinarische Vorlieben und exotische »wet markets« gelenkt wird. Letztere sind zumindest öffentlich, während das, was in westlichen Schlachthöfen vor sich geht, in der Regel dem öffentlichen Blick entzogen bleibt. Im Westen werden gegenüber den Exzessen der Landwirtschaft und der Lebensmittelindustrie gern der lokale Markt und der kleine Bauernhof in Stellung gebracht. Im »selbstgerechten Blick auf die Anderen«[2] haben sich solche Vorstellungen schnell in das dystopische Bildvokabular pandemischer Imaginationen verwandelt. Vergleichbare Zusammenhänge zwischen Gesellschaft, Geschichte, Wirtschaft, Alltagskultur und Politik aufzuzeigen, ohne die weder Natur noch die Rolle von Tieren begriffen werden kann, ist ein Anliegen dieses Buches.

Zur Lektüre

Die Kapitel bauen aufeinander auf, dies bedeutet aber keineswegs, dass sie in dieser Reihenfolge gelesen werden müssen: Jedes Kapitel steht für sich und kann nach eigenen Interessen als Einstieg in das Buch gewählt werden. Während beispielsweise das Einleitungskapitel für diejenigen besonders relevant ist, die sich für Methodenfragen, Motivationslandschaften und biografisch-impressionistische Kontexte interessieren, ist das Schlusskapitel etwas exemplarischer verfasst und bezieht kompakt Stellung.

EINLEITUNG

Nur ein Verrückter würde behaupten, Tiere seien politisch. Dieser Verrückte bin ich. Vielleicht erscheint die Idee politischer Tiere nach der Lektüre dieses Buches nicht mehr ganz so verrückt. Aber selbst wenn, ist dies möglicherweise nicht ganz so schlimm, versicherte uns einst eine deutsch-amerikanische Diva: Wer nicht verrückt wird, der ist nicht normal.

Damit sind wir schon bei einer der Gewissheiten, die dieses Buch in Zweifel zieht. Ist der sogenannte Vollbesitz menschlicher Fähigkeiten eine unbedingte Voraussetzung dafür, politisch zu sein, und wen schließt das aus?

Diese Fragen lassen sich bis zu den Ursprüngen des Wortes »politisch« zurückverfolgen, das sich von der altgriechischen *Polis* ableitet: Dabei handelte es sich um die Bezeichnung für das religiöse und administrative Zentrum des antiken Stadtstaates sowie für die dort versammelten Bürger. Seit es das Wort überhaupt gibt, war der Ort des Politischen als ein Raum definiert, zu dem weder Pflanzen noch Tiere, weder Sklaven noch Frauen Zutritt hatten. Hier waren nur freie griechische Männer zugelassen. Alle anderen wurden an den Rand der Polis verbannt, wo sie entweder arbeiten mussten oder aufgefressen wurden.

Im Gegensatz dazu argumentiert dieses Buch, dass es reicht, sich der eigenen Beherrschung zu widersetzen, um politisch aktiv zu sein. Der Raum des Widerständigen ist durch ein Kontinuum von Widerstandsformen gekennzeichnet, nicht von einer »the winner takes it all«-Situation, wo alles Menschliche politisch ist und alles Nichtmenschliche frei davon.

Zwischen der *Widerständigkeit* eines Tierknochens gegen seine Bearbeitung und dem voll ausgewachsenen *Widerstand* einer revolutionär gesinnten Organisation, die ihre Feuertaufen in zahlreichen historischen Konflikten bestanden hat, gibt es ein Kontinuum von Widerstandsformen. Tiere sind Teil davon, so ein wesentlicher Gedanke dieses Buches. Das bedeutet keine Gleichmachung mit Menschen, sondern die Herausarbeitung »partieller Verbindungen«[1].

Kategorien haben ihren Sinn, denn sie ermöglichen Orientierung. Zugleich ist sowohl die Welt selbst in Veränderung als auch die Begriffe und Theorien, die versuchen, sich einen Reim auf diese Welt-in-Bewegung zu machen. Dies gilt besonders für die Moderne: Da Kapitalismus immer ein Neo-Kapitalismus ist, der seine Grundlagen und Mittel unaufhörlich revolutioniert, hinkt die Theorie meist der gesellschaftlich-konkreten Veränderung hinterher. Zugleich leben wir nach wie vor im Kapitalismus, nicht im Postkapitalismus, deshalb ist die Aufmerksamkeit gegenüber Neuem genauso wichtig wie strukturelle Kontinuitäten nicht aus dem Blick zu verlieren. Hinzu kommt das Erfordernis, die Auseinandersetzung mit wissenschaftlichen Diskursen auf der Höhe der Zeit zu suchen, ohne sich die kritischen Haare vom Kopf wehen zu lassen.

Angesichts des Gegenwinds neigt das kritische Denken dazu, sich zu verhärten, sich auf die Verteidigung des einmal Erkannten zu versteifen, aus Angst, dies auch noch zu verlieren – nachdem die gesellschaftliche Realität wenig Anlass zur Hoffnung auf einen Wetterwechsel gibt. Gerade in dieser Situation wäre es paradoxerweise noch wichtiger voranzuschreiten, die adäquatesten und ermächtigendsten Gedanken zur Funktionsweise der Gegenwart vorzulegen und die engagiertesten Kräfte der Gesellschaft um die konsequentesten Analysen herum zu sammeln.

Zu den engagiertesten Kräften der Gesellschaft zählen zunehmend diejenigen, die sich auf Tiere beziehen. Die Reaktion des Staates auf tierpolitischen Aktivismus spricht Bände – wie im Fall des »Wiener Neustädter Tierschützerprozesses« und seiner beunruhigenden Umstände.[2]

Immer mehr Menschen politisieren sich über die Kritik an der gesellschaftlichen Behandlung von Tieren. Diese positive

Entwicklung durch gesellschaftstheoretische und sozialhistorische Analysen zu reflektieren ist Ziel dieses Buches und ein Beitrag zu kritischer Philosophie – diese verstand Marx, wie er es in seinem Brief an Arnold Ruge 1843 selbst ausdrückte, als »Selbstverständigung der Zeit über ihre Kämpfe und Wünsche«[3].

Bei Tieren wird die Linke rechts

Der Umgang der DDR mit der Frage nach dem Tier, wie er von Anett Laue in ihrem Buch *Das sozialistische Tier*[4] erforscht wurde, könnte exemplarisch für den bisher vorherrschenden Umgang mit der Frage nach dem Tier in der marxistischen Tradition stehen. Die vollständige Nutzbarmachung der Natur als Ziel sozialistischer Politik umfasste selbstverständlich Tiere als Teil ebendieser Natur: Die Entwicklung des Broilers, d.h. des industriellen »Brathähnchens«, wurde gefeiert; Tierschutzvereine wurden als unerwünschter Ausdruck eines bürgerlichen Individualismus von »Hundeonkeln und Katzentanten« aufgelöst. Das war nicht nur »sachgerecht« – wie der angemessene Umgang mit Tieren in staatssozialistischer Diktion lautete –, sondern konnte sich auch auf Marx berufen. Im *Manifest der Kommunistischen Partei* hatte dieser es sich nicht nehmen lassen, die »Abschaffer der Tierquälerei« zu desavouieren, die er zum »konservative[n] oder Bourgeoissozialismus« rechnete und die seines Erachtens danach strebten, »den sozialen Mißständen abzuhelfen, um den Bestand der bürgerlichen Gesellschaft zu sichern«[5].

Das erste Tierschutzgesetz bekam die DDR im Oktober 1989, d.h. im letzten Monat ihres Bestehens. Dieses Gesetz ging zwar weit über die bundesdeutschen Bestimmungen hinaus, doch es war zu spät: Das BRD-Tierschutzgesetz hatte Vorrang im wiedervereinigten Deutschland. Anlass für den späten Sinneswandel in der DDR war das Erstarken der Ökologiebewegung; bis dahin hatte, bis auf zwei Änderungen, das nationalsozialistische Reichstierschutzgesetz von 1933 gegolten.

Die beiden Änderungen betrafen zum einen die Abschaffung des antisemitisch motivierten Schächtverbots sowie zum anderen die Herabsetzung des Strafmaßes für Tierquälerei von bis zu zwei Jahren auf bis zu sechs Monate.[6] Bruno Kiesler, Leiter der Abteilung Landwirtschaft beim ZK der SED, hatte schon 1962 gemahnt: »Wir können doch nicht bis in den Kommunismus mit einem Tierschutzgesetz von 1933 arbeiten.«[7]

Auf marxistischer Grundlage sind wir seitdem kaum weitergekommen: Bei Tieren wird die Linke rechts. Das soll heißen, es gibt kaum fortschrittliche Positionsbildung, die sich von der Hegemonie bürgerlich-liberaler Diskursbildung abhebt. Die Zeiten verlangen es jedoch: Hatte sich Marx in einer Rezension über die »gemüthlichen Vereine zur Abschaffung der Thierquälerei«[8] lustig gemacht, war George W. Bush das Lachen wohl längst vergangen, als er am 27. November 2006 seine Unterschrift unter den *Animal Enterprise Terrorism Act* setzte. Dieses umstrittene Gesetz stellt alle Handlungen »mit der Absicht, die Tätigkeiten tiernutzender Unternehmen [›Animal Enterprises‹] zu beschädigen oder zu beeinflussen«, als »Terrorismus« unter Strafe.[9] Bezeichnenderweise lautet der Titel eines Buches, das die Folgen dieses Gesetzes für tierpolitische Aktivist*innen beleuchtet, *Green Is the New Red.*[10]

Tiere als Täter

Dies ist eine Streitschrift für eine Politisierung der Tierfrage auf der Grundlage eines leicht »verwilderten« Marxismus. Dieses Anliegen ist dringlich, denn egal, ob es um Jagd, Zoos, Zirkusse oder Tierversuche geht, ob Pelz, Gänsestopfleber oder Massentierhaltung zum Problem werden, ob an Walfang, an Tiertransporten oder auch an ganz normaler Fleischproduktion Kritik geübt wird – Tiere erregen die Herzen so sehr wie sonst weniges. Doch anstatt den fortschrittlichsten Kräften sozialer Veränderung tiefergehende und weiterreichende Antworten zu liefern, die über bürgerlich-liberale Versprechungen hinausgehen, trotten marxistische Ansätze diesen hinterher. Sowohl bei der Analyse der Rolle von Tieren im Kapitalismus als auch bei der Kritik des Status quo von Tieren in konkreten Gesellschaften erinnert die Linke oft an eine traurig-ratlose Arrièregarde.

Dies gilt umso mehr für den Marxismus, der sich bei Tieren nie von bürgerlich-liberalen Diskursen emanzipiert hat – wenn er überhaupt jemals etwas Fortschrittliches zu diesem Thema zu sagen hatte, das über naiv verhegelte oder idealistisch-humanistische Plattitüden hinausging. Was Paul B. Preciado über den Feminismus sagt, gilt auch für die Geschichte der Arbeiter*innenbewegung. Stimmen aus dem Inneren dieser Bewegung wurden zuerst an den Rand gedrängt und dann vergessen, um heute »seltsam« zu erscheinen. Im Folgenden geht es darum, einige zentrale Grundlagen der politischen Auseinandersetzung um Tiere zu reflektieren.

Wenn wir für einen Moment jene hoffnungslosen Murxist*innen, für die der Sozialismus in der restlos perfektionierten Beherrschung und Ausbeutung von Tieren besteht, beiseiteschieben und Ultrahumanist*innen ignorieren, die sich weigern, über Tiere zu sprechen, solange nicht alle Probleme der Menschen für immer gelöst sind, würden wohl die meisten Menschen zustimmen, dass Tiere vor unbotmäßiger oder extremer Gewalt geschützt werden sollten.

Dabei ist die politische Frontstellung primär von zwei unterschiedlichen Ansätzen geprägt: Zum einen gibt es den Tierschutz, der das Los der Tiere graduell verbessern will, und zum anderen gibt es Tierrechtler*innen und Tierbefreier*innen, die die Abschaffung des Eigentumsverhältnisses Tieren gegenüber zum Ziel haben.

Aber ganz gleichgültig, ob mildtätig Tierschutzbewegte oder militante Tierrechtsaktivist*innen – eines vereint beide Seiten dieser Frontstellung: Tiere werden als Opfer gedacht, denen das Elend dieser Welt zustößt. Diesen archimedischen Punkt nehmen auch zeitgenössische Moralphilosophien ein, wenn sie Tiere als unmündige »moral patients« fassen, denen souveräne Menschen als »moral agents« gegenüberstehen; diese Position vertraten auch Adorno und Horkheimer in ihrer *Dialektik der Aufklärung* (1947), wo sie den Umgang mit Tieren als wesentlichen Aspekt innerer und äußerer Naturbeherrschung verstanden.

Diesen vorherrschenden Positionen in der Tierfrage wird hier ein anderer Blickwinkel gegenübergestellt: Hier geht es darum, die Geschichte der Tiere als Teil von Klassengesellschaften aus einer *Perspektive der Kämpfe* zu denken. Hat Marx die Hegelsche Dialektik vom Kopf auf die Füße gestellt, wie es gemeinhin heißt, so ist es damit noch nicht getan – sie muss auf die Hufe und Pfoten gestellt werden.

Ich schlage vor, Tiere als politische Akteure des Widerstands zu fassen und tierlichen Widerstand als Motor für die Modernisierung kapitalistischer Produktionsformen zu verstehen. Tiere werden hier nicht als halb so intelligent oder ein Viertel so kreativ wie Menschen gefasst, wie dies populärwissenschaftlich so gerne geschieht, nicht als Sekundär-Entitäten ohne eigene ontologische Qualität, sondern als mächtige Koproduzent*innen von Welt.

Der gesamte Apparat an Zäunen, Käfigen, Gehegen, Überwachungs- und Monitoringsystemen ist eine Antwort auf die monströse Akteurschaft von Tieren, sie betont ihre weltformierende Kraft, anstatt sie stets als defizitär (zu wenig Sprachfähigkeit, zu wenig Abstraktionsfähigkeit, zu wenig Planungsfähigkeit usw.) zu verstehen, wie dies für gewöhnlich passiert.

Der Widerstand der Tiere ähnelt natürlich so gar nicht liberalen Vorstellungen zivilgesellschaftlicher Partizipation an bürgerlichen Selbstgesetzgebungsprozessen. Tiere verfassen keine Unterschriftenlisten, starten keine Bürgerinitiativen, gehen weder wählen noch kandidieren sie selbst. Der Widerstand von Tieren ähnelt mehr dem Widerstand von US-Sklav*innen vor dem amerikanischen Bürgerkrieg: individuelle und kollektive Arbeitsverweigerung, Sabotage, Flucht, Gewalt gegen ihre Besitzer*innen.

Er erinnert auch eher an Aufstände in den Banlieues: Das Anzünden von Autos und öffentlichen Verkehrsmitteln, die Entglasungen und Plünderungen erscheinen in der öffentlichen Wahrnehmung ebenfalls als »unpolitisch«, weil sie sich nicht in den repräsentativ-politischen Horizont einfügen. Doch auch die Kritik des Brandsatzes ist eine brennende Kritik, und auch die individuelle Enteignung ist eine Form politischer Aneignung. Was angegriffen wird, ist nicht zufällig.

Wenn mit Michel Foucault gesagt werden kann, dass Kritik die Weigerung bedeutet, so regiert zu werden, ist jeder Fluchtversuch von Tieren auf dem Weg zum Schlachthof eine praktische Kritik der Verhältnisse – ohne vorher eine Akademie für Staatsbürgerkunde durchlaufen zu haben, um rechtsphilosophisch gültige Kritik üben zu dürfen. Das Marx'sche Diktum zur Funktionsweise der Ideologie – *sie wissen es nicht, aber sie tun es* – gilt auch für den Widerstand von Menschen und Tieren innerhalb ideologischer Verhältnisse.

Eng gefasste Intentionalität als Lackmustest politischer Souveränität frei über sich verfügender Subjekte muss eine solche Widerständigkeit ausschließen. Doch von *Cultural Studies* und *Psychoanalyse* haben wir gelernt, dass es diese Formen des Widerstands nichtsdestotrotz gibt. Weder für Menschen noch für Tiere muss Kritik bewusst oder begrifflich verfasst sein, sonst würden wir in einer Welt ohne gegenkulturelle Moden, ohne Unbewusstes und Träume leben.

Kollektive Körperschaften

Wenn kollektive Willensbildung die Voraussetzung für demokratische Partizipation und sozialistische Räteherrschaft darstellt, so ließe sich fragen, ob es dafür nicht auch eines kollektiven Körpers bedarf. Dieser kollektive Körper müsste weder die – sozialhistorisch spät etablierte – Körpergrenze zum Problem erheben noch in den Abgründen nationalsozialistischer Vorstellungen völkischer Körperlichkeit verkümmern. Sowohl in den Widerstandspraktiken gemischter, menschlich-tierlicher Akteurschaften als auch in der herrschaftlich-abwertenden Begriffsbildung werden Konturen einer solchen kollektiven politischen Körperlichkeit sichtbar, die den Ausdruck der Solidarität verdienen. Diese sind selten unschuldig. Menschen und Tiere bilden Assemblagen von Kampfgefährt*innenschaft, die zusammen Politik und Leben zu beeinflussen vermögen. Denn Tiere treten nicht nur als »Staatsfeinde« auf – wie im maoistischen Versuch der »Ausrottung der vier Übel« (Ratten, Fliegen, Stechmücken und Sperlinge) während des *Großen Sprungs nach vorn* –, sondern sie affizieren Menschen und rufen Gefühle hervor, die Teil von staatlichen Reformprozessen werden oder über sie politisch hinausgehen können.

Die tierethisch vorherrschende Frage »Können sie leiden?« weicht hier einem anderen Interesse: Wo und wie leisten und leisteten Tiere Widerstand, und wo gibt und gab es Kampfgefährt*innenschaften zwischen Menschen und Tieren? Daraus kann Solidarität entstehen statt bloß paternalistisches Mitleid.

Mitleid hat nicht selten sozialchauvinistische Züge: Vergessen wir nicht, dass Adolf Hitler *Mein Kampf* während seiner Landsberger Haft auf dem Schreibpapier der Familie Wagner schrieb, ein Reproduktionszusammenhang, in welchem Vegetarismus als Moral der Herrenmenschen hoch im Kurs stand.[11] Der von Klassenvorurteilen durchtränkte und kulturalistisch verbrämte Gestus der besseren Behandlung von Tieren durch bessere Menschen ist ein Erbe des Mitleid-Gedankens, der, in neue Schläuche gegossen, als Sittlichkeitsgebot zeitgenössischer Ethik in Supermarkt-Regalordnungen wiederauftaucht.

Tiere als Projektionsflächen des Klassenkampfs

Schon die ersten Tierschutzgesetze waren von Klassenverhältnissen durchdrungen.[12] Eines der ersten Tierschutzgesetze der westlichen Welt, ein britisches Gesetz zum Schutz von Zugpferden vor unbotmäßiger Gewalt durch Kutscher, zeigt dies deutlich. Es handelte sich nicht zufällig um das als »edel« und repräsentativ geltende Pferd, das vor der plebejischen Gewalt geschützt werden sollte, während die Gesetzgeber im House of Lords kein Problem damit hatten, im Rahmen herrschaftlicher Jagden Füchse zu Tode zu hetzen. Ein anderes frühes Tierschutzgesetz, ebenfalls in Großbritannien erlassen, schränkte Hundekämpfe massiv ein. Die Beschneidung von Ohren und Schwänzen für hunderassentypische Erscheinungsbilder galt nicht als problematisch, sehr wohl aber ein Sich-Zusammenfinden der emotional aufgeheizten Unterschicht in unkontrollierten Räumen.

Ein Blick ins Heute zeigt die ungebrochene Kraft des Tier-Klassismus von oben: Die deutsche Reality-Doku-Serie »Die Haustier-Nanny« ist ein zeitgenössischer Fall einer solchen Klassenpädagogik, die sich auf das Tierliche richtet, um zugleich die Menschen zu dressieren. Eine Expertin der Haustierhaltung besucht Familien und ihre Haustiere, um zu »helfen«. In jeder Folge zeigt sich aufs Neue, dass die betroffenen Unterschichtmenschen sich nicht nur geschmacklos kleiden und stillos leben, nein, sie behandeln auch noch ihre Tiere schlecht. Man hat es ja schon immer gewusst. Ein klarer Fall für humanistische Interventionspolitik.

Ähnlich ist es um die globale Verteilung von Tierquälerei bestellt: Es sind immer die »Anderen«, die die Tiere schlecht behandeln – Chines*innen ist Tierleid angeblich egal und die Menschen an den Peripherien der westlichen Welt lassen Katzen und Hunde in ihrem Elend existieren, ohne ihnen mit wohlfahrtsstaatlichen Agenturen zu Leibe zu rücken.

In diesen unterschiedlichen Kontexten reproduziert sich die humanistische Maxime, dass der Umgang mit den Tieren ein Gradmaß für zivilisatorische Entwicklung sei. Herrenmenschenmoral ist dieser Sittlichkeit der besseren Menschen nicht fremd. Statt moralisierende Handlungsanweisungen vom Urteilsthron des bürgerlichsten Teils der Philosophie, der Ethik, zu geben, versteht sich der vorliegende Ansatz als Beitrag zur Ausformung politischer Solidarität, die das Empathische in sich aufnimmt, anstatt sich auf Mitleid »von oben« zu beschränken.

Das Drama des revolutionären Begehrens

Die russische Philosophin Oxana Timofeeva spricht von der Perspektive eines *Kommunismus mit nichtmenschlichem Antlitz*. Dies tut sie vor dem Kontext einer Diskussion von Menschenrechten und Bürgerrechten angesichts der Jagd auf illegale Migrant*innen im Mittelmeer und in Europa. Das Problem, das sie hier sieht, ist die Koppelung von Menschenrechten an die nationalstaatliche Gewährleistung dieser Rechte. Unter den gegenwärtigen Bedingungen bedeutet dies, dass Menschenrechte de facto nur Staatsbürger*innen zustehen: »Die Institutionen von Menschenrechten und Bürgerrechten basieren auf dem Ausschluss von Nichtbürgern und Nichtmenschen.«[13] Sie gibt zu bedenken, dass auch Tierbürgerrechte unter den gegenwärtigen Verhältnissen nur mit dem dazugehörigen Apparat von Grenzschutz-Agenturen denkbar wären, die »illegale Tiere aus den Wäldern der globalen Peripherie davon abhalten würden, die glücklichen europäischen Felder zu erreichen«[14].

Revolution ist für Timofeeva niemals nur human, sie ist monströs – so wie die Außerirdischen, die in den Hollywoodfilmen während des Kalten Krieges die Kommunist*innen symbolisierten. Die mit der Revolution verbundene Bewegung über Menschen und Menschenrechte hinaus ist für sie in einem Gedicht mit dem Titel »Ode an die Revolution« (1918) des Sowjet-Dichters Vladimir Majakowski präzise gefasst: »Aufs sinkende Schlachtschiff / schickst du Matrosen, / dorthin / wo vergessen / ein Katerchen miaut.« Dazu schreibt Timofeeva: »Dieses Bild der Revolution ist bemerkenswert und kraftvoll. Es trifft ins Schwarze. Es gibt etwas Absurdes und Irrationales in der exzessiven Großzügigkeit der revolutionären Geste, die Majakowski darstellt – stellen Sie sich vor, wie verrückt ein Armeekommandeur sein müsste, um ein Bataillon von Matrosen, erwachsene bewaffnete Männer, loszuschicken, die ihr Leben für eine winzige, politisch unbedeutende Kreatur riskieren sollen. Genauso sollte sich das Drama des revolutionären Begehrens darstellen.«

Tiere – auch so ein Problem, das Marx nicht gelöst hat

Tiere kommen in Marx' Schriften oft vor, zumeist, um menschliche Arbeit zu illustrieren oder ihre spezifische Qualität in Abgrenzung zu »tierartig instinktmäßigen Formen der Arbeit« zu präzisieren:

»Dem Zustand, worin der Arbeiter als Verkäufer seiner eignen Arbeitskraft auf dem Warenmarkt auftritt, ist in urzeitlichem Hintergrund der Zustand entrückt, worin die menschliche Arbeit ihre erste instinktartige Form noch nicht abgestreift hatte. Wir unterstellen die Arbeit in einer Form, worin sie dem Menschen ausschließlich angehört. Eine Spinne verrichtet Operationen, die denen des Webers ähneln, und eine Biene beschämt durch den Bau ihrer Wachszellen manchen menschlichen Baumeister. Was aber von vornherein den schlechtes-ten Baumeister vor der besten Biene auszeichnet, ist, daß er die Zelle in seinem Kopf gebaut hat, bevor er sie in Wachs baut.«[15]

Wenn sich Marx das Bewusstsein als Architektenhirn vorstellt, übergeht er damit die reale Praxis von Architekt*innen und fällt hinter seine eigenen materialistischen Erkenntnisse zurück. Architekturen entstehen nicht im Kopf und werden dann Wirklichkeit. Die Tätigkeit von Architekt*innen ist Teil einer größeren Topologie vielfältiger Handlungsformen, zu der funktionierende Bleistifte und Stromversorgung ebenso gehören wie unausführbare Bauvorschriften, unberechenbare Arbeiter und Überraschungen aller Art auf der Baustelle – wie Mücken und Malaria.[16] Der rationale Ingenieur/Architekt, der in Marx' Erzählung die geistlose Biene aussticht, ist kein zufälliges Beispiel:

Die Regulierung von Wasserwegen und die Errichtung architektonischer Großprojekte gelten in der Moderne als paradigmatische Triumphe der Beherrschung und Nutzbarmachung von Natur.[17]

Dies bedeutet für die marxistische Auseinandersetzung mit Tieren zwei mögliche Stränge:

1.) Sollten nicht gegenwärtige Erkenntnisse über Fähigkeiten und Qualitäten von Tieren Eingang in die Reflexion Marxscher Überlegungen fließen? Marx bereitete sich akribisch auf jeden Artikel vor, den er publizierte, und las alle Quellen, derer er habhaft werden konnte. In diesem Sinn könnten neue Erkenntnisse aus Ökologie und Ethologie, Philosophie und Ökonomie die Marx'schen Grundannahmen *erweitern*, ohne sie strukturell zu revidieren. Das Marxistische ist die Methode, nicht das Ergebnis, so dieser Strang.

In diese Richtung denkt der bekannte Marxist David Harvey, was die Zielgerichtetheit von Tieren angeht, die für Marx wesentlich war. Wir sind, Harvey zufolge, auch nicht die einzigen Organismen, die die äußere Natur transformieren und sich dabei selbst transformieren: »Bienen machen es, Biber machen es, alle Arten von Organismen tun es.«[18]

2.) Die zweite Richtung argumentiert, dass eine posthumanistische Rekonstruktion grundlegender marxistischer Kategorien unabkömmlich sei, so beispielsweise die berühmte Biologin und heterodoxe Wissenschaftsdenkerin Donna Haraway.[19] Agnieszka Kowalczyk weist auf der Grundlage von Harry Cleavers[20] autonom-marxistischem Verständnis von Marx' *Kapital* darauf hin, dass dieses entweder analytisch oder politisch gelesen werden kann – mit eklatant divergierenden Ergebnissen für das marxistische Projekt und für die Konzeptualisierung von Tieren innerhalb marxistischer Intelligibilität.[21]

Meine Perspektive ist ein Optimismus des Verstandes, der auf kritisch-solidarische Weise dem Marx'schen Projekt die Treue zu halten versucht, auch und gerade indem sozialgeschichtliche Bezüge integriert und Marx-Fremdes in Konversation zu den »Klassikern« gebracht wird.

Tiere sind auf unterschiedliche Weise und in unterschiedlichem Ausmaß Teil der Kontinuität der *lebendigen Arbeitskraft*, die in der marxistischen Tradition der *toten Arbeit* – ein anderes Wort für Kapital – gegenübersteht.

Erstere kann bis zu einem gewissen Grad gezähmt werden, aber sie kann auch verwildern, was ein wiederkehrendes Thema dieses Buches ist. Die dabei entwickelte Perspektive ist nicht die eines Staatsmarxismus, sondern verschreibt sich der Wiederbelebung eines ungezähmten und unberechenbaren Marxismus. In diesem Zombie-Marxismus spielen Tiere eine besondere Rolle, weil sie uns zwingen, liebgewonnene Aspekte von Theorie, Politik und Alltagskultur zu überdenken.

Von Kühen und Küken

Was Jocelyne Porcher getan hat, wäre wohl in Marx' Sinn gewesen: Hatte dieser doch zeitlebens Erfahrungsberichte von Arbeiter*innen und den historischen Bedingungen der Produktion gesammelt. Alle drei Bände des *Kapital* sind voll davon. Marx verteilte bekanntlich sogar Fragebögen an Arbeiter*innen, um Genaueres über die Funktionsweise industrieller Arbeit aus erster Hand zu erfahren.

So ist das Team französischer Arbeitssoziolog*innen um Porcher auch vorgegangen, nur statt mit Fragebögen mittels Videokameras: Im Rahmen eines Forschungsprojektes wurde das Treiben in einem kleineren Kuhstall dokumentiert und analysiert, anstatt wie sonst nur den Bauern zu interviewen.[22] Das Ergebnis von einem Monat 24/7-Überwachung? Kühe üben gewerkschaftsartige Macht aus, denn jüngere Kühe folgen dem Beispiel von älteren Artgenossinnen und bewegen sich zum Beispiel so lange nicht vom Fleck weg, bis bestimmte Forderungen wie Nahrung, Abkühlung u. Ä. erfüllt werden. Doch dies allzu schnell auf alle Tiere zu verallgemeinern, wäre verfrüht, die konkreten Produktions- und Arbeitskontexte sind entscheidend: Bei industriellen Küken etwa scheinen die »workeristischen« Verhandlungsspielräume deutlich geringer zu sein: Sie werden als Generation zu Zigtausenden auf einmal zum Schlüpfen gebracht und existieren bis zur Tötung ohne Anschluss an Ältere, was bedeutet, dass Widerstandserfahrungen und Kampftraditionen kaum weitergegeben werden können. Während Porcher bei ihren Analysen von nichtmenschlicher Arbeit in der Landwirtschaft versucht, ohne viel Marx auszukommen, zeigt Barbara Noske in ihrer Forschung einen höchst produktiven Umgang mit Marx' Erkenntnissen.[23]

Urlaub in Thailand und ein neuer »Trend« unter Leichen

Ich war Ende der 1990er noch keine zwanzig Jahre alt, als ich an einem buddhistischen »Retreat« in Thailand teilnahm – während meine Reisegefährten von einer Insel zur anderen hüpften. Mit einem dreitägigen Inselbesuch hatte der gemeinsame Aufenthalt in Thailand begonnen, das kannte ich also schon und es reizte mich damals wenig. Auf der kleinen Fähre, die uns von diesem ersten Besuch aufs Festland zurückbrachte, fuhr zufällig auch ein Beamter des thailändischen Tourismusbüros mit. Ich nützte die Gelegenheit und fragte den freundlichen Herrn im weißen Hemd, welchen Thailand-Tipp er mir geben würde, wenn er nur eine einzige Empfehlung aussprechen dürfte. Er musste nicht lange nachdenken und schlug vor, ein bestimmtes buddhistisches Meditationszentrum zu besuchen. Dieses sei eigentlich für Thais gedacht, aber die ersten zehn Tage jedes Monats wären alle Angebote des Tempels englischsprachig, um auch Ausländer*innen die Möglichkeit zu geben, den Buddhismus kennenzulernen. Zwei Nachfragen hatte ich zu diesem Zeitpunkt: Erstens, würde es dort auch veganes Essen geben? Und zweitens, wie religiös waren die Mönche und Nonnen dort?

Ich hatte nämlich keine Lust auf weitere Missionierungsversuche, nachdem ich eben erst zehn Jahre islamischen, evangelischen und katholischen Religionsunterricht in der Schule besucht hatte. Diese Sorge zumindest war unbegründet. Im Meditationszentrum, das ich kurz danach tatsächlich besuchen sollte, wurde der Buddhismus mehr wie stoische Philosophie oder aufklärerische Psychoanalyse vermittelt. Und meine erste Frage wurde vor Ort auf die schönste Weise beantwortet: Nie wieder aß ich so köstliches thailändisches Essen wie dort. Bis auf zwei vegetarische Mahlzeiten während der zehn Tage, die ich dort verbrachte, war das Essen zur Gänze vegan. Das war alles andere als selbstverständlich: Zu Beginn des Urlaubs hatte ich in unzähligen Gasthäusern und Restaurants, vor Imbissbuden und in Bars wiederholt zu erklären versucht, dass ich keine Nahrungsmittel von oder aus Tieren zu mir nehmen wollte – aufgrund der Sprachbarrieren in erster Linie *pantomimisch*. Man muss sich nur kurz selbst überlegen, wie man Eier, Milch und ihr Nichtessen mit Gesten und Gesichtsausdrücken erklären würde, um sich die amüsierten Gesichter der jeweils anwesenden Thais vorstellen zu können. Dieses Problem war bald gelöst: Auch diesmal half mir das thailändische Tourismusbüro – eine Beamtin empfahl mir, mich als Angehöriger einer chinesischen Sekte auszugeben, die auch in Thailand existierte und bekannt für ihre vegane Lebensweise war. Nach den vielen halböffentlichen und zugegebenermaßen etwas unfreiwillig komischen Performance-Momenten, in deren Mittelpunkt ich mich nun öfter wiedergefunden hatte, war dies – trotz meiner damit eigentlich unvereinbaren Weltanschauung – jedenfalls die angenehmere Option, als mich weiter als Laienschauspieler auf anderen Kontinenten zu versuchen. Fortan gab ich mich in Thailand bei Menschen, die kein oder kaum Englisch sprachen, also als Angehöriger dieser Sekte aus (die übrigens neben tierischen Produkten auch sieben andere Lebensmittel wie Zwiebel und Knoblauch von ihrem Speiseplan gestrichen hatte – I guess it was a package deal).

Wie mir später klarwurde, sind Menschen oft eher bereit, auch noch die merkwürdigsten Ernährungswünsche anderer bereitwillig zu akzeptieren, wenn der dafür angegebene Grund religiöser und nicht ideologischer Natur ist. Kurz gesagt: Ich fand viele neue Bekannte und stieß mit einem Mal allerorts auf viel Respekt und freundliche Anteilnahme – als ein allem Anschein nach aus dem Westen angereister Mensch, der auch im Urlaub standhaft zu den kulinarischen Geboten seiner chinesischen Sekte stand. Irrtümlich hatte ich vor der Reise geglaubt, vegane Ernährungsweise würde in Thailand kein Problem sein. Vor Ort wurde ich eines Besseren belehrt. Ich erfuhr zu meiner Verblüffung beispielsweise, dass neuerdings auch der traditionellen Kokosbutter, die in vielen Speisen zum Einsatz kommt, ein Prozent Kuhmilch hinzugefügt wird – um sie zu »veredeln«. Das änderte zwar nichts an den Kocheigenschaften der Kokosbutter oder ihrem Geschmack, aber sie hatte dadurch einen Verkaufsvorteil. Fast war es so, als hätte die gemeine Kokosbutter durch ihre geringfügige Verbindung zur Kuhmilch in höhere Lebensmittelkreise hineingeheiratet oder könnte zumindest im Stammbaum auf einen entfernten aristokratischen Verwandten verweisen.

Vor Beginn des Retreats hatte ich mich sicherheitshalber auch diesbezüglich im Kloster erkundigt, das das Meditationszentrum betrieb. Dort war mir versichert worden, dass sie die Kokosbutter selbst herstellten und dabei auf Zusätze verzichteten. Da es sich um ein Schweigekloster handelte, verboten sich weitere Nachfragen, sobald der Retreat begonnen hatte. Mit »Retreat«, englisch für »Rückzug«, war ein Aufenthalt ohne Ablenkungen wie Sprechen, Telefonieren oder Lesen gemeint, der in Meditationstechniken und die dort vertretene Lehre des Buddhismus einführen sollte. Wir badeten abends nach Geschlechtern getrennt in heißen Schwefelquellen, um uns zu regenerieren, und erfreuten uns an der Naturromantik der Fledermausschwärme, die in der Früh über uns dahinflatterten, wenn sie von ihren Beutezügen (oder was auch immer sie in der Nacht taten) zurückkehrten. Alles in allem eine wunderbare Erfahrung – wenn mir auch die Moskitos zu schaffen machten. Diese setzten sich besonders in den Abendstunden gerne auf die Meditierenden. Das konnte man vermeiden, wenn man sich mit einem »Repellent«

eincremte, das Moskitos vertrieb. Ich verzichtete auf ein solches, da es aller Wahrscheinlichkeit nach tierversuchsgetestet war, und hatte es verabsäumt, vorab nach tierversuchsfreien Alternativen zu recherchieren. Das war umso schlimmer, da beim Meditieren Ruhe gewünscht war und kein Fuchteln eines Einzelnen, der damit seinen persönlichen Moskitoschwarm vertreiben wollte. Von wirklichem Erfolg war auch mein Versuch, mir die einzigen Decken, derer ich dort habhaft werden konnte, wenigstens beim Meditieren überzuwerfen, nicht gekrönt. Wie ich mir hätte denken können, führte die Extraschicht Textilien nur zum Anstieg der Körpertemperatur und damit zu mehr verführerischen Lockangeboten an die winzigen Vampire, sich auf die verbleibenden ungeschützten Körperoberflächen zu setzen. In meinem Fall war das mein Gesicht. Damals empfand ich diese Umstände als nicht besonders angenehm, aber auch nicht weiter dramatisch; andere hatten während des Meditierens vielleicht mit Rückenproblemen zu kämpfen oder waren langes Sitzen am Boden nicht gewöhnt.

Was mich regelrecht schockierte, kam erst nach dem Retreat: Während wir dort mit der klassischen Variante der Atem-Meditation vertraut gemacht worden waren, ergab sich im Anschluss die Möglichkeit, eine im Westen nicht ganz so bekannte Meditationsform kennenzulernen: das Meditieren in Gegenwart einer verwesenden Leiche. Die Mönche meditierten also monatelang, während sie einem menschlichen Körper bei seiner allmählichen Zersetzung zuschauten. Das war aber auch noch nicht das Schockierende, ich studierte zu diesem Zeitpunkt Medizin und war an den Anblick von Leichen gewöhnt. Das Schockierende war, dass auch die Mönche in jenem zentralthailändischen »Zurück-zur-Natur-Kloster«, das nicht unweit der Retreat-Anlage mitten im Wald stand (inklusive Brüllaffen auf den Bäumen und giftiger Schlangen am Wegesrand), zunehmend Schwierigkeiten hatten, an Leichen zu kommen, die richtig verwesten. Immer mehr Leichen verrotten nicht mehr so wie seit Jahrtausenden, stattdessen wiesen sie – vor allem, aber nicht nur diejenigen, die aus Städten stammten – eine merkwürdig wächserne Haut auf. Die meisten Verwesungsprozesse waren so gar nicht mehr richtig beobachtbar. Aus ästhetischen Gründen mag dies vielleicht sogar ein Vorteil sein, die Erklärung der Mönche blieb mir aber im Gedächtnis: Sie vermuteten, dass diese neue Entwicklung mit den Konservierungsstoffen zu tun hatte, die die Toten zu Lebzeiten über die Nahrung zu sich genommen hatten.

Wo kommen all die Tiere her?

»Alles ist vergiftet«, singt der Hamburger Musiker Jan Delay in einem seiner bekannteren Lieder, und jeder neue kritische Bericht in Zeitungen, Radio, Fernsehen und Sachbüchern bestätigt diese Einsicht aufs Neue. Die Dynamik von kapitalistischem Wettbewerb und wissenschaftlichem Erkenntnisfortschritt führt im Verbund mit strukturell schlechter dotierten staatlichen und zivilgesellschaftlichen Kontrollorganen bei gleichzeitig hochentwickeltem Lobbyismus der Nahrungsmittelkonzerne dazu, dass viele Menschen Nahrungsmitteln grundsätzlich im Modus des Verdachts begegnen.

Während E-Nummern zumindest nachgeschlagen werden können, sind technische Hilfsmittel, die bei der Herstellung eingesetzt werden, bis zu einer gewissen Menge gar nicht auf der Lebensmittelverpackung anzugeben. Hinzu kommen die bislang größtenteils unerforschten Wechselwirkungen vieler potenter neuer Moleküle in Produkten des täglichen Bedarfs, die jeden Tag in die Körper der Konsumenten gelangen.

Dies gilt in besonderem Maße für tierliche Nahrungsmittel wie Fleisch, da sich hier die Stoffe, die über das Futter aufgenommen werden, akkumulieren.

Für viele wiegt dabei noch schwerer, dass zum eigenen Schaden die psychischen und physischen Verletzungen der betroffenen Tiere hinzutreten. Gegen industrielle Massentierhaltung ist wohl jeder, der schon einmal Bilder von den Zuständen in solchen Anlagen gesehen hat. Doch was tun?

Als Gegenbilder zu den Zuständen in der industriellen Tierhaltung drängen sich im Regelfall romantisierte Imaginationen *kleinbäuerlicher Produktion* auf. Die Attraktivität solcher Vorstellungen wird deutlich, wenn man sich vergegenwärtigt, dass damit besonders gerne auch von denjenigen geworben wird, deren Erzeugnisse gar nichts damit zu tun haben. Denn da schien die Welt noch in Ordnung, deshalb gelten idyllische Bilder aus diesem Bereich auch als Projektionsflächen für die Vorstellung des guten Lebens überhaupt. »Da haben die Tomaten noch wie Tomaten geschmeckt«, und man musste sich noch keine Gedanken um Konservierungsstoffe und Karzinogene im Essen machen. Doch während sich in der politischen Theorie sonst nur reaktionäre Kräfte an mittelalterlichen Verhältnissen orientieren, ist dies bei gesellschaftstheoretischen Überlegungen zu Tieren ganz normal. Die Welt war aber weder im Mittelalter noch davor in Ordnung: So nähten beispielsweise auch schon die antiken Römer*innen Gänsen die Augen zu und nagelten ihre Schwingen an den Boden, um ihre schnellere Verfettung zu erreichen.

Während sich industrielle Massentierhaltung als ein verhältnismäßig neues Phänomen darstellt, das mit kapitalistischer Produktionsweise verbunden ist, gilt dies für Intensivtierhaltung nicht – die gibt es beträchtlich länger. »Small is beautiful« muss also genauso wenig automatisch stimmen wie das Gegenteil davon.

Aber auch abgesehen von den vielen heute perfide erscheinenden Praktiken vormoderner Tierhaltung: Zu Tode gestreichelt wurde in der Landwirtschaft noch kein Schwein, weder in der Vormoderne noch im Wellness-Kapitalismus der Werbewirtschaft. Die gewaltförmige Tötung von Tieren, verbunden mit Angst, Panik und Schmerz, ist Bestandteil jeder kleinbäuerlichen Tierwirtschaft. Dies will uns die Bio-Werbung aus monetären Gründen vergessen machen.

Wider die traurige Tiermoderne

Doch vielleicht ist es noch komplizierter. Der kulturtheoretisch versierte Kunsthistoriker John Berger entwickelte in dem 1980 erschienenen Essay *Why look at Animals?*[24] eine wirkungsmächtige Geschichte der Veränderung des Mensch-Tier-Verhältnisses in der Moderne: Ausgehend von einer Analyse der Zeichnungen des französischen Malers Gilles Aillaud, den es seit den 1950er Jahren vor allem in Zoos gezogen hatte, argumentiert Berger, dass die ursprüngliche »Einheit« von Menschen und Tieren, die es einmal gegeben habe, mit der Durchsetzung kapitalistischer Produktions- und Vergesellschaftungsformen zerrissen sei. Durch Industrialisierung und Urbanisierung seien Tiere und Menschen zunehmend räumlich voneinander getrennt worden: Die Industrialisierung ersetzte Pferdestärke durch Pferdestärken, den Ochsen durch den Traktor, Dung durch Chemie usw.

»Reale« Beziehungen zwischen konkreten Menschen und Tieren seien zunehmend durch visuelle und imaginäre Beziehungen ersetzt worden – im zwanzigsten Jahrhundert sei es durch die Kulturindustrie schließlich zu einer Explosion von Tier-Repräsentationen gekommen. Niemals zuvor in der Geschichte sei die menschliche Kultur so stark von Tierbildern in Werbung, Unterhaltung und Alltagskultur bevölkert gewesen wie heute. Tiere seien so zu einem Meer leerer Signifikanten geworden, das die menschliche Gesellschaft überfluten könne, weil die realen Signifikate – die realen Tiere – aus den menschlichen Beziehungen verschwunden seien. Im Zoo konstituieren Tiere, laut Berger, Denkmäler ihres eigenen Verschwindens. Je stärker und umfassender die Repräsentations-Matrizen rattern, desto weniger dringt hindurch, so eine der wichtigsten Thesen Bergers: Tiere könnten heutzutage für alles stehen, weil niemand weiß, wie sich reale Tiere benehmen. Tiger verkaufen Cornflakes und lila Kühe bewerben Schokolade.

Bergers Essay stellt zwar zugleich eine kraftvolle Kritik der Vertreibung landwirtschaftlicher Tiere aus den Lebens- und

Wahrnehmungsräumen menschlicher Subjekte im Kapitalismus dar, bleibt aber an entscheidenden Punkten äußerst fragwürdig und in seinen historischen und geschichtsphilosophischen Wendungen verkürzt.[25] Die Zahl der im Verlauf von Kolonialismus und Kapitalismus ausgerotteten, vernichteten und ausgemerzten Tierarten ist Legion; auch die elende Situation von Tieren in modernen Tierverwertungsindustrien als Tote auf Urlaub – zweifellos einem Horrorurlaub – scheint Bergers Argument zu untermauern. Die Insassen der Tierfabriken wirken wie schreckliche und bedauernswerte Karikaturen ihrer verhältnismäßig freien Artgenossen. In einer Zuspitzung von Bergers Argument ließe sich mit einigem Recht behaupten, dass die technowissenschaftlichen Praktiken der Landwirtschaft Tiere hervorgebracht haben, die gar nicht mehr wie sie selbst wirken.

Bei seiner Litanei einer traurigen Tiermoderne übersieht Berger unter anderem zweierlei: Die räumliche Trennung zwischen Land und Stadt, Produktion und Konsumption in der kapitalistischen Moderne hat auch entscheidend zu einer *Entbrutalisierung* des Mensch-Tier-Verhältnisses beigetragen. Während die Schlachthöfe allmählich aus der Stadt verschwanden, wuchsen Menschen ohne den Soundtrack von Angstschreien auf. Derselbe Prozess also, der zu einer immensen quantitativen Steigerung und qualitativen Intensivierung der Nutzung von Tieren führte, brachte seine schärfsten Kritiker*innen hervor. Diese blieben oft nicht bei der Kritik an besonders verurteilungswürdigen »Auswüchsen« stehen, sondern begannen das Mensch-Tier-Verhältnis grundsätzlich neu zu denken.

Des Weiteren bedeutet den gleichen physischen Raum zu teilen nicht ganz so viel, wie Berger sich dies wünscht. In modernen Gesellschaften gibt es viele Migrant*innen. Dies bedeutet nicht, dass es deshalb besonders viel Austausch zwischen diesen und der Mehrheitsgesellschaft gibt. Wer weiß schon viel über die Arbeitskräfte aus Bangladesch, die den Tofu-Burger so geschmackvoll zubereiten? Aus räumlicher Nähe folgt weder bei Menschen noch bei Tieren automatisch soziale Nähe.

Friedrich Engels entschuldigt sich beim Schnabeltier

Friedrich Engels berichtete in einem Brief vom 12. März 1895 von seiner Entschuldigung an das Schnabeltier, jenes wundersame Wesen, das gleichsam quer über zwei biologischen Ordnungen liegt – ein Säugetier, das Eier legt. Adressat des Briefes war der Ökonom und Philosoph Conrad Schmidt (und zugleich älterer Bruder der Bildhauerin Käthe Kollwitz).

Engels argumentiert in dem Brief zunächst, dass Marx' Begriffe Annäherungen an die Wirklichkeit seien. Das reduziere sie nicht zu bloß willkürlicher Fiktion, doch dürften sie nicht ohne weiteres mit der Realität in eins gesetzt werden.[26]

Zur Veranschaulichung nennt Engels zwei Beispiele, eines stammt aus der Sozialgeschichte, das andere ist der Naturgeschichte entnommen: Den Feudalismus hätte es in »voller Klassizität«, also in ökonomietheoretisch lupenreiner Form, wohl nirgends auf der Welt je historisch gegeben – am ehesten entsprächen der theoretischen Systematik die erhalten gebliebenen Rechtstexte des kurzlebigen Königreichs Jerusalem.[27] Engels' zweites Beispiel, dem er in dem Brief rund doppelt so viel Platz einräumt wie dem Feudalismus, betrifft die Spannung zwischen starren Klassifikationssystemen des Lebendigen und der Dynamik ihrer permanenten evolutionären Veränderung:

»Von dem Augenblick, wo wir die Evolutionstheorie akzeptieren, entsprechen alle unsre Begriffe vom organischen Leben nur annähernd der Wirklichkeit. Sonst gäbe es keine Veränderung; an dem Tag, wo Begriff und Wirklichkeit in der organischen Welt sich absolut decken, ist es am Ende mit der Entwicklung. Der Begriff Fisch schließt ein Leben im Wasser und Atmen mit Kiemen [ein]; wie wollen Sie vom Fisch zum Amphibium kommen ohne Durchbrechen dieses Begriffs? Und er ist durchbrochen worden, und wir kennen eine ganze Reihe von Fischen, die ihre Luftblase zur Lunge weiterentwickelt haben und Luft atmen können. Wie wollen Sie vom eierlegenden Reptil zum Säugetier kommen, das lebendige Junge austrägt, ohne einen oder beide Begriffe mit der Realität in Konflikt zu bringen? Und in Wirklichkeit haben wir in den Monotremen eine ganze Unterklasse eierlegender Säugetiere – ich habe die Eier des Schnabeltiers 1843 in Manchester gesehn und in hochmütiger Borniertheit die Dummheit verspottet, als ob ein Säugetier Eier legen könnte, und jetzt ist's bewiesen! Tun Sie also nicht dem Wertbegriff dasselbe an, weswegen ich nachträglich das Schnabeltier um Verzeihung bitten mußte!«[28]

Vielleicht sollten sich mehr kritische Geister ein Vorbild an Engels nehmen und beginnen, sich bei den Tieren für ihre »hochmütige Borniertheit« zu entschuldigen. Die Wände der alten *Polis* sind längst gefallen.

MIT DER KRAFT DER TAUBE: AUF ALLES SCHEISSEN

Wir müssen listig sein
wie die Tauben.
Toni Negri

Im Jahr 2015 erschien Michel Houellebecqs vieldiskutierter Roman *Unterwerfung*, der vom Aufstieg des Islams in Frankreich und Europa berichtet. Doch von allen Auflagen des Buches weltweit zeigt nur das Cover der deutschen Übersetzung eine fast schwarz erscheinende Taube auf weißem Grund. Erklärt wird dies nicht weiter. Die Assoziation von Tauben und Muslim*innen scheint sich für deutsche und österreichische Leser*innen von selbst zu verstehen. »Ihr Blick ist scharf, der Schnabel auch. Fast gefährlich wirkt sie hier, eher wie ein Habicht, wie ein Raubvogel im Taubengefieder«, so die Beobachtung der *Presse*-Autorin Anne-Catherine Simon.[1] Die Leitmotive des Romans könne man schon an dem Cover erkennen, »ohne einen einzigen Satz gelesen zu haben«, findet Michael Schrom in seiner Besprechung:

»Im Unterschied zu Adlern oder Falken, die wegen ihres aggressiven Jagdverhaltens bewundert werden und daher in etlichen Religionen und Staaten als Wappentiere ausgewählt wurden, sind Tauben der Inbegriff der Harmlosigkeit. Weiße Exemplare werden gern bei Friedensfeiern oder Olympischen Spielen in den Himmel entlassen. Im Christentum steht die Taube (als monogam lebender Vogel) sowohl für die Treue in einer Liebesbeziehung als auch für die Geistbegabung. In Gestalt einer Taube kam der Geist Gottes auf Jesus herab, heißt es in den Evangelien. Ist also das Wort ›Unterwerfung‹ in Zusammenhang mit dem Bild einer Taube pure Ironie? Auf der anderen Seite hat die Taube ein pechschwarzes Gefieder. Schwarz ist die Farbe der Frommen. Der muslimische Tschador, die Gesichtsverschleierung Niqab, die Ganzkörperverhüllung Burka sind ebenso schwarz wie der Habit des Mönchs, das Collarhemd des Priesters oder der Hut des ultraorthodoxen Rabbiners. In Literatur und Dichtung sind schwarze Vögel überdies Motive und Vorboten des herannahenden Todes. Bedenkt man, dass das Wort ›Islam‹ sowohl mit ›Hingabe‹ als auch mit ›Unterwerfung‹ übersetzt werden kann, drängt sich eine andere Assoziation auf: Hinter der Gestalt der Taube verbirgt sich etwas, was ganz und gar nicht harmlos ist. Was gilt nun? Die Antwort nach der Lektüre lautet: beides!«[2]

Andere Leser verstehen die Taube etwas eindeutiger, so berichtet im Diskussionsforum einer etwas dubiosen Website, die das Buch rezensiert hat, ein Literaturinteressierter namens »Teppichmoerser«: »Als ich das Titelbild des Buches gesehen habe, habe ich zuerst eine Burka gesehen, und das Auge des Teufels! Erst bei genauerem Hinschauen habe ich eine schwarze Taube erkannt. Gut gemacht, Buchdeckeldesigner!«[3] Eine andere Rezensentin war länger vor der Lektüre des Buches zurückgewichen, da es ihr »unheimlich« war, dass das Buch just am 7. Januar 2015 erschienen ist, an jenem Tag, an dem Terroristen des IS in die Redaktion der französischen Satirezeitschrift *Charlie Hebdo* eindrangen, elf Personen töteten und viele verletzten. »Außerdem war mir das Cover, von dem feindlich eine Taube starrt, zutiefst unsympathisch.«[4]

Slavoj Žižek, Fidel Castro & Charlie Hebdo im Taubenschlag

Wenn die Koinzidenz von Bucherscheinen und Terroranschlag unheimlich ist, so war eine Begebenheit vier Tage danach zumindest auf obszöne Weise komisch: Am 11. Januar 2015 reichten sich die Big Player der Politik (»von Cameron bis Lawrow, von Netanjahu bis Abbas«) in Paris anlässlich eines Trauermarschs zum Gedenken an die Opfer der Pariser Anschläge die Hände. Aber nicht einmal dazu hatte es wirklich gereicht. Während die ersten Pressebilder den Eindruck erweckten, die aus allen Windrichtungen angereisten Politiker*innen führten die große Pariser Kundgebung mit mehr als einer Million Teilnehmer*innen an, bewiesen andere Bilder, dass es sich um eine Potemkin'sche Demonstration gehandelt hatte. Sorgsam getrennt von der realen Kundgebung war eine Fake-Kundgebung mit kaum hundert Menschen inszeniert worden, die sich hinter den Politiker*innen versammelt hatten. Diese Bilder waren mit denen der realen Kundgebung vermengt worden, um zu suggerieren, dass die Politiker an der Spitze der Kundgebung vorangegangen waren. Sogar die Inszenierung der Solidarität war inszeniert gewesen – »falls es je ein Bild heuchlerischer Falschheit gegeben hat, das war es«, so Slavoj Žižek.[5] Wie ein Scherz des Weltgeistes fühlte es sich an, als just im wichtigsten Moment eine Taube intervenierte:

»Obwohl ich entschieden Atheist bin, denke ich, dass diese Obszönität selbst für Gott zu viel war, der sich verpflichtet fühlte, mit einer Obszönität zu intervenieren, die dem Geist von *Charlie Hebdo* würdig war: Während Präsident François Hollande mit Patrick Pullout, dem Arzt und Kolumnisten bei *Charlie Hebdo*, vor den Büros der Zeitschrift saß, defäkierte ein Vogel auf Hollandes rechte Schulter, und die Mitarbeiter des Magazins versuchten, ihr unkontrollierbares Gelächter zu zügeln – eine wirklich göttliche Antwort des Realen auf das ekelhafte Ritual. Erinnern Sie sich an das christliche Motiv einer Taube, die herabsteigt, um eine göttliche Botschaft zu überbringen – außerdem gilt es in manchen Ländern als Glückszeichen, wenn ein Vogel auf Ihren Kopf scheißt.«[6]

Die Fähigkeit von Vögeln, sich zwischen Himmel und Erde zu bewegen und überraschend aufzutauchen, verlieh ihrem Erscheinen von jeher etwas botenhaft orakelig Bedeutungsvolles:

So geschehen auch im März 2016, als sich während einer Rede von Bernie Sanders bei einer Vorwahlkampfveranstaltung der Demokraten ein kleiner Singvogel ausgerechnet auf das Redepult des greisen Rebellen setzte – Sanders unterbrach seine Rede, das elftausend Köpfe zählende Publikum erhob sich zu *standing ovations* und das Internet explodierte.[7]

Als sich Fidel Castro im Januar 1959 als frisch gebackener Regierungschef Kubas zum ersten Mal mit einer Ansprache an das kubanische Volk wandte, entstiegen zwei Tauben dem Himmel, ließen sich auf dem revolutionären Führer nieder und wichen ihm während der zweistündigen Rede nicht von der Seite – was vor Ort einhellig als göttliches Zeichen des Wohlwollens gedeutet wurde.[8]

Nun kann nicht mehr überraschen, dass die bekannteste psychologische Studie zur Entstehung des Aberglaubens diesen mithilfe von Tauben zu entschlüsseln geglaubt hatte: Der bekannte Behaviorist B. F. Skinner hatte in einer seiner berühmten »Skinner-Boxen« Tauben nach dem Zufallsprinzip mit Belohnungen versorgt; die Tauben begannen daraufhin, jenes Verhalten zu wiederholen, das der Belohnung unmittelbar vorher-gegangen war – aus Korrelation wurde durch Selbstkonditionierung Aberglaube.[9] Nicht nur engagierte Philosophen wie Žižek oder das postrevolutionäre Kuba wurden abergläubisch, wenn es um Tauben ging – die Tauben selbst schienen abergläubisch zu sein.

Tauben in Kabul und Istanbul

Es gibt bei den muslimischen Tauben einen Exzess der Interpretation. Dass der islamische Prophet Mohammed eine Taube auf der Schulter getragen haben soll, hatte ich vor Lektüre der deutschsprachigen Rezensionen nie gehört – in zehn Jahren islamischem Schulunterricht war das nie ein Thema gewesen. Auch bei uns zu Hause waren Tauben das, was sie im restlichen Österreich größtenteils zu sein schienen: Leicht lädierte Stadtbewohnerinnen, die mehr an Eingeborene des Planeten Würstelstand erinnerten als an elegante Verkörperungen des Heiligen Geistes oder Vertraute des Siegels der Propheten.

Eine besondere Beziehung zwischen Afghanistan und Tauben war mir im Zusammenhang mit einem persönlichen Erlebnis in Erinnerung geblieben: Vor einigen Jahren hatte ich während eines Kabul-Aufenthalts die berühmte *Shah-e Doh Shamshira Moschee* besucht. Die sah nicht nur überraschenderweise aus wie eine Mischung aus Wiener Karlskirche und Schloss Schönbrunn (wobei sich die Karlskirche von der Körperform her und Schönbrunn farblich durchgesetzt zu haben schien), sondern war in der Tat während der Regierungszeit des als fortschrittlich geltenden afghanischen Königs Amanullah Khan nach einem Europa-Besuch in den 1920ern gebaut worden. Vor der Moschee konnte man an zwei Ständen Vogelfutter kaufen – um die Tauben zu füttern. Die Gegend um die Moschee hatte viel Charme, wie am Markusplatz sah es dort aber nicht aus. Ich war auch etwas befremdet, eine große Zahl an Tauben zu sehen, die aufgeplustert und dösend auf den Fenstersimsen der umgebenden mehrstöckigen Mietshäuser saßen.

Während Afghan*innen sonst eher auf Äußerlichkeiten achten und beispielsweise viel Wert auf Gartengestaltung und architektonische Repräsentation legen (und auch gerne Plastikblumen um ihre AK 47 wickeln), wirkten die Häuser mit all den Tauben allein schon durch deren Anwesenheit verlottert und fast unheimlich. Ein paar Jahre später beobachtete ich am zentralen Taksim-Platz in Istanbul (wo zum damaligen Zeitpunkt jede Art von politischer Kundgebung verboten war) ein vergleichbares Bild: Eine arabische Kleinfamilie (Vater, Mutter, Kind) betrat den Platz etwas verloren wirkend und packte dann ihre drei kleinen Sackerl mit Vogelfutter aus, um auf der sonst leeren öffentlichen Fläche Tauben zu füttern. Die Sackerl hatten sie extra mitgenommen und verteilten jetzt den Inhalt. Ich fand das erstaunlich (und auch etwas putzig). Bei den Afghan*innen in Kabul und dieser arabischen Familie war irgendwas anders. Sie hatten scheinbar den Modernisierungsschub verpasst, der Tauben in den industriellen Staaten des Westens ins Off befördert hatte. Tauben waren doch die »Ratten der Lüfte«, das wusste jeder. Aber wie waren sie das geworden?

Die Geburt einer politischen Metapher

Am 22. Juni 1966 erschien in der *New York Times* ein Artikel, der (Tauben-)Geschichte machen sollte: Thomas P. Hoving, der für die öffentlichen Parkanlagen der Stadt verantwortliche Beamte, verurteilte darin den Vandalismus und die Verschmutzung des *Bryant Park* auf das Schärfste. Hoving hob dabei explizit »Homosexuelle« hervor, die die anderen Parknutzer*innen mit dem Schneiden von Grimassen belästigen würden, und verwies auf die außerordentliche Menge an »winos« (engl. für »Alkis« bzw. »Tschecheranten«), die sich in der Grünanlage ein Stelldichein gäben. Der Artikel beschrieb einen öffentlichen Park in der Krise – hoffnungslos von Obdachlosen überrannt und schamlos als Mülldeponie missbraucht. Danach war eine Zwischenüberschrift gesetzt: »Und dann gibt es noch die Tauben.« Hoving bezeichnete die bis dahin unbescholtene Vogelart als New Yorks »hartnäckigsten Vandalen […] weil die Taube unseren Efeu frisst, unser Gras, unsere Blumen, und eine Gesundheitsbedrohung darstellt. […] Aber jeder scheint sie füttern zu wollen, […] es ist unmöglich, die Taubenfütterer aufzuhalten.«

Nach dem – mehr verzweifelt als hoffnungsvoll wirkenden – Wunsch des Autors nach einem »Aufräumen« erschien am Ende des Artikels zum ersten Mal eine Redewendung, die die Taube fortan überallhin begleiten sollte: »Commissioner Hoving nennt die Taube eine ›Ratte mit Flügeln‹.«

Woody Allens Film *Stardust Memories* von 1980[10] zitierte diesen New Yorker Ausdruck »Ratte mit Flügeln« und brachte ihn in Windeseile in globale Zirkulation.

Innerhalb sehr kurzer Zeit hatte sich das öffentliche Bild von Tauben gewandelt: Waren die Tiere über lange Zeit Inbegriff des Köstlichen, Schönen, Gesunden und Guten gewesen, so wurden sie ab Mitte des zwanzigsten Jahrhunderts als urbane Plage gesehen: Unappetitlich, hässlich und krankheitserregend.[11] Doch alles der Reihe nach.

Eine der wichtigsten materiellen Grundlagen für das hohe Ansehen, das der Vogel genoss, lag wohl in seiner Fähigkeit begründet, den vielleicht besten Dünger der Welt zu produzieren: Taubenkot wurde über Raum und Zeit hinweg von menschlichen Agrargesellschaften geschätzt. An den entlegensten Orten des Globus stehen Taubenschläge und Taubentürme als Monumente dieser Wertschätzung.

Gemeinhin als friedfertig, monogam und schön geltend, wurden Tauben zum Symbol des Heiligen Geistes in der christlichen Mythologie, die ihrerseits an bestehende Taubenverehrungstradition anschließen konnte. In der katholischen Lehre galten sie als die einzigen Wesen auf Erden, die so rein waren, dass kein Dämon von ihnen Besitz ergreifen konnte.

Tauben zählen zu den ersten domestizierten Tieren überhaupt und begleiten menschliche Gesellschaften, seit es schriftliche Aufzeichnungen gibt: Schon Homer, Sokrates und Aristoteles zeigten eine geradezu intime Kenntnis der Lebensweise von Tauben und schrieben über ihre selektive Zucht und Domestikation. Visuelle, plastische und literarische Darstellungen der Beziehung von Menschen und Tauben reichen 5000 Jahre zurück, manche Autor*innen rücken ihre Domestikation an den Beginn der Sesshaftwerdung vor 10 000 Jahren im und rund um den Nahen Osten sowie Nordafrika.

Alle Haus- und Stadttauben stammen von der noch heute lebenden Felsentaube ab. Die Taube gilt als sogenannter »Kulturfolger«; die Verbindung zu Menschen und ihren Bauten erwies sich für die Tauben als höchst vorteilhaft.

Es hat den Anschein, dass die Lehm- und Steinbauten der ersten menschlichen Behausungen dem ursprünglichen Lebensraum der Tauben soweit ähnelten, dass sie bereitwillig als Nistplätze in Beschlag genommen wurden. Tauben bauen nämlich keine Nester, sie richten sich in bereits existierenden Fugen und Nischen ein. Und da die Tauben der Unterschied zwischen Natur und Kultur kaum zu scheren schien, machten sie es sich in der Nähe der Menschen bequem, denen gegenüber sie geringe Scheu an den Tag legten. Diese der Taube eigenen Charakterzüge schufen die Voraussetzung für menschliche Interventionen: Aufgrund ihrer schnellen Reproduktionszyklen eigneten sich Tauben als ideale Zuchtobjekte, denen auch Charles Darwin viele Jahre intensiver Beobachtung widmete. Denn Tauben sind öfter und länger fruchtbar als die meisten anderen Tiere. So wurden sie in unterschiedlichen Kulturen zu Mythenwesen, die für Sanftheit und Monogamie, für Fruchtbarkeit und das Gute schlechthin standen. Kein Wunder, dass Tauben beliebte Opfer- und Tempelvögel waren, zuerst Aphrodite, später der Venus geweiht. Die antiken Römer entwickelten, laut Plinius, eine regelrechte Obsession für Taubenfleisch und verspeisten sie als Jungtiere, nachdem sie mit halbgekautem Brot zwangsernährt und zur frühen Verfettung gebracht worden waren. Fünftausend Tauben beherbergte ein einziger der vielen römischen Taubentürme.

Noch im siebzehnten Jahrhundert existierten in Großbritannien rund 26.000 Taubenschläge, erst im achtzehnten Jahrhundert sank ihre Zahl erheblich, als die Einführung von Wurzelfrüchten die Ernährung des Großviehs auch im Winter ermöglichte und deshalb der Bedarf an Taubenfleisch deutlich sank.

In Frankreich war die Errichtung eines Taubenschlags Privileg der obersten Gesellschaftsschichten. 1789 fiel nicht nur die alte Ordnung, sondern auch alle Taubenschläge: Heute wird geschätzt, dass ein Drittel aller Tauben in Frankreich auf jene Tauben zurückgeht, die im Rahmen der Französischen Revolution befreit worden waren. Während der Belagerung von Paris (1870–1871) trugen Tauben im Dienste der Nachrichtenüberbringung 150.000 behördliche und rund eine Million private Nachrichten über alle militärischen Befestigungen hinweg.

Engel des Fordismus

Obwohl im Verlauf des neunzehnten Jahrhunderts ihre Funktion als Nachrichtentaube durch technologische Innovationen allmählich in den Hintergrund trat, blieb sie in Europa als günstige Lebensmittel- und Düngerlieferantin sowie natürliche Unkrautvernichterin bis zum Beginn des zwanzigsten Jahrhunderts eminent wichtig.

Die Entwicklung des Haber-Bosch-Verfahrens[12] veränderte die bisherige Form der Landwirtschaft und erschütterte die materielle Basis der Taubenverehrung. Da Stickstoff der wichtigste Faktor der Steigerung landwirtschaftlicher Produktion war, hatte seine erfolgreiche Synthetisierung weitreichende ökonomische und soziale Folgen, dazu gehört auch der rasante Verfall der Bedeutung von Taubenkot.

Der von den USA ausgehende Aufstieg des Huhns zu einer relevanten Nahrungsmittelquelle in der ersten Hälfte des zwanzigsten Jahrhunderts grub den Tauben weiter Wasser ab. Denn das Huhn legt selbst bei immensem körperlichen und psychischen Stress, auch unter Bedingungen hochindustrieller Haltung weiter Eier und versucht verzweifelt zu leben, wo andere längst den Geist aufgegeben hätten.

So ändert sich auch das Bild vom Schlaraffenland während des Wirtschaftswunders, nun flogen keine gebratenen Tauben mehr in offene Münder. Waren noch um die Jahrhundertwende allein in Wien rund 750.000 Tauben pro Jahr verspeist worden, sank diese Zahl im Verlauf des zwanzigsten Jahrhunderts auf Null. Die auf Massenproduktion und Massenkonsum basierende fordistische Regulation hatte der Taube weitgehend ihre ökonomische Funktion für menschliche Gesellschaften geraubt; mit der grünen Revolution in der Landwirtschaft gab es in den hochindustrialisierten Regionen der Welt keinen ökonomisch produktiven Platz mehr für sie.

Mit einer massenkulturellen Ausnahme: Taubenzucht. Insbesondere unter den Bergarbeitern des deutschen Ruhrgebiets waren teilweise an die 100.000 Taubenliebhaber täglich mit Haltung, Zucht und Sport beschäftigt – bis weit ins zwanzigste Jahrhundert hinein. Als Teil proletarischer Freizeitkultur wurden sie von denjenigen, die unter Tage gruben, liebevoll *fliegende Maulwürfe* genannt:

»Training, Disziplin und Arbeit im Zeittakt sind die Leistungen, die der Bergmann selbst zu erbringen hat und die er auch seinen geliebten Tauben abfordert. Er diszipliniert seinen Seelenvogel so, wie er sich selbst zu disziplinieren hat. Was er in der Taubenzucht und im Flug der Vögel als seine Befreiung erlebt, besteht – auch – darin, dass er die eigenen Zwänge als Mitgift in seine Verbindung mit den Tauben einbringt: Das von ihm geschaffene Reich der Freiheit spiegelt all diese Zwänge nicht nur als deren ins Gute verklärte Gegenbild wider, es enthält sie leibhaftig.«[13]

Die Militarisierung der Fassade

Dieselben ökonomischen Prozesse, die den Heiligenschein der Taube zunehmend schäbiger erscheinen ließen, führten aber auch zu einer Explosion der Taubenpopulationen in den urbanen Zonen der Welt. Der fordistische Nachkriegsboom bescherte Tauben ein vermehrtes Angebot an Nahrung, und das Entstehen von Einkaufsstraßen und Fußgängerzonen ein Mehr an natürlich-künstlichem Lebensraum. So wie in den ersten menschlichen Siedlungen richteten sich die Tauben auch in den neuen Metropolen ein und eigneten sich die Stadt an.

Nachdem sie im Verlauf des zwanzigsten Jahrhunderts ihre bisherigen ökonomischen Funktionen für Menschen verloren hatten, veränderte sich auch ihr Status beträchtlich. Lange galt die Taube beispielsweise halbiert auf eine Wunde gelegt oder als Suppeneinlage verspeist als gesundheitsfördernd und als ideale Krankennahrung und Krankenhauskost. Bis in die 1950er Jahre stand in der Hälfte der Wiener Krankenhäuser mindestens einmal pro Woche Taube auf dem Speiseplan, die Taube galt als so pur, dass sie auch Kranke gesund machen musste. Doch zunehmend wurde sie als Krankheitsüberträgerin wahrgenommen.

Wohnungsinnenräume wurden immer aseptischer und die Stadtaußenräume immer gepflegter. Höhere Hygienestandards ließen Privatpersonen um die Sauberkeit ihrer Fensterbretter und Hinterhöfe fürchten. Geschäftsleute und Kommunalpolitiker*innen sorgten sich um die Ästhetik ihrer öffentlichen Einkaufszonen. Und obwohl jedes Eichhörnchen mehr Krankheitserreger überträgt als Tauben, gelten letztere als »Bazillenschleudern«.

Dass dies so bereitwillig geglaubt wird, verweist auf eine symbolische Ordnung des Urbanen, in der modernistische Visionen disziplinierter Stadträume mit kommerziellem Begehren nach gereinigten Konsumzonen entlang der Achsen von geordneter Ästhetik und biosozialer Hygiene zusammenkommen. In diesen Räumen werden neben Tauben auch andere als parasitär und unnütz wahrgenommene Figuren zu Störer*innen von Stadtbild und Geschäftsabläufen: Punks, Bettler*innen, Junkies, Sprayer*innen, Obdachlose.

Auch für den umfassenden Umbau des Kommerz- und Verkehrsknotenpunkts Wien Mitte wurde ursprünglich vom Wiener Bürgermeister mit dem Verweis argumentiert, er sehe aus wie ein Ratzenstadel[14] (Wienerisch für »Ratten-Scheune«). Mit Schildern in Parks, die boshaft dreinblickende Ratten zeigen, wird der semiotische Kurzschluss zu einem Schädling gezogen, der bereits eindeutig determiniert ist: Wer Tauben füttert, füttert Ratten. Auch wenn Tauben, laut eines Urteils des deutschen Bundesgerichtshofs, dezidiert keine Schädlinge darstellen, wird dies gerne von Gebäudereinigern und ähnlichen Akteur*innen behauptet, die ein Interesse an der Säuberung der Stadt von Tauben haben. Konsequenterweise wird im Kampf gegen diese Fassaden militarisiert, werden Kammerjäger zu Hilfe gerufen und ökologisch-moralische Handlungsanweisungen (»wer Tauben füttert, füttert Ratten«) ausgegeben.[15]

Die visuelle Ökologie des Schmutzes

Der Soziologe Colin Jerolmack untersuchte das Archiv der *New York Times* für den Zeitraum von 1851 bis 2006 auf Hinweise bezüglich der Dämonisierung von Tauben als Problemspezies und kommt zu folgendem Schluss:

»Ich behaupte, dass Tauben mittlerweile die Antithese einer idealen Metropolis darstellen, also geordnet und desinfiziert, mit einer unterworfenen und wohlbegrenzten Natur. Während sie als Gesundheitsproblem eingeschätzt werden, ist ihr ›Hauptvergehen‹, dass sie menschlichem Nutzen zustehende Habitate verschmutzen.«[16]

Schmutz, so zeigte die Anthropologin Mary Douglas bei ihren interkulturellen Studien, stellt primär eine soziale Kategorie dar.[17] Schmutz gibt es nicht als solchen: Was unter dem Fingernagel des Goldschmiedes als Dreck erscheint, ist darunter hervorgeholt und richtig platziert reines Gold. *Dirt is matter out of place*, lautet eine alte alltagskulturelle Weisheit aus Großbritannien, Schmutz ist Materie am falschen Ort. Auf Lebewesen übertragen bedeutet dies: Das Attribut des Schmutzigen markiert Subjekte, die aus dem Raum entfernt werden sollen. Dies ist das Geheimnis der zunehmenden Antipathie gegenüber Tauben, es verhält sich umgekehrt zur landläufigen Meinung: Nicht weil die Taube schmutzig ist, soll sie aus dem urbanen Raum entfernt werden, sondern weil sie die Raumordnung stört, erscheint sie als schmutzig.

Dabei wird vor allem ihre Sichtbarkeit zum Problem: Im Unterschied zu Dachsen, Iltissen, Rehen und anderen Bewohner*innen der *natureculture-borderlands* ist sie nämlich nicht an der Peripherie der Städte anzutreffen, sondern lebt an den öffentlichsten, sichtbarsten Orten der Stadt. Im Unterschied zu Ratten und Kakerlaken kommt sie nicht erst bei Einbruch der Dunkelheit zum Vorschein, sondern existiert im hellen Sonnenschein im Innern der Städte. Sie kann wegfliegen und hat es schon immer getan, weshalb sie weder wie die Katzen in die Wohnung verbannt werden konnte noch sich wie Hunde an die Leine legen ließ.

Die Taube liegt auch quer zu einer anderen Konstante der Domestikation: Da die meisten domestizierten Tiere zum Beispiel ihre Nahrung nicht mehr selbst suchen müssen, sind sie ihren wilden Gegenstücken intellektuell unterlegen – bei der Taube verhält es sich umgekehrt. Zivilisation scheint, entgegen Rousseaus Befürchtungen, nicht immer in den Untergang zu führen.

Überhaupt bewohnen Tauben eine Zwischenzone zwischen Haus- und Wildtieren, denn Stadttauben sind verwilderte Nachkommen ehemals domestizierter Tiere.

Stadttauben werden von stadtökologischer Seite als »bastardisierte« Population von Individuen verstanden, die nicht ordnungsgemäß in ihren Taubenschlag zurückkehrten oder, wie in Frankreich nach 1789 geschehen, daraus befreit wurden und sich ihren verwilderten Artgenossinnen anschlossen: Stadtluft macht frei, anscheinend auch Nichtmenschen.

Vom Taubenvergiften

Im Österreich der Nachkriegszeit nahm die Taube für kurze Zeit eine mehrfach besondere Rolle ein. In vielen Boulevardmedien erschienen Geschichten, die Tauben zugleich als Opfer und als Schurken darstellten:

»Beauftragte des Wiener Tierschutzvereines arbeiteten in den letzten Wochen wie Detektive, und was sie schließlich erfuhren, ist empörend genug: Wiens Tauben werden in großen Transporten nach Bologna gebracht [...]. Erst gestern ging vom Wiener Südbahnhof wieder ein Taubentransport nach Italien ab. 500 Tauben in sechs kleinen Kisten traten die vier Tage dauernde Reise nach Bologna an. In den Kisten befand sich kaum Wasser und Futter.«[18]

In der Erregung über das Schicksal der entführten Tauben konnte sich das gute Österreich aufrichten. Aber auch damals schon zeigten sich Konturen des heutigen Taubenproblems, für das es bereits eine Wiener Lösung gab:

»Jährlich sollen in Wien etwa 15 000 Tauben vertilgt werden. Die Gemeinde Wien hat mit dieser viel umstrittenen, aber leider erforderlichen Aufgabe ein Schädlingsbekämpfungsunternehmen in Wien-Landstraße beauftragt. Die Männer dieser Firma gehen nach einem ganz bestimmten Plan vor, um die Tauben dort, wo sie zur Plage werden, zu dezimieren. Dabei werden Kukuruzkörner ausgestreut, die mit Blausäure behandelt wurden. Sobald die Tiere ein Körnchen davon geschluckt haben, fallen sie tot um. Der Tierschutzverein kann gegen diese Art der Taubenvernichtung nicht einschreiten, weil sie vollkommen schmerzlos und human ist.«

So leistete die Behauptung, dass Blausäure eine besonders humane Form der Ausmerzung von Schädlingen darstelle, einen Beitrag zur Relativierung der Grausamkeit der NS-Verbrechen. Die letzte Drehung erfolgte durch die Berichterstattung über den Umgang anderer Hauptstädte mit den lästig gewordenen Vögeln:

»Moskau erklärt Tauben den Krieg. […] Nachdem die medizinische Fakultät der Moskauer Universität in einer Reihe von Untersuchungen die sich immer stärker vermehrenden Taubenscharen der Stadt für Grippe-Epidemien verantwortlich gemacht hat, sollen die Millionen gurrender Vögel aus der sowjetischen Metropole verbannt werden. […] Mit gigantischen Staubsaugern will man in Moskau die Tauben von den Straßen und vom Roten Platz wegsaugen und nach Sibirien aussiedeln.«[19]

Im Österreich der Nachkriegszeit galt als der eigentliche Schrecken, der einigen noch in den Knochen steckte, die soldatische Kriegsgefangenschaft in Sibirien. Durch die Taubenberichterstattung mit ihren monströsen Versprechen (Humanität durch Blausäure) und scheinbaren Versprechern (vom Angesicht der Erde getilgt werden durch Staubsauger) wurde die eigene Rechtfertigungslogik gestärkt. Die Gewalt und Verlogenheit, die darin steckte, muss auch Georg Kreisler aufgefallen sein, als er 1955 nach Österreich zurückkehrte. Kein Wunder, dass sein vielleicht berühmtestes Lied *Taubenvergiften im Park* Spielverbot in Radio und Fernsehen erhielt.

Militante Omas und Kanax der urbanen Tierwelt

Der Philosoph Jacques Derrida widmete seine letzte Vorlesung dem Bestialisch-Wölfischen der Souveränität und setzte dieser das Friedvoll-Täubische entgegen.[20] Der sonst scharfsinnige Denker der Dekonstruktion ging hier der hegemonialen Ideengeschichte auf den Leim und übersah die Dialektik von Ölzweig und Fäkalbombe. Die deutsche Sprache kennt die politisch motivierte Verdoppelung der Taube in »dove« und »pigeon« nicht. Das konzeptuelle Zwillingsgestirn von guter (*dove*) und böser Taube (*pigeon*) hingegen müsste zumindest bekannt vorkommen – sie lässt an das vergeschlechtlichte Paar »Heilige« und »Hure« denken.

Die sorgsame Parzellierung der weder genetisch noch zoologisch unterscheidbaren zwei Taubenformen lässt das Wirken sozialer Technologien vermuten: Die weiße Taube des Friedens, der Sanftmut, der Monogamie und der Folgsamkeit gehört zu Staatsakten, Friedensschlüssen und Hochzeiten. Mit der nichtweißen Stadttaube ist hingegen kein Staat zu machen, sie erscheint als »Kanakin« bzw. »Tschusch« der urbanen Tierwelt, deren aggressiver Kot nationale Kulturdenkmäler zu zersetzen droht und die nirgends dazugehört – weder passt sie zu konventionellen Vorstellungen natürlich schöner Wildheit noch zu servil gedachter Nutztierhaltung. Deshalb ist ihr der neuerdings artgerechte Prozess zu machen – am besten »ökologisch« mit halbverbeamteten Falken im Dienst kommunaler Stadtverwaltungen.

Doch die Zahl der Tauben ist im Sinken begriffen, denn Gentrifizierung überschreitet auch Spezies-Grenzen: Der zunehmende Einsatz von Glas als Außenhaut von Gebäuden und der voranschreitende Ausbau von Dachstühlen zu Penthouses reduziert die Nist- und Rückzugsräume der Stadttauben. Hinzu kommt die Wirkung von Vergrämungsmaßnahmen wie Netzen und Spikes, Fütterverbote zeigen langsam Wirkung und Stadtbrachen verschwinden.[21]

Michel Foucault bestimmte einst den Ort der Kritik als diejenige Position, die nicht auf diese Weise regiert werden will.[22] Tauben treten in diesem Sinn als *unruly creatures*[23] auf. Als Störerinnen der urbanen Ordnung kommt den Tauben zwar aufgrund ihrer Zahl, Sichtbarkeit und Beharrlichkeit eine besondere Rolle zu, ganz alleine sind sie aber keineswegs: Die Stadttheoretikerin Catherine Ingraham hat herausgearbeitet, wie bestimmte Tiere im hochmodernistischen Architekturdiskurs und im ethnologischen Denken über Städte immer dann auftraten, wenn es um Fragen von Herrschaft und Eigensinn ging.[24] Renitenz, so eine weitere Übersetzung für *unrulyness*, hat auch bei Menschen affektive und viszerale Aspekte, die dem unpassenden (schmutzigen) Witz eines älteren Menschen mehr ähneln als einer seriösen Unterschriftenliste.

Im Stadtraum finden wir eine mit der Stadttaube assoziierte menschliche Figur – den älteren Menschen, präziser: die ältere Frau. Ähnlich wie Tiere gelten auch ältere Menschen als Heimstatt von Konservatismus und Starrheit. So treffen sich nach stadtläufiger Vorstellung zwei Loser im öffentlichen Raum: Die verhärmte Oma, die ihre überschüssige Zuneigung an etwas verschwendet, das ihrer Zuneigung nicht wert zu sein scheint, und das Objekt dieser Zuwendung: die Taube. Was aber, wenn sich beim Taubenfüttern Konturen einer massenhaften affektiven Militanz älterer Menschen im öffentlichen Raum zeigen? Denn ältere Frauen legen sich durchaus mit Jogger*innen, Parkraumwächter*innen und anderen Akteur*innen an, wenn sie ihrer öffentlich verurteilten Praxis des Taubenfütterns nachgehen.[25]

Interessanterweise wurden Tauben just zu demjenigen Zeitpunkt zu einem Problem urbaner Verschmutzung, als Teile der Linken den Schmutz für sich entdeckten: War bis zur Mitte des zwanzigsten Jahrhunderts das Recht auf Reinheit, also auf genügend Wasch- und Bademöglichkeiten eine selbstverständliche Forderung sozialistischer und kommunistischer Gruppen gewesen, tauchten nun mit Beatnik und Punk popkulturelle Strömungen auf, die sich positiv auf Schmutz bezogen.

Der Punk mit der Ratte auf der Schulter oder der Promenadenmischung an der Leine ist zu einer gewohnten Figur geworden. Im Hinblick auf das urban-ökologische Mensch-Tier-Verhältnis bleibt der Punk aber im Rahmen des Besitzbürgertums und hat nur das Tier gewechselt. Die Beziehung von älteren Frauen zu Stadttauben, die kommen und gehen können, wann sie wollen, und niemandem gehören außer sich selbst, kann so als sozialrevolutionäre Praxis gelten. Frei nach Foucault ließe sich formulieren: Wo es Stadt gibt, da gibt es auch Stadttauben. Und wo es Stadttauben gibt, da gibt es auch Widerstand.

Mit Marx ließe sich ergänzen: Die Stadt gehört denen, die dort leben und produzieren. Die Stadttaube weiß, wie man Ärger und Zuneigung produziert. Sie ist Teil des Kampfs um urbane Gemeingüter und Aktivistin bei der Frage: Wem gehört die Stadt?

Die Taube wirkt wie das Wappentier der Migration. Ihre Geschichte zeigt die Veränderung von Klassenzusammensetzungen und ihrer sozialen Biosphären an. Für ein Tier, das für seinen ausgeprägten Drang bekannt ist, nach Hause zu kommen, und dafür alle Entfernungen überwindet, scheint es im beginnenden dritten Jahrtausend keinen Platz mehr zu geben. Trotzdem ist sie überall.[26]

Die Taube ist eine lebendige Metapher des Überschusses und der Kommunikation, der aufrührerischen Migration ohne Vaterland, der Solidaritätsproduktion an unmöglichen Orten.

Die Taube ist Chiffre von Vermögen, Vervielfältigung und Sozialität (»Wo Tauben sind, fliegen Tauben zu«); sie hat ihre Grundlagen in materieller nicht-unschuldiger Geschichte und der damit verbundenen vielgestaltigen Bedeutungsproduktion.

Sie ist aber ebenso sehr auch das Zeichen des Exzesses und des Utopischen: In *Mary Poppins* (1964) reißen sich die

Kinder los – anstatt ihr Erspartes auf die Bank zu tragen, wie es der Vater verlangt, übergeben sie es der alten Bettlerin, die auf den Stufen *vor* der Kirche sitzt und Taubenfutter verkauft.

Wer Tauben füttert, füttert Widerstand.

DIE SCHWEINISCHE MULTITUDE: NEW YORK / PARIS / LONDON

Wenn Biomacht die Tiere symbolisch mit armen Menschen gleichsetzte, bestand die Reaktion der Arbeiter∗innen nicht darin, diese Gleichsetzung zu negieren, sondern sie schöpferisch in einen Kampf um das Leben zu verwandeln.
Nádia Farage

Schweine waren ein üblicher Bestandteil präindustrieller Stadtlandschaften, in Europa und anderswo, wo sie auf den Straßen und Plätzen anzutreffen waren – was nicht heißt, dass alle glücklich darüber waren. Bereits im Jahr 1410 bemühten sich deutsche Städte wie z. B. Ulm, die Zahl von Schweinen pro Einwohner∗in zu begrenzen, und versuchten, die Zeit zu reduzieren, in der ein Schwein frei in der Stadt herumlaufen durfte (eine Stunde zu Mittag). Diese Bemühungen waren lange Zeit nicht von Erfolg gekrönt. In Berlin wurde die Schweinehaltung 1685 verboten, und noch 1709 griff der Hamburger Senat zu Plakaten, um über Geruchs- und Gesundheitsprobleme zu informieren, die durch in Hamburg ungestört herumtollende Schweine entstünden.[1]

Zu einem bestimmten Zeitpunkt, genauer: in der ersten Hälfte des neunzehnten Jahrhunderts, wurden die grunzenden Bewohner New Yorks zum Gegenstand leidenschaftlicher Auseinandersetzung, als Gentrifizierung und Klassenressentiments, Schweine und Polizei, wohlhabende Bürger∗innen und weniger wohlhabende Migrant∗innen irischer, englischer und afroameri kanischer Abstammung, Frauen und Männer diskursiv und physisch aufeinandertrafen – über der Streitfrage der Bewegungsfreiheit von Schweinen im öffentlichen Raum und der Bedeutung der Stadt als Gemeingut. Dazu gehörten Gesetzesvorlagen und Straßenschlachten, Leser*innenbriefe und Unterschriftenlisten, Desinformationskampagnen und Demobilisierungsversuche.

Es handelte sich um eine Zeit, in der Migration und Klassenverhältnisse die urbane Topologie von New York neu ordneten. Die Stadt wuchs immens, wodurch bislang voneinander räumlich und sozial entfernte Viertel der Stadt plötzlich in unmittelbare Nachbarschaft rückten – und damit auch ihre klassenspezifischen Lebensgewohnheiten. Schon unter niederländischer Herrschaft im siebzehnten Jahrhundert sollten verschiedene Verordnungen die Belästigung durch frei herumlaufende Schweine regulieren, aber sie wurden größtenteils ignoriert.[2] In wirtschaftlich härteren Zeiten, wie nach dem Krieg von 1812, nahm die Zahl der Schweine deutlich zu, denn so konnten sich ärmere Schichten ein leichtes Zubrot erwirtschaften: Die Schweine konnten nicht nur selbst gegessen werden, sondern auch an lokale Fleischer verkauft werden. Im Unterschied zu anderen Nutztieren war die Schweinehaltung auch mit wenig Arbeit verbunden: Die Schweine suchten sich ihr Essen nämlich eigenständig im urbanen Raum und trotteten am Abend selbst zu ihrem Zuhause zurück. Sie waren bei ihren Beutezügen auch überaus erfolgreich – und sogar wichtig für die Stadtreinigung. Denn die Gewährleistung der Sauberkeit, zum Beispiel der Gehwege, oblag zu jener Zeit privater Initiative und wurde nicht als Aufgabe der Stadtverwaltung verstanden.[3] Das Ergebnis war, dass sich in den ärmeren Vierteln, wo es kaum Dienstboten gab, die die Flächen vor den Gebäuden für gewöhnlich reinigten, jede Menge Abfall ansammelte. Die Schweine reduzierten diesen Abfall und sorgten so paradoxerweise in den weniger wohlhabenden Zonen der Stadt für mehr Sauberkeit. Rosenbaum kommt in einer Studie zum Cholera-Ausbruch im Jahr 1832 zum Schluss, dass die Schweine »die Scham der Stadt waren, aber nichtsdestotrotz ihre einzige effiziente Straßenreinigung«[4].

Als nach dem Krieg von 1812 die Zahl der Schweine in New York 1820 auf rund 20.000 (bei einer Bevölkerungszahl von insgesamt rund 100.000 Menschen) gestiegen war, stieg der Druck besser gestellter Kreise, die Schweine aus Manhattan zu vertreiben.[5] Die Moral, das Auge und die Nase der kultivierten Kreise zeigten sich irritiert.

Es nahm die Gestalt von Abijah Hammond an, einem der vermögendsten Landbesitzer und Kaufleute der Stadt, der 1816 zum ersten Mal zweihundert wohlhabende Schweinegegner für eine Petition gewinnen konnte, die die Entfernung aller freilaufenden Schweine einforderte. Nach mehrfacher Verzögerung kam es im Jahr darauf zu einer Abstimmung über die Gesetzesvorlage, die aber keine Mehrheit fand. Der Grund dafür lag an den widerständigen Schweinehalter*innen, die sich schnell unter der Führung des afroamerikanischen Straßenfegers Adam Marshall sammelten, als das Gesetzesvorhaben bekannt geworden war. Innerhalb von zwei Tagen hatte Marshall eine Gegen-Unterschriftenliste mit siebenundachtzig Unterschriften zuwege gebracht, auch von Frauen und Analphabeten.

Ihre Gegenargumente: Mit einem solchen Gesetz würden die Armen im Winter nichts mehr zu essen haben, und die Straßen würden im Dreck begraben. Dies überzeugte wohl in erster Linie die Stadträte der ärmeren Stadtviertel, die darauf nichts entgegnen konnten und Angst hatten, von ihrer Wählerschaft das Vertrauen entzogen zu bekommen – das Gesetzesvorhaben war abgeschmettert.

Dieses Prozedere sollte sich noch zwei Mal wiederholen, in Form von Petitionen und Gegenpetitionen, Gesetzesvorhaben und revidierten Entscheidungen. Dabei schenkte man einander nichts: Während sich die Schweinegegner darüber lustig machten, dass ein Afroamerikaner und Straßenfeger Frauen und Analphabeten anführte, entgegnete Marshalls Gruppe, dass Denunzianten in ihre Nachbarschaften eindrangen und Schweine für den eigenen Gebrauch stahlen. Marshall blieb erfolgreich, und die Schweine warfen weiter vornehme Damen um und verursachten Unruhe in den Straßen.

Erst 1818, während der Amtszeit eines neuen Bürgermeisters, Cadwallader D. Colden, kam wieder Bewegung in die Sache der Schweinegegner. Denn Colden, der aus einer der ältesten und etabliertesten New Yorker Familien stammte, war vom Gouverneur eingesetzt worden und trachtete deshalb weitaus weniger stark als die gewählten Stadträte danach, die Interessen unterschiedlicher städtischer Gruppen auszugleichen – außerdem musste er keine unmittelbare Abwahl befürchten. Bei der Verwirklichung seines Traums einer schweinefreien Stadt setzte er auf die Strategie, durch die gerichtliche Bestrafung konkreter Einzelfälle Herr der Lage zu werden.

Im selben Jahr kam es endlich zu einem passenden Anlass: Einem Fleischer namens Christian Harriet wurde vorgeworfen, die Aufsichtspflicht über seine Schweine vernachlässigt und dadurch ein öffentliches Ärgernis verursacht zu haben. Harriet beschloss, sich zu wehren, und besorgte sich einen Anwalt. Nun konnte eine ordentliche Gerichtsverhandlung anberaumt werden, um ein Exempel zu statuieren:

»Van Wyck, der Bezirksstaatsanwalt, eröffnete das Verfahren mit der Befragung eines Mr. Ames, Harriets Nachbar und offensichtlich ebenso Schweinehalter, der widerwillig zugab, dass Harriets Schwein auf den Straßen gesehen worden war. (…) Eine Serie von Horrorgeschichten wurde vorgebracht, um das Unheil, das Schweine über die Straßen brachten, zu veranschaulichen: 1. Schweine griffen Kinder an, 2. Buben gerieten in Schwierigkeiten, weil sie Schweine ritten, 3. vornehme Damen waren gezwungen, in aller Öffentlichkeit Schweinen beim Kopulieren zuzuschauen, und 4. Schweine defäkierten auf Menschen. Die Verteidigung berief keine Zeugen.«[6]

Auf Druck des Bürgermeisters wurde Harriet schließlich rechtskräftig wegen Erregung öffentlichen Ärgernisses verurteilt. Die anhaltenden Beschwerden und Leserbriefe in den kommenden Jahren zeigten aber, dass diese Strategie individueller Verurteilungen nach dem Präzedenzfall *The People vs. Harriet* zur generalpräventiven Abschreckung nicht besonders erfolgreich war. Dabei wurden zwei Argumente gegen die frei herumlaufenden Schweine von New York besonders oft vorgebracht: Häufig wurde kritisiert, dass der Anblick der Schweine einen unvorteilhaften Eindruck auf New-York-Besucher mache. Das war zweifellos richtig, viele Besucher erwiesen sich aber als generöser als gedacht – und identifizierten die Schweine humorvoll abwertend gleich mit den Bewohner∗innen der gesamten USA und ihrer Leidenschaft für Schweinefleisch.

Ein weiteres oft vorgebrachtes Argument war, dass die Schweine die schön gekleideten Frauen über den Haufen warfen und ihre Kleidung in den Matsch geriet. Das war aus feministischer Sicht natürlich ein fragwürdiges Argument, denn sehr viele dieser Schweine gehörten alleinstehenden Frauen, deren Überleben durch das Verbot der Schweinehaltung gefährdet worden wäre, nicht nur die temporäre Integrität ihrer Bekleidung. Es half aber bei der Mobilisierung von Männern, die sich als Kavaliere sahen – das halbwilde Hausschwein war zum modernen Drachen geworden und seine Bezwingung zur Herausforderung für New Yorker Ritter.

Catherine McNeurin argumentiert in ihrem Buch *Taming Manhattan* (2014), dass es sich bei der Kampagne gegen die Schweine um Klassenressentiments von oben handelte, die sich genauso sehr gegen die widerspenstigen Viertel mit ihren irischen, afroamerikanischen, migrantischen Bewohner∗innen – darunter »ungehörige« Frauen – richtete. Dies zeigt sich besonders bei den vielen Karikaturen und Schmähgedichten, Leserbriefen und Kommentarspalten in Zeitungen; hier wurden die Schweine und ihre Halter∗innen mit austauschbaren Eigenschaften zum Gegenstand des Spottes.[7]

Hog Riots

1821 versuchte es der nächste Bürgermeister, Stephen Allen. Allens Strategie war es, die Ergreifung jedes freilaufenden Schweins und seine sofortige Überführung ins Armenhaus anzuordnen, wo es umgehend zur Speisung zubereitet wer den sollte. Allens Hintergedanke war, Kritik am Krieg gegen die Schweine, der zugleich ein Krieg gegen die Armen war, auszuhebeln, indem er sie an die Allerärmsten verfütterte. Doch auch dieser Strategie blieb der Erfolg versagt: Die Schweinefänger stießen auf den erbitterten Widerstand Hunderter Schweinebesitzer*innen, ihrer Schweine und ganzer Viertel, die sich gegen die Entführung der Tiere zur Wehr setzten:

»Die Anrainer griffen die Schweinefänger mit Schlamm, verrottetem Essen, heißem Wasser und Besenstielen an. Ein Aufstand hatte begonnen. Die Aufständischen waren eine heterogene Gruppe von Frauen und Männern, die größtenteils aus irischen und afroamerikanischen Angehörigen der Arbeiterklasse bestand.«[8]

Daraufhin setzte der Stadtrat das Gesetz für diejenigen Bezirke der Stadt aus, in denen der Widerstand besonders groß war. Doch die »Hog Riots«, wie sie genannt wurden, setzten sich fort: 1825, 1826, 1830 und 1832 wurde die Stadt von zahlreichen Aufständen erschüttert, die sich zumeist nach einem ähnlichen Muster abspielten: Sobald ein Wagen mit aufgegriffenen Schweinen beladen worden war, erhoben sich Rufe nach ihrer Freilassung, während sich immer mehr Menschen aus der Nachbarschaft einfanden. Wenn man dieser Forderung nicht entsprach, blockierten Hunderte Anrainer*innen die Straßen, griffen mitunter auch die Schweinefänger und die sie zu ihrem Schutz begleitenden Polizisten an, öffneten die Fahrzeuge und befreiten die Schweine, die schnell in alle Windrichtungen wegliefen.[9]

Zornige Nachbar*innen und quiekende Schweine brachten ganze Viertel in Aufruhr. Die Standhaftigkeit der Nachbarschaft gegenüber den Einsatzkräften und die Missachtung der Gesetze erstaunten auch die Zeitungen:

»Nach dem Aufstand 1830 beschwerte sich eine Zeitung darüber, dass alle Menschen, die den Schweinekarren angriffen, genauso wie alle, die an einem anderen Aufstand einige Tage später beteiligt waren, Migranten waren, die das amerikanische Rechtssystem nicht zu verstehen schienen.«[10]

Thomas F. De Voe, ein Augenzeuge mehrerer *Hog Riots*, berichtet von einem typischen Schweine-Tumult 1825, »wo die Schweinefänger und auch die Polizisten, die sie begleiteten, entweder um ihre Beute betrogen oder ganz dazu genötigt wurden, von ihrem Vorhaben abzulassen. [...] Fast jede Frau und jeder Mann fand sich zum gemeinsamen Schutz ein, um Widerstand dagegen zu leisten, dass ihre Lieblinge öffentliches Eigentum wurden.«[11]

Die Beschwerden der wohlhabenden New Yorker blieben, doch die Schweine, ihre Besitzer∗innen und die sie schützenden Nachbarschaften hatten den Sieg davongetragen und würden es in den vielen Schweine-Aufständen der nächsten Jahre weiterhin tun.

Erst ein Ausbruch der Cholera 1832 gab der Stadtverwaltung und den vermeintlich wohlmeinenden Bürger∗innen den Vorwand, den sie gebraucht hatten. Obwohl die Cholera nichts mit den Schweinen zu tun hatte, war die Cholera-Panik so groß, dass die Schweinefänger in Begleitung von Polizeieinheiten endlich erfolgreich Jagd auf die Schweine machen konnten. Tausende Schweine wurden »gepignapped«. Die Angst vor der Wiederkehr der Cholera lähmte die Stadt noch in den folgenden zwei Jahrzehnten, während die Beschwerden über in den Straßen marodierende Säue allmählich abnahmen, ebenso die Zahl der widerspenstigen Borstentiere. Es dauerte bis 1849, bis zumindest die Straßen der »entwickelteren« Viertel New Yorks gänzlich frei von Schweinen waren. Was Gesetzen und dem Druck publizierter Meinungen, Polizei und Schweinefängern nicht gelungen war, gelang mithilfe einer Cholera-Epidemie, an der die Schweine völlig unschuldig waren. Medizinische Schauergeschichten hatten sich als letztlich mächtigste ideologische Waffe zur Demobilisierung der *schweinischen Multitude* erwiesen.

Denn so war die Assemblage widerständiger Menschen und Schweine auf der Straße und in buchstäblich Hunderten Artikeln und Leser∗innenbriefen immer und immer wieder bezeichnet worden: als »swinish multitude«.[12] Mit diesem Ausdruck wurden ungehorsame Menschen und Tiere als eine gemeinsame widerständige Macht zusammengebracht.

Plebs & Pork

Der Ausdruck war rund dreißig Jahre zuvor von Edmund Burke, einem Vordenker des politischen Konservatismus, in seiner 1790 erschienenen Schmähschrift gegen die revoltierenden Massen der Französischen Revolution, *Reflections on the Revolution in France*[13], geprägt worden und hatte sich danach so weit popularisiert, dass er Eingang in die Schweineschlachten New Yorks fand. Burke hatte in Anlehnung an eine Formulierung aus dem Matthäus-Evangelium[14] gewarnt, dass der französische Pöbel alles Wertvolle menschlicher Zivilisation von Schweinen zertrampeln lassen würde:

»Nichts ist sicherer, als daß unsere Sitten, unsere Zivilisation und all die guten Dinge, die mit Sitten und mit der Zivilisation verbunden sind, vom Geist eines Gentleman und dem Geist der Religion abhingen. (…) [Aber jetzt], zusammen mit seinen natürlichen Beschützern und Wächtern, wird das Lernen in den Schlamm geworfen und unter den Hufen einer schweinischen Multitude zertrampelt werden.«[15]

Schwer, nicht an Heinrich Heine zu denken, der im Unterschied zu Burke immerhin auf Seiten der Revolution stand, aber immer von der Angst verfolgt wurde, was ihm wohl passieren würde, wenn die unteren Schichten wirklich einmal obenauf wären. Carl Fisher versteht Burkes Bild des pöbelnden Schweins als »Angst vor dem zerstörerischen Potential von sozialer Unbotmäßigkeit und widerspenstiger Politik von unten«[16].

Bei Burke bedrohten die sozialrevolutionären Kräfte der Französischen Revolution die natürliche Ordnung. Diese neue Welt würde nur die Verhältnisse zwischen Männern und Frauen, Ober- und Unterschicht auf schreckliche Weise umkehren (eine

Welt auf dem Kopf, wie freie Schweine). Beim Schwein handelte es sich um ein destabilisierendes Bild:

»Für den Konservativen verkörpert die Schweinische Multitude die Bedrohung der Demokratie und die Notwendigkeit, die Bevölkerung in Schach zu halten; für den Radikalen stellt der Ausdruck eine aristokratische Diskreditierungstaktik dar und nährt das Verlangen einer ebensolchen Erwiderung.«[17]

Obwohl Burke bei der Wahl seiner Worte vielleicht schlecht beraten war – schließlich wurde der Ausdruck zur Zielscheibe so ziemlich aller progressiven Denker*innen und Autor*innen der damaligen Zeit, von Mary Wollstonecraft bis Thomas Paine, und führte zur Gründung einer Zeitschrift, die Gedichte für die Französische Revolution publizierte und *Swinish Multitude* betitelt war –, so beschreibt er doch richtigerweise die Durchdringung emotionaler, leiblicher und kognitiver Dimensionen jener »unruly crowd«, wie jene Aufständischen, die die Bastille stürmten und auf Versailles marschierten, um später den französischen König und die Habsburgerin an seiner Seite hinzurichten.

Burkes Rede von der schweinischen Multitude war Stellvertreterin und Vorbotin von etwas, das in der Gischt der Geschichte noch nicht auszumachen war, weil es erst dabei war, dem Meer sozialhistorischer Antagonismen zu entsteigen: das Proletariat. Die schweinische Multitude ist bei Burke eine monströse Figur, weil das Monster sowohl die natürliche als auch die soziale Ordnung, die es hervorbringt, stört. Das Monströse der schweinischen Multitude ist zugleich von Mobilität wie von Gesetzlosigkeit gekennzeichnet, denn die schweinische Multitude verlässt die Ordnung der Dinge. Ihre Monstrosität ist bei Burke so sehr Warnung wie Vorzeichen, so die lateinischen Urbedeutungen des Wortes. Es ist Burkes Name für das, was nicht benennbar ist, denn die schweinische Multitude ist »der vulgäre, unausgereifte, bedrohliche und respektlose Pöbel, der die Entstehung des organisierten Proletariats ankündigt«[18].

Das Kommunistische Manifest und der Smithfield Market

Stephen Eisenman merkt an, dass Burkes Worte nicht bloß mehr oder weniger gelungene Metaphern sind, sondern dass sie das Echo der Bambule, das plebejische und frühproletarische Treiben des Smithfield-Marktes, in sich tragen.[19] Der übliche Ausdruck für die arbeitenden Klassen war nämlich »giddy multitude« sowie »vulgar multitude«. Beide waren in der Zeit der Stuarts aufgekommen, während der Zeit des englischen Bürgerkriegs wiederbelebt und seitdem immer wieder wiederholt worden. Das Entscheidende ist, dass Burke durch diesen Begriff zum Ausdruck brachte, dass Rebellionen und Revolten zu seiner Zeit nicht ausschließlich aus Menschen bestanden, die sich wie Schweine verhielten (wie in Frankreich), sondern auch aus Schweinen und anderen Tieren, die sich wie Menschen benahmen.

Die reale schweinische Multitude war Ausdruck für ein aufrührerisches Chaos aus Menschen und Tieren, für politischen Radikalismus in unruhigen Zeiten sozialer Auseinandersetzung. Der Londoner Smithfield Market der 1790er Jahre könnte laut Stephen Eisenman die reale Inspiration für Burkes Wortschöpfung abgegeben haben:

»Mehr als ein Jahrzehnt lang setzte immer wieder ein Krieg zwischen englischen Eliten und domestizierten Bullen, Schweinen und Schafen ein, wobei sich einige Radikale der Seite der letzteren anschlossen.«[20]

Nachdem sich hier innerhalb eines Jahrhunderts die Zahl der gehandelten Tiere verzwanzigfacht hatte – ohne dass dafür neue Räume freigemacht worden wären –, stellten die beiden Markttage, Montag und Freitag, einen einzigen Aufstand von Tieren, Fahrzeugen, Händlern, Prostituierten, Straßenverkäufern, Rohlingen und windigen Gestalten aller Art dar. Tote Tiere lagen herum, andere wurden mit Peitschen angetrieben – oft bis zum Punkt des Durchdrehens: Der Ausdruck »an over-driven ox from Smithfield Market« wurde im achtzehnten Jahrhundert zur

Beschreibung von jemandem verwendet, der über den Punkt des Aushaltbaren hinaus gereizt worden war. Oftmals wandten sich individuelle Tiere oder ganze Gruppen von Tieren gegen die Tiertreiber und zertrampelten sie. Tatsächlich waren Geschichten von aufgebrachten und randalierenden Tieren in den Zeitungen dieser Zeit weit verbreitet. Die Bullenhatz machte einen plebejischen Sport daraus.

Eisenman zitiert einen Bericht des *London Chronicle* aus dem Jahr 1785: »Eine ganze Reihe unbeschäftigter und ungebührlicher Personen versammelt sich im Allgemeinen an Montagen und Freitagen, den Markttagen für den Verkauf von Vieh, am Smithfield Market und folgt dem Vieh; und nachdem sie eines oder mehrere von den übrigen getrennt haben, jagen sie sie und setzen ihnen zu, bis sie wild und boshaft werden, wodurch das Leben der Menschen in Gefahr gebracht wird.«[21]

Zur Verteidigung der Kutscher sei gesagt, dass es wohl nicht nur ihre Schuld war, sondern auch die der Zuschauer∗innen, die die Tiere mit wedelnden Hüten und einer vermutlich beeindruckenden Geräuschkulisse antrieben. Diese gewalttätige und ruhestörerische folkloristische Tradition war insbesondere in den 1790ern Anlass für ausgiebige Berichte in Zeitungen, in denen nicht nur allgemein Sorge über diese potenziell aufwieglerischen Situationen zum Ausdruck gebracht wurde, sondern viel Raum auch Befürchtungen über dadurch verminderte Arbeitsdisziplin sowie Verschwendung oder gar Zerstörung von Arbeitskraft gewidmet wurde.

Während diese rebellischen und aufrührerischen Leute etwas ritualisierten, was es schon immer gegeben hatte (Tiere, die ausflippten, ausbrachen und wegliefen), hatte die Bullenhetze manchmal auch Aspekte krimineller Unternehmungen: Schaulustige riefen und schrien am Fußgängerweg oder versuchten, sich in Sicherheit zu bringen, währenddessen zogen Bandenmitglieder den durch den Trubel Abgelenkten in aller Ruhe Wertgegenstände aus der Tasche. Manchmal wurde aus dem plebejischen Blutsport oder der kriminellen Unternehmung (manchmal war es beides zugleich) um ein Tier, das ausbricht, sogar Realität, und die Flucht glückte: »In dieser Situation können sie entweder schrecklich missbraucht werden oder in die Lage versetzt werden, ihre Wut abzulassen und nach Freiheit zu streben.«[22] Der Tiermarkt war ein Ort erhitzter Körper und Gemüter in Zeiten politischer Unruhe:

»Aber bei der Sorge um ungezügelte Tiere und Bullenjagd ging es ebenso um Politik wie um öffentliche Sicherheit. Das Spektakel der Bullen, die, von Raufbolden dazu angetrieben, in der Oxford Street oder dem Strand tobten, Eigentum zerstörten und Fußgänger umwarfen, war das wahre Bild des sozialen Chaos – einer Welt auf dem Kopf – gefürchtet von anti-jakobinischen Tory und Whig gleichermaßen.«[23]

Eisenman verwehrt sich dagegen, hierin bloß eine Metapher zu sehen:

»Zu argumentieren, dass eine solche Aggression bei Tieren nur instinktiv oder vegetativ ist, während vergleichbare Gewalt beim Menschen zielgerichtet oder politisch ist, bedeutet, die kognitive Tiefe (oder das Selbstbewusstsein) Ersterer zu untertreiben und die der Letzteren zu übertreiben. (…) Tiere, die eingesperrt, misshandelt werden oder deren Tötung bevorsteht, geben von anderen Tieren wahrnehmbare Angstpheromone ab. (…) Diese bedrohten Tiere produzieren außerdem Stresshormone, die die klassischen und erkennbaren Zeichen der Angst auslösen: schnelle Atmung und Herzfrequenz, Schwitzen, laute Lautbildung, agitierte Bewegungen und körperliche Aggression, wie sie die tobenden Tiere des Smithfield Market zeigten. Diese Reaktionen, die wir manchmal als Kampf oder Flucht beschreiben, haben auch eine kognitive Dimension. (…) Einfach ausgedrückt: die meisten großen Tiere wissen, ob sie glücklich oder wütend sind.«[24]

Wenn sich Burke also in seinen *Reflections on the Revolution in France* auf die radikalisierten Massen als »schweinische Multitude« bezog, lag er damit vielleicht richtiger, als ihm generell zugestanden wird. Trauer und Zuneigung, Anlass und Gelegenheit als auch die große Zahl sind Triebkräfte gesellschaftlichen Protests. Marx und Engels schreiben im *Kommuni-*

stischen Manifest: »Aber mit der Entwicklung der Industrie vermehrt sich nicht nur das Proletariat; es wird in größeren Massen zusammengedrängt, seine Kraft wächst, und es fühlt sie immer mehr.«[25] Für Eisenman ist dies sowohl »eine biologische wie soziale Beobachtung, und sie könnte auf domestizierte wie arbeitende Tiere genauso wie auf Menschen angewandt werden«.[26]

Interessanterweise fiel die Periode der meisten Verletzungen durch Bullenhetze genau in die Periode der größten Ängste der Eliten vor den Auswirkungen der Französischen Revolution und den Aufstieg des englischen Radikalismus. Dabei wurden in den sozialkritischen Gemälden etwa von James Gillray tobende Bullen als Teil von Szenerien urbaner Revolte dargestellt; beispielsweise in seinem Gemälde *Promis'd Horrors of the French Invasion, or Forcible Reasons for Negociating a Regicide Peace* aus dem Jahr 1796. Davor hatten auf Gemälden Schweine für blühende Landschaften, persönlichen Reichtum und Eigentum unter Kontrolle gestanden (gerne inklusive eines besonders wohlgenährten Exemplars).

Die Lage der arbeitenden Schweine in England

Im Kontext der Arbeiterklasse war das Schwein einerseits Teil einer Subsistenzökonomie, die die Arbeiter*innen weniger abhängig von den Schwankungen von Arbeitsmarkt und Ökonomie machte, und andererseits Ausdruck der elenden Bedingungen, in denen sie lebten. Friedrich Engels weist in seinem Bericht *Die Lage der arbeitenden Klasse in England* darauf hin, dass eine der Eigentümlichkeiten der von ihm beschriebenen Gebiete darin besteht, dass da »eine Menge Schweine, die hier überall auf den Gassen umherspazieren, den Unrat durchschnüffeln oder in den Höfen in kleinen Ställen eingesperrt sind«[27]. Die Wohnstätten der irischen Bevölkerung erschienen Engels als »buchstäbliche Schweinereien«, die sich »alle zwanzig Schritte wiederholen«, man sieht Schweine, die »ungeniert an der Halde spazierengehn«[28].

Allgemein wurde davon ausgegangen, dass Schweinehaltung durch Arbeiter∗innen zu Kriminalität führen würde, da es für sie nicht möglich war, Schweine in Städten legal zu ernähren – Arbeiter∗innen würden für ihre Schweine notgedrungen kriminell werden. Neocleous kommt deshalb zu dem Schluss:

»Es ist nicht übertrieben zu sagen, dass das Schwein tatsächlich Teil der Arbeiterklasse war. Das Schwein stand daher im Mittelpunkt des Klassenkonflikts. Die Nähe des Schweins zum Arbeiter bestärkte die herrschende Klasse, dass die Grenze zwischen der ›respektablen Arbeiterklasse‹ und der ›kriminellen Klasse‹ unmöglich zu ziehen war. (…) Für die herrschende Klasse war das städtische Schwein aus allen möglichen Gründen ein Problem: Es schuf die Möglichkeit, dass ein Arbeiter irgendeine Form des Lebensunterhalts ohne Lohn hatte, es war ein Indikator für Slumbedingungen, führte zu schlechter Hygiene, es stand symbolisch für das Fehlen von zivilisiertem Leben und erzeugte eine Neigung, Verbrechen gegen Eigentum zu begehen. Mehr als alles andere erschien der Bourgeoisie die Nähe des Schweins zu seinem städtischen Arbeiterklassebesitzer als Beweis für die Schweinehaftigkeit des Arbeiters selbst.«[29]

Nach Edmund Burkes »Re-Branding« von Schweinen als Teil der revolutionären Massen waren republikanische und radikale Kräfte Schweinen gegenüber positiv gestimmt. Die revoltierenden Massen wurden entweder selbst als Schweine oder in Begleitung von Schweinen dargestellt in Gedichten und Liedern, Pamphleten und sogar auf Krügen. Im britischen Brighton Museum ist ein in den 1790ern hergestellter Bierkrug ausgestellt, der Burke bei einer Ansprache zu Schweinen zeigt, in einer Hand hält er ein Papier, auf dem »Thoughts on French Revolution« steht. Eine Sprechblase entsteigt seinem Mund, die einen Reim enthält: »Ye pigs who never went to college, You must not pass for pigs of knowledge.«[30]

Aktivist∗innen und Volksbildner∗innen nahmen Schweine-

Personae an, wie beispielsweise *Brother Grunter*, *Porculus*, *Gregory Grunter*, *Pigabus*, *Old Bristle Back*, *Gruntum Snorum*, und *Spare Rib*.[31] Eine Zeitschrift, die der Auseinandersetzung mit Fragen von Philosophie und Politik in zugänglicher Form für weniger gebildete Schichten gewidmet war, nannte sich stolz *Pig's Meat, or Lessons for the Swinish Multitude*. Olivia Smith weist darauf hin, dass durch die »lebendige Definition eines großen Teils der Bevölkerung als viehisch und unartikuliert, Burke sie zur Sprache provozierte«[32].

In dem abwertend gemeinten Ausdruck der schweinischen Multitude erkannten viele Adressierte, wie sie von »oben« gesehen wurden – als heimtückisch, gerissen, faul, schmutzig, gierig, unkultiviert, unartikuliert, viehisch:

»In der wohlpublizierten Öffentlichkeit als ›Schwein‹ bezeichnet zu werden, vergleichbar den unzähligen Verweisen auf den ›Pöbel‹ als vulgär, bestialisch oder monströs, der oft in der Elite-Literatur zu finden ist, schien mit den alten Formen von Unterordnung und Ehrerbietung zu brechen, indem dadurch den Leuten gesagt wurde, was sie wahrscheinlich bereits wussten, nämlich wie sie von ›oben‹ gesehen wurden. (…) Die Französische Revolution verschiebt die moralische Achse und erweckt ein Publikum hinsichtlich dämonisierender Qualitäten von Sprache und Bild. Doch anstatt das Zeichen in Abscheu gegenüber sich selbst zu verinnerlichen, nahmen es viele als eine Form der Anerkennung an. Diese Rhetorik hatte eine selbstermächtigende Qualität.«[33]

Dieser Prozess nahm seinen Verlauf just zum selben Zeitpunkt, als Dichter*innen und Denker*innen einen neuen Umgang mit Tieren einforderten, manchmal aus humanistischem Respekt den Tieren gegenüber, manchmal als Teil einer Einübung klassenspezifischer Sittlichkeit durch Kinderliteratur.[34] Echte Gentlemen quälten keine Tiere, die mangelnde Selbstbeherrschung, die Kinder an den Tag legten, würde ihnen beim späteren Umgang mit Untergebenen schaden. Das war eine Metapher, die überlief und Teil realer Solidarisierungen mit der Situation von Tieren wurde. Der Vegetarismus mancher der Akteure der damaligen Zeit hatte Schlagseiten, die heute überraschend wirken mögen. Der politische Aktivist John Oswald beispielsweise hatte Indien bereist und war vier Jahre lang Mitglied des Jakobinischen Klubs gewesen, er starb bei der Verteidigung der Revolution 1793. Sein prominenter Freund Tom Paine merkte ihm gegenüber an: »Oswald, du hast so lange gelebt, ohne Fleisch zu kosten, dass du jetzt einen unersättlichen Appetit auf Blut hast.«[35] Das einzige Blut, das der Verteidiger der Revolution zu sich nehmen wollte, war das Blut der Feinde der Demokratie, nicht das eingesperrter oder freilaufender Schweine.

Multituden als widerständige Gemenge: Neben Staat und Volk

Für Neocleous ist die schweinische Multitude untot, weil sie weder historisch noch analytisch ganz zum Verschwinden gebracht werden kann, sie umschließt die produktiven wie destruktiven Aspekte der lebendigen Arbeitskraft: »Wir könnten sagen, dass das Proletariat eine Entität ist, die nicht getötet werden kann, weil die bürgerliche Ordnung sie in lebendiger Form braucht, die aber als Pöbel nicht in die gegenwärtige stabile Ordnung assimiliert werden kann – sie ist im Wesentlichen eine Ruhestörung.«[36]

Die nie ganz domestizierten Schweine wurden zu renitenten Doppelgängern der Revoltierenden, weil sie eine ambivalente Position in Kultur und Gesellschaft einnehmen: »Sie gehören nicht allein zum Haus, sondern auch zur Wildnis, zu Wald und Sumpf; sie gelten als Symbole der Fruchtbarkeit, aber auch des Todes und der Grenzüberschreitung. Ihre Domestikation bleibt prekär.«[37]

Der Begriff der Multitude hat seit der Publikation von Toni Negris und Michael Hardts *Empire* und dem Nachfolgeband *Multitude* eine politische Konjunktur erlebt.[38] Wörtlich übersetzt bedeutet der lateinische Ausdruck »multitudo« so viel wie

Menge. Er meint im Unterschied zu Masse das Nichtaufgehen in einem größeren Ganzen.

Multitudo wird in Abgrenzung zu »Volk« verstanden, insofern damit ein Staatsvolk im Rahmen von Nationwerdungsprozessen gemeint ist. Er steht aber auch in Abgrenzung zu »Bevölkerung«, insofern darunter der Gegenstand biopolitischer Regierungstätigkeit innerhalb kapitalistischer Ökonomien verstanden wird.

Der Begriff der Multitude ist dem des Staates gegenübergestellt; er bezeichnet eine Produktion von Widerstand und Widerständigkeit durch irreduzible Vielheiten. Die Multitude ist ein Sturm von Leidenschaften, Verbindungen und Verständigungen, der nicht auf die Zahl eins gebracht werden kann – die staatliche Souveränität des Leviathans, wie er uns in den Schriften Thomas Hobbes' entgegentritt. Hieß es dort zur Grundlegung staatlicher Souveränität »von oben«, dass der Mensch dem Menschen ein Wolf sei, so kann aus plebejisch-porkiner Perspektive »von unten« mit derselben Berechtigung gesagt werden: Der Mensch ist dem Menschen ein Schwein. Die Multitude ist das, womit kein Staat zu machen ist: »Aber wie alle Seinsweisen ist sie ambivalent, sie enthält Verlust und Rettung, Ruhe und Konflikt, Unterwerfung und Freiheit.«[39]

Was die schweinische Multitude als Begriff und die gelebte Praxis der Tiere und Menschen am Smithfield Market und in New York zeigten, waren die politische Macht und der Widerstand von Gemengen, die Tiere umfassten.[40]

Das erscheint als Sonderfall – doch Widerstand, der nicht nur als derjenige souveräner Bürger*innen gedacht wird, die sich im Vollbesitz ihrer geistigen und körperlichen Kräfte befinden, ist eigentlich mehr Regel als Sonderfall.

Eine Revolte der Nerven

Solch ein Widerstand umfasst das »erschöpfte Selbst«, das gegenüber den Zumutungen der Moderne und des Arbeitsplatzes sogar das Interesse am Interesse verliert: Die Depression als letzte Notbremse des überforderten Subjekts taugt nicht als Postersujet politischer Organisierung, doch verweist sie auf Widerstandsformen, die auch dem davon betroffenen Subjekt gar nicht oder nicht zur Gänze bewusst sind.[41]

Man fühlt sich leer und antriebslos, nichts ergibt mehr einen Sinn, gänzliche Motivationslosigkeit stellt sich ein. Das hat manchmal mehr mit dem Kapitalismus zu tun als mit mangelndem Sport, der falschen Ernährung oder nicht akribisch genug ausgefüllten Dringlich/Wichtig-Kurven, nach denen das Leben nach Prioritäten sortiert in den Griff zu bekommen wäre.

Was bei Soldat*innen *Posttraumatische Belastungsstörung* (PTBS) genannt wird, ein Zusammenspiel genetischer und sozialer Einflüsse, gibt es auch bei Schweinen, hier heißt es »porcine stress syndrome« (PSS). Ein Symptom von PSS ist Caudophagie, dt. »Schwanzfressen«; das heißt, die Schweine beißen sich die in der Werbung so gerne präsentierten Ringelschwänzchen ab. Um dem beizukommen, werden viele Ferkel vorsorglich »kupiert«, ihnen wird also das letzte Drittel ihres Schwanzes entfernt.

»Andere Symptome umfassen Steifheit, Atemlosigkeit, Ängstlichkeit, fleckige Haut, und manchmal plötzlichen Tod. Wie Menschen, die lange Einzelhaft oder andere Folterformen in Gefangenschaft erdulden mussten, betreiben Schweine Selbstverstümmelung und wiederholen das gleiche unsinnige Verhalten wieder und wieder, manchmal tausende Male pro Tag; die Tiere werden buchstäblich in den Wahnsinn getrieben.«[42]

Wenn man sich sonst nicht wehren kann, dreht man durch. Dann ist gar nichts mehr mit einem anzufangen. Dies soll nicht heißen, dass Menschen (oder Schweine), die an Depression leiden und dadurch Verhaltensweisen an den Tag legen, die sie für Lohnarbeit (oder das Aufgegessen-Werden) ungeeignet machen, dies in planvoller Weise tun. Es ist in beiden Fällen eine Revolte von Körper und Psyche gegen Unzumutbares.[43]

Gramsci in Zeiten der Biosecurity: Schweine essen Seele auf

Im Zeitalter von Vogelgrippe, Rinderwahnsinn und Schweinepest bläht sich der industrielle Tierkörper weit über seine kleinparzellige Einhegung in »Tierfabriken« auf monströse Weise aus: Wind und Wasser tragen mikroskopische Partikel von Speichel, Blut, Fäkalien, Samen und Bakterien in die Welt hinaus; diese Tierbestandteile setzen sich trotz aller Hygienevorschriften in den Ohren und Nasen, unter den Fingernägeln und in den Haaren der Landwirtschaftsmitarbeiter*innen fest, um sich auf unterschiedliche landwirtschaftliche Einheiten oder unterschiedliche Abteilungen derselben Einheit zu verbreiten und damit den kostbaren Bestand tierindustrieller Spezies zu gefährden. Das ist zumindest die biokapitalistische Angst, die sich dagegen mit Maßnahmen der Biosecurity, dt. Biosicherheit, zu schützen trachtet.

Der Anthropologe Alex Blanchette hat bei einer 24-monatigen Feldforschung in jenen Zonen der US-amerikanischen Great Plains, in denen der größte Teil der in den USA geborenen und getöteten Schweine existiert, die sozialen Auswirkungen dieser Industrie auf diejenigen untersucht, die dort arbeiten.[44] Das sind auf einer Fläche von rund 260 Quadratkilometern auf der untersten Ebene rund 4000 migrantische Arbeitskräfte aus 26 Ländern. Im zeitgenössischen Regime der Biosecurity bedeutet dies für die beschäftigten Mitarbeiter*innen, dass sie Arbeitsverträge unterschreiben müssen, in denen festgelegt ist, dass keine zwei Mitarbeiter*innen der Schweinefabriken im selben Viertel leben dürfen. In strukturschwachen Regionen bedeutet dies entweder Arbeitslosigkeit oder jahrelange Trennung von anderen arbeitstätigen Familienmitgliedern. Die Sozialität individueller Arbeiter*innen und ihrer Familien wird zur Gefahrenquelle für die prekäre Lebensform des industrialisierten Schweines. Ein Bier oder einen Tee in einem Park zu teilen oder die Zahl der privaten Duschvorgänge wird zum Gegenstand von Risiko-Algorithmen und arbeitsrechtlicher Kontrolle.

Damit ist das von Antonio Gramsci im Zusammenhang mit der Entwicklung des fordistischen Industrialismus konstatierte Phänomen der (konformistischen) Überprüfung der Freizeit der Arbeiter durch Werksspione, ob denn auch ein geordnetes Familienleben besteht, in der postfordistischen Ökonomie an ihr Ende gekommen – kein konventionelles Familienleben zu haben ist nun Voraussetzung der Arbeit; auch für die untersten Schichten der Produktion.

Du bist Teil der Lösung, Teil des Problems oder Teil der Landschaft

Blanchette zufolge entsteht hier eine biokapitalistische Landwirtschaft, die zwar dem individuellen Schwein einen verschwindenden Wert zuspricht, doch die reproduktiven Tätigkeiten der Spezies des industrialisierten Schweins wie Geburt und Wachstum über bürgerlich-humanistische Werte wie Autonomie, Freiheit und Privatsphäre der Menschen stellt. Deshalb nennt Blanchette die Arbeitsformen in diesen Zonen, wie den Sojaplantagen von Paraguay oder den Obstanbau-gebieten der US-Westküste, *posthumane Arbeit*. Das verkompliziert auch die geochronologische Anthropozän-These; denn der ersetzbare individuelle Mensch hat gegenüber unersetzbar wertvollen Schweine-, Soja- oder Obst-Spezies das Nachsehen.

Im Unterschied zu theoretischen Reflexionen darüber, inwiefern Tiere auch arbeiten, oder Untersuchungen, die zeigen wollen, dass Menschen niemals nur mit anderen Menschen arbeiten, oder Künstler*innen und Aktivist*innen, die sich an Interspezies-Verwicklungen abarbeiten, zielt Blanchettes Untersuchung nicht darauf ab, einen philosophischen Posthumanismus zu entwickeln, der kapitalistische Produktionsformen »von außen« kritisiert, sondern er versucht, materiellen Formen posthumaner Arbeitsregimes innerhalb agrokapitalistischer Praktiken nachzuforschen.

Obwohl Blanchettes letztes Jahr publizierte Arbeit den *state of the art* anthropologischer Forschung auf diesem Gebiet darstellt, zeigt sie epistemische Schwächen. Blanchette zeigte bei der Präsentation seiner Forschung bei einer Fachtagung in Detroit[45], der ich beiwohnte, unter anderem Aufnahmen eines in der Schweineproduktion offensichtlich nicht seltenen Phänomens: Die weiblichen Schweine, die unaufhörlich Ferkel gebären müssen, sich aber in der sie arretierenden Vorrichtung nur hinlegen oder aufstehen, sich niemals aber auch nur umdrehen können, um in Sozialkontakt zu ihren Nachkommen zu treten, versuchen immer wieder, gegen die Metallstreben vor ihnen zu laufen – mitunter bis sie ihren Verletzungen erliegen; dies kommt aber selten vor, dafür sorgt die raffinierte Technik des Käfigs.

Blanchette versteht dieses Phänomen als psychischen Tick, der von den repressiven Haltungsbedingungen herrührt, und kommt gar nicht auf den Gedanken, dass dies eine Form des Widerstands, die letzte Ausflucht der Muttersau darstellen könnte – einen Suizidversuch. Im Gegensatz zu Alain Ehrenbergs vieldiskutierter These, dass die Moderne ein psychophysisches Zuviel an Autonomie hervorgebracht hat, drängt sich der Verdacht auf, dass es sich bei den Reproduktions-Säuen genau umgekehrt verhält: Es gibt nicht einmal mehr die Freiheit, sich für einen Moment dem zuzuwenden, was der einzige Lebenszweck ist – den eigenen Ferkeln. Doch ganz zum Verschwinden scheint der Widerstand der Schweine nicht gebracht werden zu können, auch wenn Blanchette seine Fotos bislang in keinem wissenschaftlichen Artikel publiziert hat. Die Widerstände der Anthropologie gegen den Gedanken schweinischen Widerstands wären vielleicht zu groß.

Thomas Macho fragt in seiner Studie zum Suizid in der Moderne, *Das Leben nehmen*: »Können Tiere wirklich nicht Suizid begehen?«[46] Zumindest seine Antwort ist eindeutig:

»Die letzte Grenzziehung zwischen Menschen und Tieren – in Gestalt der These, der Mensch sei das einzige Tier, das Suizid begehen könne – ist ein rekursiver Effekt, gleichsam das finale Ergebnis einer ganzen Serie von Kriegen und Abgrenzungen gegen die Tiere und die eigene Animalität.«[47]

RENITENTE SCHWEINE UND DIE GEBURT DER FABRIK

Sogar wenn es tot ist, widersetzt sich das Schwein der Maschine.
Sigfried Giedion

In Max Horkheimers *Notizen 1950–1969 und Dämmerung* ist ein gedankliches Bild zu finden, das den schlichten Titel *Wolkenkratzer* trägt. In diesem kurzen Text fasst Horkheimer sein Verständnis der Gesellschaft in das architektonische Bild einer Kathedrale des Kapitals, eben des Wolkenkratzers. Ganz oben positioniert Horkheimer die unterschiedlichen sich bekämpfenden Managergruppen und Eigentümer, darunter haben sich die politischen, militärischen und akademischen Eliten eingerichtet, gefolgt von Handwerkern, Proletariern und Kranken. Darunter ist das koloniale Massenelend anzutreffen, das alle Begriffe übersteigt, bis der Keller des Wolkenkratzers erreicht wird:

»Unterhalb der Räume, in denen millionenweise die Kulis der Erde krepieren, wäre dann das unbeschreibliche, unausdenkliche Leiden der Tiere, die Tierhölle in der menschlichen Gesellschaft darzustellen, der Schweiß, das Blut, die Verzweiflung der Tiere. […] Dieses Haus, dessen Keller ein Schlachthof und dessen Dach eine Kathedrale ist, gewährt in der Tat aus den Fenstern der oberen Stockwerke eine schöne Aussicht auf den gestirnten Himmel.«[1]

Der Wolkenkratzer als Modell war dabei keineswegs unschuldige Metapher, sondern selbst umkämpfter Gegenstand städtebaulicher und architektonischer Debatten – gerade in Deutschland.[2] Aus der Tradition des Materialismus mit der

Marx'schen Idee ökonomischer Basis und gesellschaftlichem Überbau kommend, bedeutet das Bild keineswegs bloß, dass es vielen Tieren in der Welt der Menschen besonders übel ergeht, sondern dass die Art des Umgangs mit Tieren eine individuelle und sozialhistorische Einübung in Herrschaft darstellt.

Horkheimers langjähriger intellektueller Weggefährte, Theodor Wiesengrund Adorno, notierte in seinem 1966 erschienenen philosophischen Hauptwerk, der *Negativen Dialektik*:

»Wem gelänge, auf das sich zu besinnen, was ihn einmal aus den Worten Luderbach und Schweinstiege ansprang, wäre wohl näher am absoluten Wissen als das Hegel'sche Kapitel, das es dem Leser verspricht, um es ihm überlegen zu versagen. Theoretisch zu widerrufen wäre die Integration des physischen Todes in die Kultur, doch nicht dem ontologisch reinen Wesen Tod zuliebe, sondern um dessentwillen, was der Gestank der Kadaver ausdrückt und worüber deren Transfiguration zum Leichnam betrügt. Ein Hotelbesitzer, der Adam hieß, schlug vor den Augen des Kindes, das ihn gern hatte, mit einem Knüppel Ratten tot, die auf dem Hof aus Löchern herausquollen; nach seinem Bilde hat das Kind sich das des ersten Menschen geschaffen. Daß das vergessen wird; daß man nicht mehr versteht, was man einmal vorm Wagen des Hundefängers empfand, ist der Triumph der Kultur und deren Mißlingen.«[3]

Wer die reale Bedeutungswelt kennt, die mit den geografischen Namen »Luderbach« und »Schweinstiege« verbunden ist, hat mehr verstanden, als es durch die Auseinandersetzung mit Hegels absolutem Wissen je möglich wäre. Das nimmt sich auch für Adorno'sche Verhältnisse einigermaßen verrätselt aus – was kann damit gemeint sein?

Beide Ortsbezeichnungen stammen aus Adornos Frankfurt: Der »Luderbach« ist ein südlicher Zufluss des Mains nahe der »Schweinstiege«, einer alten Bezeichnung für ein umzäuntes Areal beim heutigen Frankfurter Rhein-Main-Flughafen. Lange vor Adornos Geburt wurden alljährlich Schweine in die »Schweinstiege« getrieben, eine Art Pferch oder Unterstand. Bis zum Zeitpunkt ihres Eintriebs hatten die Schweine jedoch frei im Wald gelebt, erst zur Mast wurde eine bestimmte Anzahl von ihnen eingesperrt und schließlich geschlachtet. Die Einhegung und Wegsperrung der Schweine in »Verliese des Gesellschaftsbaus«[4] durch die zunehmende Rationalisierung der Viehwirtschaft war schon zu Adornos Jugend vorangeschritten. Da die Entwicklung moderner Rationalität für Adorno mit der Unterwerfung der äußeren und inneren Natur verbunden war, erschien ihm das räumliche Verschwinden der ehemals im Wald herumtollenden Schweine als sinnliche Gewissheit eindrücklicher als Hegels Ausbuchstabierung absoluten Wissens.

Im Bild der Entfremdung der Erwachsenen gegenüber kindlicher Anteilnahme für Ratten und Hunde treffen wir auf den von Adorno und Horkheimer an vielen Stellen artikulierten Gedanken, dass die Genese bürgerlicher Subjektivität den Menschen gegenüber zu viel »weiblicher« Emphase und »kindlicher« Mimesis abhärten musste:

»Furchtbares hat die Menschheit sich antun müssen, bis das Selbst, der identische, zweckgerichtete, männliche Charakter des Menschen geschaffen war, und etwas davon wird in jeder Kindheit wiederholt.«[5] Der so zugerichtete Mensch ist, obgleich stoffliches und endliches Wesen, gegen »zu viel« Natur gestellt; deshalb bleibt die Erinnerung an seine »natürliche« Geburt, die er mit Tieren teilt, eine strukturelle Kränkung des narzisstischen Egos. Der menschliche Kadaver gleicht den tierlichen Kadavern ebenso zu sehr, daher die vielen Rituale, die die Transformation des toten menschlichen Körpers zum Leichnam bewerkstelligen sollen. Der »Gestank der Kadaver« wird verabscheut, weil er an diese geteilte Körperlichkeit erinnert.

An anderer Stelle schreibt Adorno Walter Benjamin zu, eine Bemerkung Bertolt Brechts notiert zu haben: »Kultur ist ein Palast, der aus Hundescheiße gebaut ist.«[6] Auch der Abscheu gegenüber Hundekot entspringt zu einem gewissen Grad dem Bewusstsein, dass sich die eigenen Abfälle nicht so sehr von denen irgendwelcher Hunde und die eigene *endliche* Körperlichkeit nicht so sehr von der irgendwelcher *verendender* Tiere unterscheidet. Die Ergüsse des Geistes und die Artefakte der

Kultur helfen dabei, dies ständig aufs Neue zu vergessen. Der Wolkenkratzer ist ein solcher Palast der Amnesie geteilter Kreatürlichkeit, der Blick nach oben zu den ewig erscheinenden Sternen tröstet darüber hinweg, dass man auch einmal verwesen wird.

Porcopolis

Das konkrete Wolkenkratzer-Bild Horkheimers hatte vielleicht mit persönlicher Anschauung zu tun, denn 1954–1959 hatte Horkheimer eine Gastprofessur in Chicago inne, jener Stadt, die sich zuerst stolz *Porcopolis* und später *Bovine City* nannte. Die Namen rühren von der Rolle Chicagos als größtem Schlachthof und Tierverwerter der Welt ab dem Ende des neunzehnten Jahrhunderts her. Chicago war die Stadt mit den ersten Wolkenkratzern, finanziert mit dem Geld der Schlachthöfe und Fleischmärkte. In diesem Fall waren das sprichwörtlich gewordene Elend der Schlachttiere und ihre verarbeiteten Körper tatsächlich die ökonomische Basis für die Errichtung der Hochhäuser gewesen.

An diesen welthistorischen Prozessen soll ein *unbeherrschtes Rind* maßgeblich beteiligt gewesen sein: Einem lokalen Mythos zufolge ging das Große Feuer von 1871, das ein Drittel von Chicago einäscherte, auf eine »bis dahin unauffällige Kuh« zurück.[7] Mrs. O'Leary, ihre Besitzerin von Rechts wegen, hatte versucht, die Kuh an einem außergewöhnlich heißen Sonntagabend zu melken, als das eigensinnige Tier die Laterne, die den Stall beleuchtete, mit einem festen Tritt umstieß und so ein höllisches Inferno auslöste, das Menschen, Tiere und Architekturen gleichermaßen verzehrte.[8]

Der Wiederaufbau Chicagos in den folgenden Jahren half bei der Modernisierung der Stadt und zog Architekten an, die hier ein Laboratorium urbaner Innovationen erblickten. Sie entwarfen beispielsweise das *Reliance Building* als Vorboten des »international style«, der dem zwanzigsten Jahrhundert architekturästhetisch seinen Stempel aufdrücken würde. In den Himmel schießende Grundstückspreise und neue Regularien bezüglich der Feuersicherheit führten zur Errichtung des ersten Wolkenkratzers der Welt im Jahr 1884, des *Home Insurance Building*, das das Büro des legendären Fleisch-Industriellen Philip Armour beheimatete. Es war seine Fleischverarbeitungsfirma, die das weltberühmte »We feed the world« als Firmenmotto führte. Dabei handelte es sich um mehr als bloß einen Marketing-Slogan, schließlich verarbeiteten die *Union Stock Yards of Chicago* tatsächlich den größten Teil des US-Fleischs bis in die 1920er – mehr als jeder andere Ort der Welt. Dies gelang den Union Stock Yards nur durch fieberhaften Innovationsdrang, der sie zu einem Labor der Moderne machte.

Adornos und Horkheimers Einsichten und Überlegungen zum Mensch-Tier-Verhältnis jedenfalls, wie sie etwas konzentrierter in der *Dialektik der Aufklärung*, aber auch verstreut in vielen Schriften zu finden sind, waren lange das Konsequenteste und Radikalste, was das marxistische Denken zu diesen Fragen hervorgebracht hat. Auch heute sind viele Überlegungen in hohem Maße anregend. Aber: Tiere treten bei den gesellschaftstheoretischen Reflexionen der beiden als immer noch elendere und verdinglichtere Wesen auf, als es ihrer Auffassung zufolge Menschen in Industriegesellschaften ohnehin schon sind. Diese wirken im umfassenden Verblendungszusammenhang der Kulturindustrie im Besonderen und der nach Sozialisationsmechanismen klassenförmig organisierten Gesellschaft im Allgemeinen fast unheilbar gefangen. Für Tiere kommt erschwerend hinzu, dass diese nicht einmal den Trost der wie auch immer fragwürdigen Kultur der bürgerlichen Gesellschaft haben. Diese extrem zugespitzte Viktimologie mag mit Adornos und Horkheimers tendenziell kulturpessimistischer Sicht auf Veränderungsprozesse moderner Gesellschaften zu tun haben, ihrem immer etwas elitistischen Politikverständnis, ihrer institutionellen Orientierung oder damit, dass sie, philosophisch geschult, bei ihren denkerischen Reisen besonders schwer an humanistisch-liberalem Reisegepäck zu schleppen hatten –

Geschichte erscheint bei den beiden jedenfalls zumeist als erbarmungslos eintretendes Ergebnis philosophischer Ideen, die den Keim des Schreckens immer schon in sich tragen. Bei Tieren ist dann eben alles noch furchtbarer und noch aussichtsloser.

Die Herrschaft der Mechanisierung

Ein anderes Buch, ungefähr zur selben Zeit wie Adornos und Horkheimers *Dialektik der Aufklärung* entstanden, kann möglicherweise helfen, übersehene Aspekte dieser Gemengelage in den Blick zu nehmen: Sigfried Giedions *Herrschaft der Mechanisierung* (1948/1982).[9] Giedion, der in Wien Maschinenbau und in München Kunstgeschichte studiert hatte, stellte geradezu den modernistischen Idealtypus eines kunsthistorisch versierten Ingenieurs dar. Lange war er Generalsekretär der *Congrès Internationaux d'Architecture Moderne* (CIAM, dt.: Internationale Kongresse Moderner Architektur) gewesen und galt als Botschafter des Internationalen Hochmodernismus. Generationen von Architekturstudierenden lasen seine Bücher. Stanislaus von Moss schreibt im Nachwort des Buches: »*Herrschaft der Mechanisierung* ist nicht ein Buch *über* die Moderne – es ist ein Buch *der* Moderne.«[10]

Giedions hier entwickeltes Projekt war als »Beitrag zur anonymen Geschichte« konzipiert – so auch der Untertitel des Buches. Sein Gegenstand waren die Erfindungen und zahllosen Verbesserungen technischer Prozesse, die, obwohl sie massenhaft Eingang in unsere Alltagskultur gefunden hatten, keine berühmten Schöpfer vorweisen konnten: »Der Erfinder als Held verschwindet in einer unüberschaubaren Menge von Handwerkern, Tüftlern, obskuren Geschäftsleuten und Ingenieuren«, so Hans Magnus Enzensberger.[11] Die *Dialektik der Aufklärung* entstand in einer ähnlichen biografischen Exilsituation in den Vereinigten Staaten wie Giedions *Herrschaft der Mechanisierung*. Trotz gewaltiger Unterschiede zwischen den beiden Werken hat es Sinn, sie in Beziehung zueinander zu denken – denn auch bei der *Dialektik der Aufklärung* ging es zentral um Effekte der industriellen Mechanisierung und Standardisierung auf Subjektivitätskonstitution im Verhältnis zu ästhetischen Entwicklungen in den USA als besonders fortgeschrittener Form kapitalistischer Vergesellschaftung.[12]

Giedion verfolgt dabei die Mechanisierung des einfachen und komplizierten Handwerks – von der Schlosserei über die Landwirtschaft und Lebensmittelproduktion bis zur Gestaltung von Möbeln, Haushaltsgeräten und Badezimmern. Vollständigkeit ist dabei kein Begehren Giedions, vielmehr werden die Mechanisierungsversuche exemplarisch in nach Themen gruppierten Fallstudien mit einer überbordenden Fülle empirischen Materials und visueller Artefakte in den Blick genommen. Als leidenschaftlicher Akteur zeitgenössischer Bewegungen war seinen publizistischen Interventionen Unparteilichkeit fremd – Giedion schrieb nicht als neutraler Experte über eine von seinen Untersuchungen verschiedene Praxis, sondern als Vertreter der modernistischen Bewegung selbst. Dies zeigt sich auch in der Großzügigkeit, mit der wichtige Bereiche der Mechanisierung nicht (z. B. Kriegsgeräte, Fotografie) oder nur kaum (Kunst, Architektur) Gegenstand von Erörterungen wurden.

Seine technikgeschichtliche Untersuchung der teils wagemutig anmutenden Versuche, das Kneten, Backen oder Mähen zu mechanisieren, produzierte dabei im selben Zug eine *Geschichte des Widerstands des Lebendigen*, des »Organischen«, gegen die Versuche seiner mechanisierten Bearbeitung im aufkommenden Kapitalismus. Detailliert beschreibt Giedion beispielsweise die hochkomplexe Konstitution von Mehl und Teig, die die Mechanisierung der Brotproduktion lange verhinderte – und dokumentiert mittels einer großen Bandbreite an herangezogenen Quellen die mannigfaltigen Versuche der mechanischen Beherrschung des Brotes. Doch obwohl sich Giedions mit vielen Nebenbemerkungen, klug eingefügten Details und hunderten Bildern gestaltete Genealogie der Mechanisierung auch noch mehr als siebzig Jahre nach ihrer Niederschrift äußerst kurzweilig und lohnend liest, bleibt seine Rückführung fast aller Mechanisierungstendenzen der Gegenwart auf das Mittelalter wenig überzeugend.

Die von zahlreichen Kommentatoren hervorgehobenen und auch heute noch faszinierendsten Passagen des Buches sind dem Widerstand der Tiere gegen ihre Integration in die Mechanisierung gewidmet. Diese Ausführungen sind in einem Kapitel konzentriert, dem innerhalb der *Herrschaft der Mechanisierung* eine besondere Rolle zukommt und das im Folgenden etwas genauer dargestellt wird – *Mechanisierung und Tod: Fleisch.*[13]

Dieses Kapitel steht nicht nur in strukturellem Gegensatz zu den anderen Teilen des Buches, es stellt zugleich das dialektische Herzstück des Buches dar: Giedions These vom Widerstand des Lebendigen gegen die Mechanisierung erreicht im Widerstand der lebenden und toten Schlachttiere gegen die mechanisierte Schlachtbank ihre höchste Zuspitzung und gibt zugleich den Blick frei auf die Düsternis der Industriegesellschaft: Denn wenn sich in einem Kaffeelöffel die Sonne spiegelt, wie das Motto des Buches lautet, so wirft das Grauen des zwanzigsten Jahrhunderts für Giedion seinen langen Schatten bereits in den Schlachthäusern von Chicago voraus, deren Renditen die ersten modernen Hochhäuser der Welt entstehen ließen.

Weltlabor der kapitalistischen Moderne

Vor Chicago hatte Cincinnati die Rolle des zentralen Handels- und Schlachtplatzes von US-Tieren innegehabt[14]: Wesentlich waren dafür die Anbindung Cincinnatis an Wasserwege und seine geografische Position im nördlichen Zentrum des Landes, die zusammen die großräumliche Trennung von Produktion und Konsumption erst ermöglicht hatten. Das Verhältnis von Kapital, Umschlagzeiten und biologischer Reproduktion wurde stärker integriert als je zuvor: Zuchterfolge brachten schlachtreife Tiere schon am Ende ihres zweiten Lebensjahres hervor.

Während davor fette Sommer und magere Winter Lebens- und Arbeitsrhythmus von Menschen und Tieren bestimmt hatten, wurden durch den Bau von Getreidespeichern und den Einsatz von Heu zyklisch-konkrete Temporalitäten biologischer Reproduktion immer stärker linear-abstrakten Zeitlichkeiten kapitalistischer Akkumulationsregime angepasst.[15]

Die Tiere selbst waren auch unterschiedlich: Kühe mit langen Beinen konnten weite Strecken getrieben werden – bei entsprechender Pflege ohne großen Gewichtsverlust. Schweine waren ideale Tiere für Siedlerkolonien, da sie selbst alles Mögliche fraßen, schnell an Gewicht zunahmen und viele Nachkommen zur Welt brachten. Dafür galten Schweine als widerwilliger bzw. sturer als Rinder und verloren mit ihren kurzen Beinen auf langen Strecken schnell Gewicht. Deshalb gibt es auch keine Pigboys, sondern nur Cowboys. Nicht unüblich war die Praxis, besonders eigensinnigen Schweinen die Augen zuzunähen, da sie wegen ihrer Sozialität ohnehin ihren Artgenossen folgten. Kulturelle Gewohnheiten formten diese Prozesse ebenfalls mit, beispielsweise wurde Rindfleisch zumeist frisch konsumiert, während Schweinefleisch gepökelt und viel später als Wurst, Speck oder Schinken verzehrt wurde.[16]

Das Hauptproblem war nun, dass ohne Intervention des Menschen tote Tiere den Weg allen Fleisches gingen und damit ungenießbar und unverkäuflich wurden. Aus den geografischen, sozialen und physiologischen Bedingungen heraus wurde daher der frühe Winter zur primären Stoßzeit für Handel und Tötung, da die Tiere zu diesem Zeitpunkt normalerweise ihr höchstes Schlachtgewicht hatten und bald danach die Wasserwege kaum befahrbar sein würden. Zum Transport lebender und toter Tiere schreibt Giedion:

»Dies geschah entweder auf den Hufen der Tiere oder in gepökeltem Zustand mit dem Schiff den Mississippi hinab. Später mit dem Aufstieg Chicagos in den sechziger Jahren wurde das Vieh in Eisenbahnen geladen und nach dem Osten gebracht, und schließlich bahnte sich zu Beginn der achtziger Jahre die heutige Fleischversorgung an, indem im Kühlwagen auch das Großvieh, fleischermäßig zugerichtet, auf einzelne Verbraucherzentren verteilt wurde. Daraus hat sich die nach Umsatz in Dollars größte Industrie der Vereinigten Staaten entwickelt.«[17]

Der Aufstieg Chicagos zur Weltmetropole des Fleisches in einer Größenordnung, die Cincinnati weit in den Schatten stellte, begann Anfang der 1860er Jahre, als Eisenbahnen die Tiere anliefern konnten und die Fleischverarbeitungsbetriebe nachzogen.

1875 wurde eine neue Konserve eingeführt, bei der das Fleisch in Kuchenform gepresst aufbewahrt werden konnte, »schmackhaft, fertig gekocht, bereit, geschnitten und gegessen zu werden«[18]. Unter dem marktgängigen Namen »Corned Beef« hat dieses Pressfleisch bis heute überlebt. Ohne Knochen und Knorpel in handliche Mikro-Container-Form gebracht, erzielte das Dosenfleisch gegenüber Frischfleisch eine Gewichtsersparnis beim Transport im Verhältnis 1:3 – ungefähr so viel wie Kühlfleisch gegenüber lebenden Tieren.

Die dritte Phase des Aufstiegs von Chicago führte zu Beginn der 1880er Jahre über Kühlwaggons zur Eroberung des nationalen und globalen Marktes. Nun war Fleisch, das Hunderte Kilometer entfernt getötet worden war, billiger, als lokale Qualität angeboten werden konnte: Der Fleischer verwandelte sich vom Handwerker zum Verkäufer und der Fleischverarbeitungssektor zur global agierenden Industrie – zur größten ihrer Zeit.

Im Chicagoer *Exchange Building* waren zunächst die Getreidepreise der Welt bestimmt worden, bis es zum größten Umschlagplatz für Tiere und Tierverwertungsprodukte wurde. Von hier aus wurde durch die Verbindungen zu Getreideproduzenten, Tierhaltern und Schlachthöfen ein neuartiges Netz gesponnen, das Bewegung und Verwertung des Fleisches in den ganzen USA kontrollierte und schließlich durch die organisatorische Verfeinerung der Arbeitsabläufe und neue Kühltechnologien auch die Konsumgewohnheiten von Millionen Menschen änderte. Eine zunehmende Durchdringung von Stadt und Land war die Folge – Vieh wurde in Texas auf lange Wanderungen getrieben, Ranches entstanden in Wyoming, Cattle Towns in Kansas und Feedlots in Illinois: »Sie alle wurden in einer neuen Tierlandschaft miteinander verknüpft, die in gleichem Ausmaß von Ökonomie wie Ökologie beherrscht wurde. Abstrakt betrachtet, handelte es sich um eine Landschaft, in der die Logik des Kapitals die erste Natur umgearbeitet und weit entfernte Orte miteinander verbunden hatte, um eine tiefgreifende neue Verknüpfung zwischen biologischem Raum und Marktzeit herzustellen. [...] Tierische Leben waren über regionale Räume hinweg neu verteilt worden, denn sie wurden an einem Ort geboren, an einem anderen gemästet und an einem dritten getötet.«[19]

Die Kombination von Kühltechnologien und Zugtransport emanzipierte die Schlachthöfe von dem sie umgebenden Raum, Tiere mussten nicht mehr lebend verschifft werden, um sie dann lokal und verstreut zu töten und zu zerlegen. Nun konnte eine einzige integrierte profitable Industrie an einem einzigen Ort Tiere begutachten, erwerben, töten, zerlegen und an weit entfernte Fleischer schicken lassen, die nur noch die Endbearbeitung und den Einzelhandelsverkauf abwickelten.

Allein die profitabelsten Tierteile zu transportieren statt den Tierkörper als Ganzes, reduzierte Transportkosten und minimierte Verluste durch die lebendigen Tiere selbst: Weder gingen durch Überhitzung der Tiere beim Transport Vermögenswerte verloren, noch konnte Futterverweigerung durch die Transportierten die Profite schmälern; auch die Verletzungen durch andere Tiere während des Transports konnten so vermieden werden: »Fleisch als Geld wurde die neue und vorherrschende Gleichung.«[20]

So wurde aus dem wichtigsten Umschlagplatz für den Verkehr tierlicher Körper der größte Schlachthof der Welt. Aus der Fleischwarenherstellung, die bis dahin normalerweise lokal und unkonzentriert war, wurde die am höchsten konzentrierte und internationalste Industrie der Welt. Der Raum biologischer Produktion und Reproduktion mit seinen temporalen und geografischen Verwerfungen wurde zum glatten Raum marktförmiger Produktion unter technowissenschaftlichen Vorzeichen.

Die Profitabilität wuchs aber nicht durch die Effizienzsteigerung der Tierproduktion selbst, sondern durch ihren Kollateralnutzen: Nebenprodukte, die in der verstreuten Tiertötung vernachlässigbar gewesen waren, konnten nun aufgrund der großen und zentral anfallenden Mengen profitabel vermarktet werden. Wiliam Cronon analysierte die Geschäftsbücher des Fleischbarons Armour und kommt zu folgendem Ergebnis: »Armour schätzte, dass ein 1.260-Pfund-Ochse, der in Chicago für 40,95 Dollar gekauft wurde, 710 Pfund gekochtes Rindfleisch ergeben würde. Bei einem Verkauf in New York zu einem Durchschnittspreis von 5 und 3/8 Cent pro Pfund würde dieses Rindfleisch nur 38,17 US$ einbringen – ein klarer Verlust ohne Abzug von Produktions- und Transportkosten. Nur durch den Verkauf von Nebenprodukten konnten die Fleischverarbeiter diese verlustreiche Transaktion in eine gewinnbringende verwandeln.«[21]

Während in Cincinnati die meisten Körperteile der Schweine – außer Schinken, Schulter, Seite und Bauch – nach der Zerteilung in den Fluss Ohio geworfen worden waren, verkehrte sich in Chicago die Logik: Die überall sonst als Müll betrachteten Überreste der Tiere verwandelten sich in den Räumen der Schlachthöfe zunächst in Klebstoff, Schmalz, Kerzen, Seife und Bürsten, um dann als alles entscheidende Rendite zurückzukehren.[22]

Ein einzelnes Tier brachte also trotz aller Anstrengungen praktisch keinen Profit, auch das qualitativ beste Fleisch allein hätte zu einem Verlustgeschäft geführt. Erst die Verwertung von möglichst allen Bestandteilen und bisherigen Abfallprodukten machte in Kombination mit der millionenfachen Vervielfachung der anfallenden Mengen die Fleischbarone von Chicago zu Millionären.

Was heutzutage gerne als Referenzfolie gegen die Verschwendung der Wegwerfgesellschaft bemüht wird – die restlose Verwendung aller Bestandteile von Tieren in kleinmaßstäblichen indigenen Gesellschaften – erweist sich bei genauerem Blick als die Logik kapitalistischer Industrie selbst, die seit ihren Anfängen über die Umwegrentabilität der massenhaften Verwertung von Abfall profitabel wurde.

Die Geburt des Fließbandes

Der Flaschenhals des frühen Winters als Zeitpunkt, an dem Tiere am ertragreichsten waren und nach der Schlachtung auf den Flüssen transportiert werden konnten, hatte zunächst in Cincinnati zu großen Anstrengungen geführt, Tierschlachtung und -zerlegung schneller und effizienter durchzuführen. Ab 1850 waren Tötung und Zerteilung bereits in einem Gebäude zusammengelegt: »Alle Überlegungen ordneten sich dem Gesichtspunkt unter: Wie kann die ununterbrochene Bandproduktion erreicht werden?«[23]

Für keinen anderen Bereich wurden so viele Optimierungsversuche unternommen wie »für das Eingliedern des lebendigen Schweines in die Produktionskette«[24]. Ein Stocken an dieser Stelle hätte schließlich den ganzen Produktionsablauf aufhalten können. Ein Fieber erfasste die Entwickler und Tüftler, Ziel war nun, endlich auch Tiertötung und -zerlegung selbst zu mechanisieren. Giedion verweist auf die hohe Zahl an einschlägigen Patentanträgen von Mitte der 1860er bis zu Beginn der 1880er Jahre. Die meisten dieser Versuche, Tötung und Spaltung tierlicher Körper durch Maschinen zum Einfangen, Aufhängen und Hautabziehen effizienter zu gestalten, scheiterten jedoch kolossal. Sie erinnern Giedion an »mittelalterliche Folterinstrumente«, die den Praxistest in Schlachtfabriken nicht bestanden.

Wieder und wieder fragt sich Giedion, warum die vollständige Mechanisierung, die im Hinblick auf Spinnen, Weben, Backen und Mahlen gelungen war, bei der Fleischproduktion nicht gelang. Nicht an der »Unbekümmertheit und auch nicht an Erfindungsgabe« habe es gefehlt, doch sei »eine komplizierte, organische Substanz mit ihren Zufälligkeiten, ihren wechselnden, leicht verletzbaren Strukturen doch etwas anderes als ein Stück amorphes Eisen«[25].

Während Giedion in seinem älteren Buch *Bauen in Frankreich, Bauen in Eisen, Bauen in Eisenbeton* von 1928[26] das neunzehnte Jahrhundert im Hinblick auf Architektur, Statik und Konstruktion gefeiert und den Ingenieur zum neuen Helden erkoren hatte, der zugleich ein ästhetisches Tiefenvokabular hervorbrachte, ist im Hinblick auf die Integration des Tieres in die Produktion nun alles anders – Giedion gesteht unumwunden ein: »Es sei gleich vorweggenommen: Der Ingenieur ist in diesem Falle nicht Sieger geblieben.«[27] Wer hat den Helden des neunzehnten Jahrhunderts in die Knie gezwungen? Laut Giedion zuerst das lebendige, danach das tote Tier.

Die Intelligenz der Ingenieure, durch schiefe Ebenen den Prozess des Fangens und Hochziehens zu vereinfachen, scheiterte an der Intelligenz der Tiere: »Es war aber wohl so, dass die Tiere stutzig wurden, wenn sie vor der geneigten Ebene standen. Vielleicht machte es auch Schwierigkeiten, sie überhaupt in den engen Gang zu treiben.«[28]

Da praktisch alle Versuche zur Mechanisierung des Todes und der Zerteilung der Schweinekörper gescheitert waren, wurden die Anstrengungen auf die Perfektionierung des menschlichen Arbeitsablaufs konzentriert. In Cincinnati wurde zum ersten Mal eine bewegliche Schiene an der Decke angebracht, um die Schweine mithilfe ihres eigenen Gewichts durch alle Schritte des Schlachtprozesses zu ziehen – der Prototyp des Fließbandes entstand um 1870.

Da sich Cincinnati aber »anfangs schämte, seinen Reichtum aus der Schweineschlachtung herzuleiten«, ist laut Giedion von der Geburt des Fließbandes als emblematischer Technologie des zwanzigsten Jahrhunderts nur ein einziges bildliches Zeugnis erhalten:

»... ein Panorama-Gemälde, das die Konservenhersteller aus Cincinnati zur Wiener Weltausstellung von 1873 einsandten und das [...] den Prozeß des Schweineschlachtens in allen seinen Stationen vom Einfangen bis zum Auskochen des Specks wiedergibt. (...) Wenn man das Fließband als eine Arbeitsweise definiert, bei der das Objekt von Arbeitsvorgang zu Arbeitsvorgang mechanisch weitergeleitet wird, so hat man es hier tatsächlich mit dem Ursprung des Fließbandes zu tun.«[29]

Während in den 1850ern in Chicago jährlich rund 20.000 Schweine getötet und zerlegt wurden, prozessierte Cincinnati rund 330.000 Schweine. Die Fortschritte beim Eisenbahnbau, die Unterbrechung des Handels durch den Ausbruch des Bürgerkriegs und die Übernahme des Zerlegebands (engl. »disassembly line«) besiegelten Cincinnatis Schicksal – in den 1870er Jahren tötete und verarbeitete Chicago als neue »Porcopolis« bereits eine Million Schweine jährlich.[30]

Die Erfindung des Fließbandes in den Schlachthöfen von Cincinnati ist laut Giedion die Antwort auf den Widerstand organischer Körperlichkeit und tierlicher Subjektivität gegen industrielle Mechanisierung. Zum vergleichbaren Phänomen des Ausbruchs von Tieren aus dem Schlachthof schreibt Markus Kurth: »Widerstand wird hier weniger als intentionaler Widerstand gegen Normen verstanden, sondern als etwas, das Körper tun – eine Unberechenbarkeit, die aus Lücken oder Widersprüchen der Macht, aus Fehlern in der Anwendung resultiert.«[31]

Die Schweine leisteten über den Tod hinaus Widerstand

Keine Maschine war in der Lage, ein nicht normierbares Tier zu töten und zu zerlegen – menschliche Augen und menschliche Hände waren unabdingbar. Deshalb konzentrierte man sich auf die Perfektionierung des Arbeitsablaufs selbst, um die Integration des tierlichen Körpers in seine massenhafte Desintegration zu erreichen.

Die hier nicht durch Maschinen ersetzbare menschliche Handarbeit wurde durch ihre Zersplitterung in Einzeloperationen entlang eines kontinuierlich rollenden Bandes zu einer Hochleistungsmaschine: Weil sich tierliche Subjektivität und Körperlichkeit der Mechanisierung verweigerten, mussten die hier arbeitenden Menschen organisatorisch zu Teilen einer sozialen Maschine werden:

»Sogar wenn es tot ist, widersetzt sich das Schwein der Maschine. Maschinen, die Eisen mit der Genauigkeit eines Tausendstelmillimeters glätten konnten, wurden bereits um 1850 konstruiert. Jedoch ist bis heute noch niemand in der Lage gewesen, eine Maschinerie zu erfinden, die einen Schenkel von einem Gerippe lösen kann. Wir haben es hier mit einem organischen Material zu tun, das sich immer verändert, verschieden strukturiert ist und sich unmöglich mit automatischen Schneidewerkzeugen bearbeiten lässt. Die Folge ist, daß alle wesentlichen Verrichtungen der Massenverarbeitung mit der Hand ausgeführt werden müssen. Um die Produktion zu steigern, war es lediglich möglich, dadurch Zeit zu sparen, daß zwischen den einzelnen Arbeitsgängen keine Unterbrechungen entstanden, und die Kraft der Arbeiter zu schonen, indem sie die Tierleiber nicht selbst heben und weitergeben mußten. Die Tierleiber wurden an einer endlosen Kette und an Schienen aufgehängt, von einem Arbeiter zum nächsten geführt, wobei jeder der in einer Reihe stehenden Männer eine einzelne Arbeit an dem Tier ausführte. Hier ist die Geburtsstätte des modernen Fließbandes.«[32]

Während vor Cinicinnati und Chicago drei bis vier Menschen ein Schwein innerhalb von fünf Stunden töten und zerlegen konnten, waren nun mehr als 160 Menschen an der »disassembly line« mit spezifischen Aufgaben betraut, und die Reise des Schweins durch den vertikalen Schlachthof dauerte nur mehr einen Bruchteil der bisher benötigten Zeit.

Das ununterbrochene Produktionsband konnte aber nur im dritten von vier Schlachtschritten seine ganze Kraft ausspielen. Fast, als würde Giedion ein Drama beschreiben, wählt er die Bezeichnung »Akt« für die Schilderung des Schlachtprozesses:

»Dieser [dritte] Akt beginnt, wenn der Kadaver an der Deckenschiene befestigt ist, die Hinterbeine an einem Metallhaken befestigt und von einer endlosen Kette gezogen, bereit zur Bearbeitung, zur Entfernung des Kopfes, Herausnahme der Gedärme, Prüfung des Zustandes des Tieres, Zweiteilung und Stempelung. Dies ist der einzige Vorgang beim Schlachten, der mit einem kontinuierlichen Fließband wirkungsvoll durchgeführt werden konnte. Das Töten und Säubern des Tieres ließ sich nicht vollständig mechanisieren.

Ebenso wenig war es möglich, den vierten Akt, den des Aufteilens und des Zerschneidens in Stücke nach einem Aufenthalt des Kadavers im Gefrierraum, maschinell vorzunehmen.«[33]

Giedion merkt an, dass es kein Zufall ist, dass eines der wenigen Patente, die den Praxistest überstanden, eine Vorrichtung zur Manipulation des Körperäußeren der Schweine war und der Entfernung von Borsten diente:

»Es ist bezeichnend, dass bei dieser Operation nicht in das Innere des Tierkörpers eingegriffen werden mußte. Es ging um das Entfernen der Haare. Durch unterschiedliche Verfahren konnte schließlich die Aufgabe gemeistert werden, gleichzeitig Druck und Elastizität aufzubauen.«[34]

Nachdem die Schweine den Ingenieuren durch ihre Intelligenz und ihre Sozialität einen Strich durch die Rechnung gemacht hatten, blieb auch das filigrane Körperinnere ein Problem für die Mechanisierung, da es von den Apparaturen zerdrückt und damit unverkäuflich wurde. Die Schweine hatten über den Tod hinaus Widerstand geleistet.

Vom Zerlegeband zum Fließband

Die Geburt des Fordismus wird für gewöhnlich auf das Jahr 1913 datiert, als Henry Ford die erste Fließbandproduktionsanlage in Dearborn, Michigan, in Bewegung setzte. Ford war auf diese Idee gekommen, nachdem er von einem Besuch eines Chicagoer Schlachthofs tief beeindruckt worden war – vor allem von der Geschwindigkeit der sich bewegenden Ketten und Haken, die das tierliche »Material« fixierten und kontinuierlich zu stationären Arbeitern zogen, die dort die immer gleichen Einzelschritte durchführten.

Unter Einsatz tayloristischer Produktionsprinzipien entwickelte er ein ähnliches System für die Ford-Fabrik in Dearborn, aber mit einer Differenz: Fords automatisierte Produktionsanlagen beschleunigten die Montage (engl. »assembly«) eines maschinellen Körpers anstelle der Demontage (engl. »disassembly«) eines tierlichen Körpers. Die Förderkette wurde von der Decke auf den Boden verlegt, die Zersplitterung der Arbeitsprozesse wurde beibehalten.

Die Geschichte der Schlachthöfe zeigt diese als ein Labor der industriellen Moderne. Sie sind Teil jener epochenumwälzenden Prozesse, die Lebenszeit in Arbeitszeit umwandelten. Die konkreten sozialen und physischen Technologien, die dabei entstanden, lassen sich möglicherweise am besten mit dem theoretischen Rüstzeug einer politischen und wissenschaftlichen Bewegung verstehen, der es gleichfalls um den Widerstand des Lebens gegen seine industrielle Einfassung ging: dem Operaismus.

Operaistische Theoriebildung führte die technischen Entwicklungen der kapitalistischen Ökonomie auf den Widerstand der lebendigen Arbeitskraft zurück. Autonomie bedeutet zunächst Autonomie der fortgeschrittensten – im Sinne der in den modernsten Abteilungen industrieller Produktion tätigen – Teile der Arbeiter*innen vom Kapital (außerdem von den Parteien/Gewerkschaften sowie anderen Gruppen innerhalb der Arbeiter*innenklasse).[35]

Entstanden war der Operaismus als Kritik an der objektifizierenden Darstellung der Rolle lebendiger Arbeit während der Modernisierungsprozesse im Nachkriegsitalien: Sozialdemokratie, Gewerkschaften und kommunistische Strömungen vernachlässigten die Wanderbewegungen süditalienischer Arbeitskräfte, die, gerade der Landwirtschaft entrissen, in die brutalsten Arbeitsverhältnisse moderner norditalienischer Fabriken geworfen wurden. Anstatt dass diese gemäßigte gewerkschaftliche Forderungen erhoben, entstanden, von allen ignoriert, unangepasste Widerstandsformen wie die Zerlegung des Stadtzentrums von Turin im Juli 1962. Der äußerste Intelligibilitätshorizont bisheriger kommunistischer Militanz war ihnen zu wenig: Wer wollte sich schon eine solche brutale Fabrik »aneignen« oder sie »übernehmen«? Sabotage oder Exodus waren näherliegend. Bei der Theoretisierung dieser Kämpfe und der mit ihnen in Verbindung stehenden gesellschaftlichen und technischen Veränderungen entstand der Operaismus. Dieser erteilt dem erotisch-ergriffenen Anglotzen wirtschaftlicher Entwicklungen eine Absage: Nicht »der« Kapitalismus als einziger mächtiger Akteur sollte die Grundlage für Strategie und Politik sein, sondern die lebendige Arbeit.

Erst die *Reaktion* des Kapitals auf vielfältige Formen des Widerstands der lebendigen Arbeitskraft (krankfeiern, zu spät kommen, Pause machen usw.) und seiner Begehrensstrukturen (nicht jeden Tag dieselbe monotone Arbeit machen, nicht den Rest des Lebens starren Zeitrhythmen unterliegen, kein stummes Anhängsel von Maschinen sein, gemeinschaftliches Arbeiten statt starrer Hierarchien) hatte vielfältige Modernisierungen zur Folge: den Imperativ des lebenslangen Lernens, den Zwang zu Soft Skills und Projektarbeit. Das informelle Chefduzen wurde zur Triade der Projekt-Ökonomie: Alle sind per Du, Kaffee ist gratis und Überstunden werden nicht bezahlt.

Mit anderen Worten: Nicht das Kapital als tote Arbeit und seine technischen, sozialen und wirtschaftlichen Dynamiken sollten mehr als einzige weltgenerierende Kraft gelten, die die Koordinaten des Schlachtfeldes vorgab. In Opposition dazu sollte die vielfältige lebendige Arbeit als methodischer Angelpunkt fungieren und der (oftmals nichtgewerkschaftliche) Widerstand gegen die Integration des menschlichen Lebens in die kapitalistische Produktion zum Provokateur und Hervorbringer der Modernisierung erhoben werden.

Crazy Horses: Marx, Manager, Manège

Während einiges für die operaistische Betonung der widerständigen Provokation kapitalistischer Modernisierungsprozesse spricht, schießt es wohl etwas über das Ziel hinaus, auf kapitalistischer Seite ausschließlich reaktive Aneignung zu verorten. Aber gegenüber objektifizierender Priorisierung der Handlungs- macht toter Arbeit (Kapital) stellt der Operaismus eine wichtige Korrektur dar. Insbesondere in Bezug auf Tiere zeigen sich die Stärken des Operaismus, denn nirgendwo erweist sich die zoopolitische Kontinuität der lebendigen Arbeit stärker als im Widerstand von Tieren.

Karl Marx weist im *Kapital* auf den eigenen Kopf der Tiere hin, die Probleme im Produktionsprozess verursachten: »Von allen aus der Manufakturperiode überlieferten großen Bewegungskräften war die Pferdekraft die schlechteste, teils weil ein Pferd seinen eignen Kopf hat, teils wegen seiner Kostspieligkeit und des beschränkten Umfangs, worin es in Fabriken allein anwendbar ist.«[36]

Die Labour-Studies-Expertin Kendra Coulter berichtet von widerständigen Pferden, die *ihren eigenen Kopf* auch unter »idealen« Bedingungen des Dressurreitens bewahren:

»Pferde sind Lebewesen. Sie haben Gemüter, die sie jeden beliebigen Tag an völlig unterschiedlichen Orten im Kontinuum zwischen Kooperation und Widerstand verorten können, selbst noch nach Jahren eines umfangreichen und intensiven Trainings. Sie haben Stimmungen, die sich in Abhängigkeit von Wetter, Hormonen, negativer Interaktion mit Menschen oder anderen Tieren oder x-beliebig vielen anderen Faktoren verändern können. Sie haben Körper, die Schmerz, Unwohlsein, Steifheit und so weiter empfinden können.«[37]

Manager*innen trainieren ihre Social Skills neuerdings in »pferdegestützter Führungskräfteentwicklung«. Der einfache Gedanke hinter dem boomenden Trainingsmodell: Wer Pferde dazu bringen kann zu tun, was man von ihnen will, dem oder der werde dies auch gegenüber seinen und ihren Mitarbeiter*innen gelingen. Was sich hier als neues, spannendes Erlebnis-Produkt am Weiterbildungsmarkt präsentiert, ist sehr alter Wein in neuen Schläuchen. Denn der Begriff des »Managers« als leitende Figur von Organisation, Administration und Kontrolle leitet sich vom englischen Verb »to manage« ab. Im Englischen taucht es im sechzehnten Jahrhundert zum ersten Mal in der vom Französischen »manège« (dt. »Reitschule«) inspirierten Bedeutung der *Dressur von Pferden* auf.

Ein sich der Dressur ganz und gar widersetzendes Pferd, ein Wesen, das sozusagen vollständig un-manage-bar ist, müsste verrückt genannt werden – es wäre ein crazy horse.[38]

Der mögliche Einwand, dass es sich beim Widerstand von Tieren um Instinkte handelt, ist entweder zu schwach oder zu stark: Denn dies würde entweder bedeuten, dass Instinkte biomechanische Reflexe sind, die sich ohne subjektive Dimension vollziehen – Hunde wären dann mehr haarige Roboter, die immer nur nach außen hin so wirken, als würden sie sich über das Nachhausekommen des Herrchens bzw. Frauchens freuen. Oder man meint damit einen komplexen Prozess biologischer Impulse und sozialer Rahmung. Denn viele Tiere sind begeisterte Spieler; an einem Spiel teilnehmen zu können setzt aber voraus, zwischen Realität und Fiktion unterscheiden zu können, Impulse, Instinkte und Reflexe zumindest kurzfristig unterdrücken zu können – sonst wäre kein Spiel der Welt möglich. Zudem umfasst jedes Spiel nicht nur die Einhaltung von Regeln, sondern hat durch Improvisation und Variation der dabei beteiligten spielerischen Gesten immer auch das Potenzial der Schaffung von etwas Neuem:

»Eine Geste, welche die Form einer Funktion für einen anerkannten instrumentellen Zweck annimmt, wird noch vor ihrer Anwendung genormt. Eine solche normalisierte Geste ist eine voraussagbare Geste. Wenn Lernen auf das Nachahmen eines instinktiven Aktes vor seiner instrumentellen Vereinnahmung beschränkt wäre, wäre es gefährlich schlecht angepasst. Es würde seine Schüler zu Tode formen.«[39]

Dressierte Gorillas

Die neuen Formen der Produktion waren Gegenstand von Antonio Gramscis berühmtem Aufsatz aus den Gefängnisheften, in dem er den Begriff des Fordismus einführte. Der Text mit dem Titel *Amerikanismus und Fordismus* (Heft 4, 52) war ursprünglich mit *Animalität und Industrialismus* betitelt. Gramsci formuliert hier, dass die Geschichte des Industrialismus ein kontinuierlicher Kampf gegen das Element der »Animalität« im Menschen war. Er zitiert in diesem Zusammenhang Frederick Winslow Taylor, der vom Arbeiter als »dressiertem Gorilla« sprach. Diese erste Selbstkorrektur Gramscis in der Überschrift seines Textes, Tiere und Animalität aus der Geschichte des Fordismus herauszuschreiben, ist für Nicole Shukin emblematisch für kritische Theoriebildung zur Geschichte des Kapitalismus: »Nachzuvollziehen, wie tierisches Leben in die widersprüchliche Zirkulation einer sowohl fleischlichen wie symbolischen Währung gesetzt wird, erweist den Fordismus als eine doppelte Produktionslogik, die von jener langen kritischen Tradition übersehen wurde, die das Humane, in der bevorzugten Form des Arbeiters, als das wesentliche historische Subjekt des Industriekapitalismus gesetzt hat.«[40]

Die Analyse der materiellen und semiotischen Realität dieser Beziehungen könnte mit Giedions sozialer Technikgeschichte beginnen, der die Analysen der Frankfurter Schule auf eine befreiende Art zutiefst fremd zu sein scheinen. Das australische Ökonom*innen-Duo JK Gibson-Graham weist in seinem Buch *The End of Capitalism (As We Knew It)* darauf hin, dass in der kritischen Theoriebildung der Kapitalismus zu einem fast allmächtig erscheinenden Metasubjekt geworden ist – was den Blick auf die konkrete Analyse ökonomischer und gesellschaftlicher Zusammenhänge oft mehr verstellt als ihm zu dienen.[41]

Was bekannt ist, ist deshalb noch lange nicht erkannt. Statt also reflexartig zu behaupten, dass es sich um keinen »ganzen«, keinen »echten« Widerstand der Tiere handelt, weil nicht sein könne, was nicht sein dürfe, müsste der materialistischen Einsicht von Marx wieder Geltung verschafft werden, den Verhältnissen sehenden Auges entgegenzutreten:

»Es hindert uns also nichts, unsere Kritik der Politik an die Parteinahme in der Politik, also an wirkliche Kämpfe anzuknüpfen und mit ihnen zu identifizieren. Wir treten dann der Welt nicht doktrinär mit einem neuen Prinzip entgegen: Hier ist die Wahrheit, hier knie nieder! Wir entwickeln der Welt aus den Prinzipien der Welt neue Prinzipien.«[42]

Der Mensch als Provinz

Aber warum haben Marxist*innen oft Schwierigkeiten, Tiere nicht lediglich als Arbeitsinstrumente zu sehen? Die postkoloniale *Subaltern Studies Group* hat herausgearbeitet, wie innerhalb der indischen marxistischen Historiographie bestimmte Formen des Widerstands von Frauen oder Landlosen zum Verschwinden gebracht wurden. Subalterne sind hier diejenigen, deren Stimme auch in den marxistischen Denksystemen nicht gehört werden *kann*, weil es in der Architektur dieses Denkens dafür noch keinen Raum gibt oder strukturell geben kann. Innerhalb der politischen Rationalität dieser Schulen war der Widerstand bestimmter Menschen nicht intelligibel.[43] Es handelt sich hier um epistemische Gewalt, also die strukturelle Gewalt, die in Denksystemen steckt. Dipesh Chakrabarty hat mit seinem Buch *Europa als Provinz* (2010) eine nachhaltige Kritik an eurozentrischer Historiographie marxistischer Provenienz vorgelegt.[44] Ein besonderes Problem der westlichen Geschichtsschreibung ist die Privilegierung Europas als einem Ort, an dem sich alles Wesentliche und Entscheidende abspielte. Europa erscheint als dynamische Hauptstadt, während der Rest der Welt zur nachrangigen Provinz erklärt wird.

Chakrabarty geht es nicht darum, geopolitische Abhängigkeitsverhältnisse in Abrede zu stellen, sondern dem Kolonialismus und seinem Erbe nicht unbeabsichtigt einen düster angemalten Lorbeerkranz aufzusetzen – will heißen: die Idealisierung kolonialer Raubzüge nicht einfach »umzudrehen«, indem die Triumphgeschichte unverändert übernommen, aber mit einem negativen Vorzeichen versehen wird.

Epistemisch vergleichbar mit den Kolonisierten sind Tiere nicht nur Opfer, sondern auch Täter*innen: Tiere sind nicht nur Objekte menschlicher Zurichtung unter kapitalistischen Vorzeichen, sondern auch biosoziale Entitäten, deren Geschichte und Kämpfe mit denen der Menschen auf vielerlei Weise verbunden sind. In kritischer Solidarität mit dem Projekt einer Dekolonisierung des Denkens geht es um nichts weniger als ihre Fortsetzung: die *Provinzialisierung des Menschen* als privilegierter Figur und einzigem Subjekt von Geschichte und Politik.

Tiere der Migration

Das Erbe des Kolonialismus zeigt sich heute auch in weltweiten Migrationsbewegungen: In politischer Verwandtschaft zur Bewegung der Autonomie der Migration gilt es, die Geschichte der Tiere im Kapitalismus als eine Geschichte von Kämpfen zu artikulieren. Denn auch Migration wurde lange ausschließlich als ein reines Spiel von »Push«- und »Pull«-Faktoren verstanden. Damit ist Folgendes gemeint: Es gibt Faktoren, die Menschen aus dem räumlichen Bereich ihres Lebensvollzugs drängen (engl. »push«), wie Naturkatastrophen und Bürgerkriege, Neokolonialismus und dadurch befördertes Elend. Hinzu kommen Faktoren, die Menschen in eine bestimmte Richtung ziehen (engl. »pull«): Kapital, das Arbeitskraft braucht, die Aussicht auf soziale Mobilität bzw. ein selbstbestimmteres Leben, als es zu Hause möglich ist.

Zwischen diesen beiden Polen hört Migration als Kraft auf zu existieren, sie ist bloß Bewegtes, hat kein eigenes Leben, keine weltgenerierende Macht. Migrant*innen erscheinen hier als bloße Opfer fremder Mächte. Zu Hause im Elend, und wenn sie dann im Westen ankommen, bleiben ihnen doch nur McDonald's, Care-Arbeit und Überausbeutung als Lohndrücker*innen – von Gewerkschaften ignoriert und von Parteien dämonisiert. Eine Kontinuität des Opferstatus.[45] Nicht zu vergessen die Schlepper, die bei alldem auch noch profitieren.

Die theoretische und politische Strömung der Autonomie der Migration hingegen versucht, diese aus der Perspektive der Subjektivität der Betroffenen und ihrer Kämpfe zu denken[46]: Migration ist ein zutiefst sozialer Prozess, wer kann schon allein und aus eigener Tasche einen Schlepper bezahlen? Ganze Familienzusammenhänge oder halbe Dörfer legen dafür zusammen.

Unterwegs stehen diese migrantischen Subjekte in Kommunikation miteinander und mit dem alten Zuhause, informieren sich, tauschen sich aus, strapazieren die Grenzen Europas, stürmen die Festung des alten Kontinents. Das heißt weder, dass dieser Prozess besonders human ist, noch dass es nicht viele Opfer gibt. Auch sind Migrant*innen sicher nicht die neuen Held*innen, die scheinen ohnehin ausgegangen zu sein. Aber wenn russische Migrant*innen in Berlin massenweise stille Besetzungen leerstehender Gebäude vollziehen, um dort provisorisch zu leben, dann ist dies in hohem Maße politisch – auch wenn sie keine Fahnen aus dem Fenster hängen.

Doch bleiben wir für einen Moment bei den Schleppern. Diese sind selbst Tiere, oder erscheinen zumindest als solche:

»Der Koyote ist mehr als ein canis latrans an der Grenzlinie zwischen den USA und Mexiko. Er steht für all jene gewerblichen ›Guides‹, welche die nationalen Grenzen überqueren sowie illegale Migrationsbewegungen und undokumentierte Mobilität organisieren können. Britische Seeleute bezeichnen die schwer zu fassenden Helfer*innen von blinden Passagier*innen als Haie, an der griechisch-albanischen Grenze werden sie korakia, Raben, genannt. Im Chinesischen bezeichnet man sie als shetou, Schlangenkopf – eine Person, die so listig ist wie eine Schlange und die weiß, wie sie ihren wendigen Kopf einzusetzen hat, um sich einen Weg durch schwierige Situationen zu bahnen.«[47]

Tiere scheinen ein opportunistisches Verhältnis zum Staat zu haben. Mehr noch: Sie kommen überall hinein. Als die *Bio sphäre 2* in Arizona gebaut wurde, ging es darum, ein möglichst autarkes System als Modellwelt zu konstruieren, um die Bedingungen auf einem anderen Planeten zu simulieren. Alles war kontrolliert, alles überwacht.

Trotzdem gelangten sogenannte »crazy ants«, verrückte Ameisen, hinein, bildeten »Super-Kolonien« und machten sich in der hermetisch abgesicherten *Biosphäre 2* breit; bis heute weiß niemand, wie ihnen dies gelang.[48]

Auf die Abdichtung eines 200 Millionen Dollar teuren wissenschaftlichen Experiments zu hoffen erscheint also nicht empfehlenswert. Schleppern ganz zu vertrauen, wäre auch nicht angebracht. Aber ihre Macht oder Bedeutung zu unterschätzen wäre wohl ein ebenso großer Fehler.

Es geht darum, Tiere nicht als die ultimativen Verlierer von Kultur und Kapitalismus zu verstehen, sondern als widerständige Akteure innerhalb einer nicht-unschuldigen Gemengelage. Die ganze Assemblage von Markierungs- und Manipulationstechnologien, Kontroll- und Käfigarchitekturen, Hormonen und Kalziumzusätzen, Volieren und Gattern, Netzen und Ködern wären nicht bloß Monumente ihres Elends, sondern Beweise ihrer ungeheuren Kraft.

NEOLIBERALE BIENEN, SOLI-MOSKITOS UND ANARCHO-TERMITEN

Lasst uns deshalb diesem kleinen Insekt danken, dem Moskito, der das Land unserer Vorfahren für uns bewahrt hat.
Sanja Doyo Onabamiro, Ibadan, Nigeria

Die Honigbiene ist in jüngster Zeit zum »umweltpolitischen Insekten-Maskottchen«[1] aufgestiegen und hat den Wal- und Delfinschutzkampagnen der 1970er und 1980er den Rang abgelaufen. Während französische Umweltaktivist*innen, die 1985 öffentlich einen Bienenstock auf dem Dach der Pariser Oper aufstellten, sofort verhaftet wurden, scheint es in den Metropolen des Westens heute kaum noch eine größere Kulturinstitution zu geben, die nicht stolz auf einen urbanen Bienenstock auf dem Dach verweist. Das Arbeitsprodukt der fleißigen Insektenfrauen kann dann zumeist auch vor Ort in adrett designten Behältern erworben werden, die von lokalen oder internationalen Künstler*innen gestaltet wurden. In den Museumsshops verbinden sich damit PR-wirksam die sprichwörtliche *industry* (engl. ›Fleiß‹) der Bienen mit der Kreativität der Künstler*innen zur Creative-Industries-Anrufung unter dem Banner kommerzialisierter Nachhaltigkeit und ökologischer Diversität.

Als ökokapitalistisches Lieblingstier eignet sich die Honigbiene nicht nur, weil sie in der Lage ist, die Sorge um das Überleben auf dem Planeten mit landwirtschaftlichen Interessen zu verbinden, sondern auch, weil sie ein reichhaltiges metaphorisches Gepäck als arbeitsteilig organisierte und fleißige Produzentin medizinisch wertvoller Genuss- und Nahrungsmittel mitführt und darüber hinaus Metropolen mit globaler Ökologie verbindet. Aktuell werden Bienen von zunehmend vielen Neulingen auf dem Gebiet der Imkerei »als trendige urbane Haustiere, die gehegt und gerettet werden sollen«, geschätzt.[2]

Mit Natur im traditionellen Sinn hat die Honigbiene wenig zu tun: Es handelt sich im Regelfall um Zuchtlinien, die in rationalisierten Magazinbeuten, so der Name für die vom amerikanischen Imker und Geistlichen Lorenz L. Langroth entwickelte Bienenbehausung, gehalten werden. Langroth hatte das vom Schweizer Imker François Huber vorgeschlagene Konzept moderner, rationaler Bienenhaltung weiterentwickelt. Kurz nachdem Jeremy Bentham seine ersten Entwürfe für ein Panopticon vorgelegt hatte, das die optische Überwachung von Gefängnisinsassen modernisierte, ermöglichten Hubers rationale Bienenstöcke die mühelose Inspektion der Bienen. Sie bestanden aus quadratischen Holzrahmen mit identischen Abmessungen, die wie die Seiten eines Buches »geöffnet« werden konnten.[3] Nichts entging nun dem prüfenden Blick: Was reif zur Ernte war, was krank war und aussortiert gehörte und was man zum weiteren Gedeihen unbesorgt an seinem Platz lassen konnte.

Lesestoff für den Weg in die Hölle

Bienen sind keineswegs unschuldige Stellvertreterinnen der Natur. So wurde die Honigbiene von einigen *first nations* der USA wie den Cherokee als »Fliege des Weißen Mannes«[4] bezeichnet – denn sie verbreitete sich ebenso schnell wie die weißen Siedlerfamilien. Da Bienen eigenständig ausschwärmen, bildeten sie eine koloniale Avantgarde, die der vorwärts kriechenden Grenze der Kolonisierung rund 50–100 Kilometer vorausflog, was den *first nations* nicht verborgen blieb.[5]

Es gehört zur politischen Poesie von Jim Jarmuschs Anti-Western *Dead Man* (1995), der künstlerisch wahrscheinlich präzisesten Abrechnung mit dem historischen und filmischen

Gründungsmythos der USA, auch auf diesem Auge schärfer zu sehen als die meisten anderen. Während im Vorspann des Films Johnny Depp als Buchhalter aus Cleveland im Zug sitzt, um ein Jobangebot in einer Stadt namens Maschine anzutreten, vollzieht er im Zug (Fortschritt und Industrialisierung) die historische Expansion westwärts nach. Auf der Fahrt werden die anderen Passagiere im Zug immer furchterregender und desolater, wirken »zerklüftet, zerlumpt, zerzaust und unzivilisiert«[6]. Einmal springen sie auf und schießen wild aus dem Fenster – ein »Mordsspaß«, Bisons zu Hunderten zu töten; später setzt sich ein Heizer, der direkt einem Kafka-Roman entsprungen zu sein scheint, zum schüchternen Depp und fragt ihn, was ihn dazu bewogen habe, den Weg in die Hölle anzutreten. Für wenige Sekunden ist die Hölle in Form eines niedergebrannten indigenen Dorfs zu sehen, schnell lenkt Depp wieder den Blick in das Magazin, das er als Reisebegleiter bei seinem Weg in den amerikanischen Alptraum gewählt hat: Es handelt sich um eine Zeitschrift mit dem Titel *The Illustrated Bee Journal*. Nun sind für wenige Sekunden Inserate für Produkte wie *Vandalia* zu sehen: Zivilisation und Barbarei tauschen die Plätze. Heißt es, dass einst die Vandalen Rom geplündert haben, sind es nun die Römer als eigentliche Barbaren, die die Vandalen plündern.

Imperiale Insekten

Heute sollen Bienen auf absichtsvolle Weise Teil neokolonialer Befriedungsstrategien werden: Das Forschungsnetzwerk der *US Armed Forces* testet den Einsatz von Bienen als »sechsbeinige Soldaten«[7], die in den kommenden Kriegen als »effiziente und effektive Heimatschutzdetektoren«[8] Bomben von Aufständischen so günstig und schnell aufspüren sollen wie noch nie, das berichtet zumindest das *Stealthy Insect Sensor* Projektteam im *Los Alamos National Laboratory*.[9]

Während die Arbeiterinnen eine Vielzahl von Aufgaben im Bienenstock übernehmen, sind die männlichen Drohnen auf sehr spezifische Aufgaben beschränkt. Mary Kosut und Lisa Jean Moore verweisen auf die metaphorischen Verbindungslinien zwischen Bienenkunde und moderner Kriegspolitik in der Figur der »spezialisierten, spezifischen und verdeckten« Arbeit der Predator-Drohnen, wie sie vom US-Militär seit der Regierungszeit des US-Präsidenten Barack Obama routinemäßig zur außerlegalen Hinrichtung von als »feindliche Kämpfer« bezeichneten Menschen zum Einsatz kommen: »Sowohl in der Bienenkultur als auch in der Militärkultur wird die Rolle der Drohnen auf die Erfüllung einer Reihe von ›heroischen‹ Pflichten reduziert. Überwachung, Bombenabwurf und Besamung.«[10]

Aber auch wer die Drohnenanschläge überlebt, bleibt von metaphorischen und realen Insekten nicht verschont, denn Insekten sind Teil des Kriegs gegen den Terror, wie 2009 durch die Veröffentlichung von CIA-Memos zu zulässigen Foltertechniken bekannt geworden ist: In der Liste der zehn legitimen Foltertechniken ist zwischen »Schlafentzug« und »Waterboarding« als vorletzter Punkt »in einer Arrest-Box platzierte Insekten« aufgeführt.[11] Der unredigierte Teil des Memos erklärt, dass Abu Zubaydah (der 2002 in Pakistan aufgegriffen wurde und dann durch eine Kette von CIA-Offshore-Gefängnissen in Thailand, Polen und Jordanien wanderte, bis er auf unbestimmte Zeit in Guantanamo landete) körperlich und mental so stark war, dass normale Verhörtechniken nicht mehr funktionierten und deshalb seine Angst vor Insekten zum Zweck der Landesverteidigung instrumentalisiert werden sollte: Laut Memo war vorgesehen, Abu Zubaydah in eine enge Kiste (die im Fall der Achtzehn-Stunden-Box nur Stehen und im Fall der Zwei-Stunden-Box nur Sitzen erlaubt) zu sperren und ihm zu erklären, dass ein stechendes Insekt darin platziert würde – tatsächlich war aber geplant, eine harmlose Raupe darin zu deponieren.[12] Ohne Angabe von Gründen erklärt das Memorandum, dass von dieser spezifischen Foltertechnik Abstand genommen wurde. Trotzdem blieb das imaginäre Insekt bis 2009 ein Staatsgeheimnis.[13]

Neel Ahuja argumentiert, dass diese subtil erscheinende Technik der Wahrheitsproduktion durch »bestialische Berührung«[14] einer liberalen Logik folgt, die die humanistische Kultiviertheit von Folter mittels »Transspezies-Intimität« an angeblich ausbleibenden dauerhaften körperlichen und psychischen Schäden bemisst.[15] Für Ahuja ist die Bedeutung dieser wohlkalkulierten Preisgabe einer unüblich erscheinenden Foltermethode durch höchste US-Regierungsstellen nur durch die Berücksichtigung einer weiteren diskursiven Bedeutungslandschaft erklärlich, die sowohl die gegenwärtige Rassisierung der »braun-muslimischen Multitude«, koloniale Rhetoriken, insektoide Imaginationen terroristischer Aktions- und Kommunikationsformen sowie vergeschlechtlichte Körper und »waffenfähige Affekte« umfasst: »Der Doppelstruktur metaphorischer Beziehungen von Insekten zur terroristischen Psyche folgend, ist das Insekt sowohl die Waffe gegen einen Feind als auch eine Beschreibung dieses animalisierten Feindes; der Monster-Terrorist ist ein Insekt, das zerquetscht werden muss, paradoxerweise durch Gefährdung seines männlichen Selbstbilds mittels Insektizität.«[16]

Mosquito Army

Gelten Bienen gegenwärtig als allseits geschätzte Lebensbringerinnen, so darf ein anderes Insekt in keiner Aufzählung der tödlichsten Tiere der Welt fehlen: der Moskito. Kein anderes Tier kann jedes Jahr mehr menschliche Todesfälle auf seinem Konto verbuchen als dieses Insekt. Deshalb gilt der Versuch der Vernichtung von Moskitos als typisches Aufgabengebiet philanthropischer Initiativen, von der *Rockefeller Foundation* bis zur *Bill & Melinda Gates Foundation*. Was aber, wenn die Frontlinien nicht so eindeutig sind?

Mit dem Begriff der differenziellen Immunität wird das Phänomen beschrieben, dass Menschen, die in frühen Lebensjahren an Malaria erkrankt sind und es überlebt haben, im Fall einer neuerlichen Erkrankung gegenüber denjenigen im Vorteil sind, die zum ersten Mal mit ihr zu kämpfen haben. Dies beeinflusste koloniale Verstrickungen und Kämpfe für nationale Unabhängigkeit, argumentiert der Historiker John McNeill. Während beispielsweise die Maroons von Surinam in den 1770ern von revolutionärem Fieber ergriffen wurden, fegte das Fieber der Malaria das holländische Strafheer hinweg. Schelmisch fordert McNeill ein Monument für Moskitos neben den steinernen Präsidenten auf dem Mount Rushmore, denn auch die amerikanische Revolution hätte einen anderen Ausgang genommen, wären die antikolonialen Kräfte nicht aufgrund ihrer Immunisierung gegenüber den britischen Befriedungstruppen im Vorteil gewesen.[17]

Tatsächlich wurden die als Malaria bezeichneten und oft tödlich verlaufenden Fieber als größte Gesundheitsgefahr für Europäer*innen in tropischen Gebieten wahrgenommen und galten als wesentliches Hindernis für die weitere Kolonisierung von Territorien jenseits der Küstengebiete von Afrika, Südamerika und Asien. Koloniale Militäranalytiker erachteten die Malaria »als Feind, der sich der imperialen Expansion widersetzte«[18].

Doch erst Ende des achtzehnten Jahrhunderts verschärfte sich dieser Kampf zwischen Malaria und Militarismus, wie die Anthropologin Diane Nelson ausführt: »Die Schaffung von Transportinfrastrukturen wie Kanälen und Eisenbahnen, der Einsatz von Armeen und die Rodung von Wäldern zur Anpflanzung tropischer Produkte waren (neben Aufständen, Flucht, Arbeitssabotage und anderen menschlichen Hindernissen) mit einem unsichtbaren mikrobischen Widerstand konfrontiert. Franzosen, Engländer und Amerikaner wetteiferten darum, ein Heilmittel gegen Malaria zu finden, um die Weißen in ihren neuen Milieus am Leben zu erhalten.«[19]

Ein französischer Kolonialbeamte beklagte sich 1908: »Fieber und Ruhr sind die ›Generäle‹, die heiße Länder gegen unsere Einfälle verteidigen und uns daran hindern, die Ureinwohner zu ersetzen, derer wir uns bedienen müssen.«[20] Während Infektionskrankheiten Generäle des antikolonialen Widerstands waren, kam der Tropenmedizin die Rolle eines »Felds der Aufstandsbekämpfung«[21] zu.

Wenig überraschend waren die wichtigsten Forscher auf diesem Gebiet Offiziere, die in kolonialen Außenstellen dienten. Diesem transimperialen medizinisch-militärischen Netz (das von zahllosen lokalen Helfer*innen unterstützt wurde) gelang es schließlich 1897 in Kalkutta, die *Moskito-Theorie* wissenschaftlich zu beweisen: Moskitos wurden als Überträger identifiziert, die den Malaria-Erreger zwischen Infizierten und Nichtinfizierten transportierten.[22] Die Verschiebung hin zur Pasteur'schen Keimtheorie als Schlüssel zum Verständnis von Krankheiten »strukturierte eine mächtige Imagination der Kolonien als riesige Laboratorien, in denen die Durchführung von Hygienemaßnahmen getestet und die Ergebnisse über Zeit und Raum hinweg verglichen werden konnten«[23]. Bis dahin hatten in der Tropenmedizin Theorien vorgeherrscht, die das Fieber auf schädliche Ausdünstungen (daher auch der Name mal'aria für »schlechte Luft«) aus dem Boden zurückgeführt hatten. »Sobald die Keimtheorie anerkannt war, wurde die Idee der ›Umwelt‹ internalisiert und in Form eindringender Entitäten miniaturisiert; der Schlüssel zu medizinischem Erfolg war nun die Ausübung von Kontrolle über Körperinvasoren.«[24]

Die Geburt der Segregation aus dem Geist der Moskitobekämpfung

Damit wurden plötzlich Menschen in den imperialen Einflusssphären als medizinisch gefährlicher Teil dieser Umwelt in den Blick genommen: Das *Colonial Office* entsandte umgehend eine Expedition in die malariaverseuchtesten Gegenden des britischen Empires. Diese identifizierten als Hauptproblem das afrikanische Kind. Während erwachsene Afrikaner*innen nur milde Malariasymptome aufwiesen, wurden afrikanische Kinder oft ernsthaft krank. Nachdem diese nun von der kolonialen Medizin als Hauptreservoir pathogener Keime definiert worden waren, schloss die Expedition ihren Abschlussbericht mit dem dringlichen Vorschlag, weiße Siedler*innen und Beamt*innen von afrikanischen Kindern räumlich zu isolieren. Der Vorschlag wurde angenommen. Doch wie breit sollte die Trennzone sein, um zu gewährleisten, dass keine blutrünstige Moskitofrau sie auf der Suche nach einem Tropfen Blut überwinden konnte?

Man einigte sich darauf, dass alle neuen europäischen Siedlungen von einer rund 400 Meter breiten Anti-Moskito-Zone ohne Wohnhäuser umschlossen werden sollten und dass innerhalb dieses Gürtels keine Einheimischen leben durften, um zu verhindern, dass sich eine Moskitofrau an einem infizierten Kind gütlich tat und danach einen Europäer stach. Der Gürtel sollte außerdem dem Schutz vor Buschfeuern dienen, die in den Vierteln der Einheimischen angeblich besonders oft vorkamen, und drittens die Europäer davor schützen, dass »ihre Ruhe durch Trommeln oder andere Geräusche, die den Einheimischen am Herzen liegen, gestört wird.«[25] Emma Umana Clasberry weist darauf hin, dass diese Form der Segregation auch in jenen Regionen Nigerias umgesetzt wurde, die kaum von Buschfeuern betroffen waren; die Segregation beschränkte sich auch nicht nur auf Wohngebiete: »Sogar Friedhöfe waren segregiert.«[26]

Da Moskitos nachtaktive Lebewesen sind, musste die Segregation am strengsten in der Nacht erfolgen. Während Beamt*innen und Kaufleute ihren Aufgaben während des Tages in der Stadt nachkamen, waren sie während der gefährlichen afrikanischen Nächte in ihren gated communities vor Kindern und Moskitos geschützt. Aber da die Europäer*innen nicht auf die Annehmlichkeiten verzichten wollten, die die Kolonien so attraktiv machten, d.h. Bedienstete, wurde es gestattet, weiter zwei Bedienstete für persönliche Dienstleistungen in abgeschiedenen Räumen an der Rückseite der Wohnhäuser zu beherbergen – was die gesamten segregationistischen Gesundheitsbemühungen unterminierte.[27]

Die segregationistische Moskito-Doktrin wurde in Afrika unterschiedlich streng gehandhabt – von ihrer striktesten Form in Belgisch-Kongo, wo der *cordon sanitaire* einen Golfplatz, einen botanischen Garten und einen Zoo umfasste, über Westafrika, wo in der neuen Stadt Dakar nach dem Malariaausbruch von 1914 alle traditionellen Dachhäuser in den europäischen Wohnvierteln verbrannt wurden, bis hin zur deutschen Kolonie Kamerun, wo die medizinischen Autoritäten 1904 einen Stadtplan veröffentlichten, der eine Sechsteilung der Stadt auf der Grundlage von *race* und *race mixture* vorschlug.[28]

In Accra, der Hauptstadt Ghanas, wurde europäischen Kaufleuten gestattet, tagsüber nahe des Hafens zu arbeiten. Sie waren aber gesetzlich verpflichtet, die Nächte eine halbe Meile entfernt in einer europäischen »reservation« zu verbringen – »eine Entfernung, die weiter als ein Moskitoflug war«.[29] Um genauere Daten über Flugverhalten und Stechmuster der Stechmücken zu erhalten, wurden entlang des Schutzgebietes rund um den Flughafen migrantische Männer in Stechmücken-Fallen einquartiert und daran gehindert, die Fallen in der Nacht zu verlassen.[30] Als sich zeigte, dass die weiblichen Stechmücken rund eine Meile fliegen konnten, fiel das Dorf Nima plötzlich in die Schutzzone und wurde verlegt bzw. evakuiert – unter welchen Umständen, ist nicht bekannt.[31]

In Südafrika wurden die Hill Stations Teil des *clean air circuit*, der viele kranke und geschwächte Europäer*innen aus den überfüllten Städten des alten Kontinents anzog, um in den Kolonien ihre Gesundheit wiederzugewinnen, bevor sie zurückreisten, um ihren Pflichten zu Hause nachkommen zu können. Zur selben Zeit erlaubten Hill Stations und die europäischen *healthy quarters* den Zivilbeamten endlich den Familiennachzug – ein Prozess, der Dekaden von *racial mixing* und persönlichen Beziehungen auf verschiedenen Ebenen zu beenden half.[32]

Die Politik kolonialer Stadtplanung, den Bewegungsraum weiblicher Stechmücken zum Maß für Wohnmöglichkeiten der einheimischen Bevölkerung zu machen, hielt rund zehn Jahre und hatte um 1920 ihren Höhepunkt überschritten. Verantwortlich waren die einheimischen Eliten, die die britischen Kolonialbeamten von Hong Kong bis Indien unter Druck setzten: »Ihre Argumente gegen die Enteignung ihres Lands für die Gesundheitsbedürfnisse einer Handvoll Europäer – die sich dann daran machten mit afrikanischen Bediensteten unterer Klassen, Mätressen, und manchmal sogar den angeblich tödlich kranken Kindern ihrer Mätressen zusammenzuleben – waren sogar für Kolonialbeamte überzeugend.«[33]

Die Politik der Segregation aus gesundheitlichen Gründen wurde zumindest rhetorisch aufgegeben – die Städte waren ja schon gebaut –, aber viele der damals implementierten Muster segregierten städtischen Wohnraums behaupteten sich weit darüber hinaus.[34] Dem Kampf gegen den Moskito haben wir auch einen der schlimmsten Begriffe der politischen Geschichte zu verdanken: Segregation. Der Begriff entstammte ursprünglich dem medizinischen Bereich und bedeutete die Isolation »ansteckender« *Individuen* – zum ersten Mal im Sinn einer räumlichen Separation einer generellen *Gruppe* von Menschen wurde der Ausdruck offiziell in einer Ausgabe des *British Medical Journal* von 1904 verwendet: »Manson hat Segregation zum ersten Gesetz der Hygiene für Europäer in den Tropen erklärt.«[35]

Als »Klassenbegriff«[36] würde er bald in »Südafrika, Amerika und sonstwo zu einem Schlüsselwort innerhalb des Vokabulars der *race relations* im zwanzigsten Jahrhundert werden.«[37]

Frauen in Panama

Zu Beginn des zwanzigsten Jahrhunderts brachte die Entdeckung von Moskitos als Überträger der Malaria lang gehegte Vorhaben wie den Bau des Panamakanals (1904–1914), der Atlantik und Pazifik verbinden sollte, wieder in Gang. Endlich erkrankte oder verstarb nicht mehr ständig ein Großteil der eingesetzten Arbeiter*innen.[38]

Der Leiter des US-Büros für Insektenkunde und langzeitige Generalsekretär der *American Association for the Advancement of Science* jubelte 1916 über diesen Erfolg als »Schulbuchbeispiel für Hygieniker überall auf der Welt« – er habe »die lebenswichtige Tatsache bewiesen, dass es für die weiße Rasse möglich ist, bei voller Gesundheit in den Tropen zu leben.«[39] Im Jahr 1915, ein Jahr nach Abschluss des Panamakanalbaus, übernahm die neu gegründete *Rockefeller Foundation* die Führung der Anti-Moskito-Kampagne und startete ein Programm zum Studium und der Kontrolle von Moskitos auf dem gesamten Planeten – dabei handelte es sich um »transnationale Konzernphilanthropie mit einem militaristischen Spin«[40]: Erkrankungen sollten nicht durch die Verbesserung sozialer Bedingungen oder medizinische Interventionen, sondern durch die physische Eliminierung der feindlichen Spezies besiegt werden. Zum ersten Mal wurde dem Moskito der Krieg erklärt.[41]

Die Dringlichkeit und Härte von Gesundheitsmaßnahmen zur Bekämpfung gefährlicher Krankheiten hatte dabei immer schon den Kollateralnutzen sozialer Befriedung. 1918 erklärte George Vincent, Präsident der *Rockefeller Foundation*, frei heraus: »Zum Zweck der Besänftigung primitiver und zweifelhafter Leute, hat Medizin einige entscheidende Vorteile gegenüber Maschinengewehren.«[42]

Nicht nur Wirtschaftsgüter konnten durch die Errichtung des Panamakanals als einer der wichtigsten »Transportutopien« des zwanzigsten Jahrhunderts effizienter und schneller befördert werden, auch die militärische Expansion der USA in die Karibik wurde durch den Panamakanal befördert.[43] Die US-amerikanische Besetzung der Kanalzone hatte bereits die rassistischen Jim-Crow-Gesetze, die auf die Abschaffung der Sklaverei in den USA gefolgt waren, in das Raumgefüge rund um den Kanal transferiert. Doch als die steigende Präsenz US-amerikanischer Truppen und der Strom migrantischer Arbeitskräfte in der Kanalzone während der beiden Weltkriege die Angst vor Geschlechtskrankheiten wachsen ließ, ergriff »ein medikalisierter Kriegszustand … Umwelträume nach dem Modell der Anti-Malaria-Kampagnen, die der Kontrolle von Moskitos gedient hatten.«[44]

In Analogie zu den stehenden Gewässern, in denen sich Moskitolarven entwickeln, und den Stechmücken selbst, wurde nun der weibliche Körper zum Reservoir von Krankheitserregern erklärt. Dieser infizierte angeblich zuerst die US-Truppen wieder und wieder, um dann auf die weiße Ehefrau zu Hause überzugreifen: »Die räumliche Imagination, die durch die Kontrolle von malariösen Moskitos etabliert worden war, beeinflusste tiefgreifend Kartographien« des Übertragungsrisikos von Geschlechtskrankheiten wie Tripper und Syphilis sowie ihrer Bekämpfung.[45] Obgleich die US-Truppen selbst ein exzellentes Vehikel zur globalen Verbreitung von Krankheiten darstellten, wurde das Risiko einseitig auf die lokale Bevölkerung sowie die migrantischen Arbeitskräfte geschoben, wodurch »der Körper der Sexarbeiterin mit der US-Besatzung selbst verschmolz«[46].

Neben der Kontrolle und Schließung von Bordellen, der Errichtung und dem Ausbau von Sittenpolizei-Einheiten und Prophylaxe-Stationen wurden Frauen während der Nachtstunden überall in der Stadt aufgegriffen und zwangsweise auf Geschlechtskrankheiten getestet – bei positivem Ergebnis wurden sie bis zu sechs Monate in einer Mischung aus Gefängnis und Krankenhaus einbehalten. Diese Kontrolle der Bewegung von Frauen im öffentlichen Raum als immer schon potenzielle Sexarbeiterinnen und Krankheitsreservoirs vollzog sich just, als Frauenrechtler*innen in den 1940ern vermehrt auf sich aufmerksam machten.[47]

Faschismus und die Göttin des Fiebers

Während Frauen in Panama mittels Taktiken der Malariabekämpfung Gegenstand polizeilicher Überwachung wurden, versuchte zeitgleich der italienische Faschismus eine als *weiblich* imaginierte Natur niederzuringen, indem er die Zivilisierung des Sumpfgebiets der Pontinischen Ebene zu einer Priorität erklärte. Schon der antike römische Rhetoriker Cicero hatte die südöstlich von Rom befindliche Landschaft als »weder angenehm noch gesund« bezeichnet. Dies hatte sich in 2000 Jahren kaum geändert, noch immer war das Sumpfgebiet das Habitat der Anopheles-Mücke und Herrschaftsgebiet der »Göttin des Fiebers«[48].

Im italienischen Faschismus erschien Malaria als Makel einer ersten, feminin-sterilen Natur, die mit dem Einsatz von Technologie und Wissenschaft, Chemie und Propaganda an ihrer unproduktiven Entfaltung gehindert werden sollte, indem sie in eine zweite Natur verwandelt wurde: »Der Moskito wurde von den Faschisten als Verkörperung des bösartigen Charakters der präfaschistischen Natur in den Sümpfen verstanden.« Die Anstrengungen zur Schaffung »eines idyllischen ländlichen Gebiets, das mit faschistischen Idealen von Produktivität und staatskonformer Aktivität«[49] im Einklang stand, umfassten die weitgehende Elektrifizierung des Gebiets, den Bau abertausender Kilometer Straßen und Kanäle, den Aufbau eines Netzes sogenannter *wasserfressender Maschinen* (ital. ›impianti idrovori‹), die Gründung eines Anti-Malaria-Instituts, die Bepflanzung des Gebiets mit wasserabsorbierenden Eukalyptusbäumen durch Kriegsveteranen (die Pflanzen erfüllten diesen Job zu gut, weshalb sie später wieder aufwändig ausgerissen wurden – als Konsequenz gibt es seitdem rund vier Tornados jährlich in dem Gebiet), die Ansiedelung Moskitolarven fressender Gambia-Fische, die Aufstellung einer Anti-Moskito-Miliz und die Errichtung von Kindercamps (deren Gebäude zum Schutz vor Moskitos mit zehn Schichten Draht umhüllt wurden). »Die faschistische Betonung technischer und technologischer Aspekte der Land-Wiederaneignungs-Programme war durch einen positivistischen Blick auf Wissenschaft und geografisches Wissen gekennzeichnet, das auf Kontrolle, Rationalisierung und letztlich die Errichtung eines Imperiums ausgerichtet war, wo vorher unbekannte oder ›ungezähmte‹ Gebiete vorgeherrscht hatten.«[50]

Gleichzeitig verursachte die Malaria im Pazifik, trotz aller Gegenmaßnahmen, auf Seiten der Alliierten mehr Todesfälle als die japanischen Streitkräfte. Doch die Entdeckung eines potenten Moleküls brachte neuen Schwung in die Anti-Malaria-Kampagnen: »Aus der Perspektive der medizinischen Entomologie war das aufregendste Ergebnis des Zweiten Weltkriegs die Entdeckung von DDT.«[51] Dichlor-diphenyl-trichlorethan war zwar bereits in den 1870er Jahren in Deutschland synthetisiert worden, doch erst in den letzten Kriegsjahren wurde man auf eine besondere Eigenschaft von DDT aufmerksam: Das Molekül tötete nicht nur Mückenlarven im Wasser, sondern wirkte noch Monate, nachdem eine Oberfläche damit behandelt worden war, tödlich auf jede Mücke, die darauf landete.

Wieder einmal wurde die *Rockefeller Foundation* aktiv und lancierte gemeinsam mit Weltgesundheitsorganisation, US-amerikanischer Entwicklungshilfeagentur und der UNO das *Global Malaria Eradication Program*, das den weltweiten Einsatz von DDT in den 1950ern und 1960ern mit dem Ziel der Ausrottung der Malaria koordinierte. Der tödliche Stoff wurde Teil einer Nachkriegsordnung, die Krieg und Landwirtschaft als Nahbereiche organisierte: »Traktoren und Panzer entwickelten sich parallel. Synthetische Stickstoffdünger wurden billig in Ammoniakanlagen hergestellt, die sonst hauptsächlich zur Herstellung von Nitratsprengstoffen verwendet wurden. Moderne biologische Insektizide entstanden zwischen den Kriegen aus der Gaswaffenforschung, während das Zerstäuben von oben von den ursprünglich während des Ersten Weltkriegs entwickelten Luftkampfmethoden und -techniken herrührt.«[52]

Beim *Global Malaria Eradication Program* wurden Gesundheit und Chemie zu essenziellen Teilen einer technokratischen Vision der Moderne, die Kalte Krieger und warme Habitate in Stellung brachte. Im Rahmen von Dekolonisierungsbewegungen und *nation-building* nach dem Zweiten Weltkrieg wurde die Moskitofrau zum Staatsfeind erklärt: Im peronistischen Argentinien wurde im Kampf gegen Moskitos der Ausnahmezustand ausgerufen, um auch die letzte Slumhütte mit polizeilicher Gewalt mit DDT einzunebeln.[53] Und die vermutlich erste internationale Handlung des 1952 frisch an die Macht gekommenen ägyptischen Präsidenten Nasser war die Unterzeichnung einer Vereinbarung mit WHO und UNICEF, die die Errichtung einer DDT-Fabrik bei Kafr Zayat vorsah, die »pro Jahr zweihundert Tonnen fertiges DDT produzieren würde«[54].

Die Inszenierung von *nation-building* und Anti-Malaria-Kampagnen hatte oft militaristische Züge: 1955 berichtete eine große indische Zeitung, dass die *Ahmedabad Corporation* 7000 Mietskasernen in Arbeiter*innenvierteln aus Anlass der Weltgesundheitswoche mit DDT besprüht hatte. In Shillong, im Nordosten Indiens, und im südlichen Hyderabad wurden Großkundgebungen von Ärzt*innen und Krankenschwestern organisiert, die Plakate trugen, auf denen zu lesen war: »Führe ein gesundes Leben und halte deine Umgebung sauber.« Dazu ließen zwei Flugzeuge der indischen Luftwaffe in Hyderabad und Secunderabad Gesundheitsbroschüren auf die Bevölkerung herabregnen – nur sieben Jahre nachdem Hyderabad zwangsweise in den neuen indischen Staat eingegliedert worden war, war dies zugleich ein Versprechen zukünftiger Gesundheit als auch eine kraftvolle Versicherung, dass dies jedenfalls in dem bestehenden Staat stattfinden würde.[55]

Gleichzeitig mehrten sich Berichte über desaströse Effekte des globalen Freilandversuchs chemischer Insektenvernichtungsmittel: Die militärische Ausrottungspolitik hat sich im Nachhinein nicht nur als vergeblich und kontraproduktiv herausgestellt (die absolute und relative Zahl der Malaria-Erkrankungen ist weltweit höher als vor Beginn der Ausrottungskampagne), sondern sie beförderte mit der Publikation von Rachel Carsons *Silent Spring* (1962) – das die Auswirkung des Giftes auf Vogelpopulationen porträtierte – die Entstehung der Ökologiebewegung im Westen und führte zum Verbot von DDT in den USA. Denn trotz anfänglicher Erfolge entwickelten sich zuerst in Sardinien und dann in Griechenland, wo DDT großflächig eingesetzt worden war, schnell DDT-resistente Moskitos. In den 1960ern und 1970ern tauchte die Malaria an vielen Orten erneut auf, und die Vorstellung einer Ausrottung von Malaria wurde auf eine ferne Zukunft verlegt.

Seit den 1990ern wird die »Post-Ausrottungs-Ära« als »Zeit gänzlicher Verwirrung, sogar Anarchie«[56] bezeichnet, da die Meinungen darüber, was – wenn überhaupt irgendetwas – aus dieser Zeit gelernt werden könne, stark auseinandergehen. Dem Anthropologen David Turnbull zufolge liegt ein wesentlicher Grund für diese Verwirrung darin, dass es sich bei Malaria um einen Fall von *motley* handelt – was so viel wie bunt zusammengesetzt bzw. inkongruentes Gewebe bedeutet und historisch zur Beschreibung buntscheckiger Narrenkostüme verwendet wurde. Malaria als *motley* zu fassen, bedeutet, dieses Phänomen als »Sammelbegriff für eine komplexe Heterogenität unterschiedlicher Stränge des mikrobiotischen Erregers sowie interagierender Prozesse« zu verstehen – nicht als »eine Erkrankung, die auf die bloße Anwesenheit einer fremden Spezies im menschlichen Körper zurückgeführt« werden könne.[57]

Turnbull zählt verschiedene Konzeptualisierungen von Malaria innerhalb des zwanzigsten Jahrhunderts auf: So wurde Malaria als politisches, administratives, soziales, technisches, ökonomisches oder ökologisches Problem verstanden, während in Papua-Neuguinea Küstenbewohner*innen den Ausdruck samting nating (something nothing, dt. »etwas nichts«) dafür reservierten und US-amerikanische Malarialog*innen nach dem Scheitern aller Versuche der Impfstoffherstellung in tautologischer Verzweiflung erklärten, dass Malaria alles das ist, was auf Anti-Malaria-Mittel reagiert.[58]

Was genau auf Anti-Malaria-Mittel reagiert, bleibt nicht genau bestimmbar und nicht ungefährlich, doch dies hindert weder Armeen noch Pharmaunternehmen daran, immer wieder sichere Schutzpräparate zu versprechen und zu verabreichen: 2002 erschienen Berichte über Amokläufe von vier US-Kriegsveteranen, die eben aus Afghanistan nach North Carolina heimgekehrt waren und unabhängig voneinander ihre Ehefrau ermordet hatten (einer davon durch 71 Messerstiche). Alle vier hatten Larium (Mefloquine) als Prophylaxe gegen Malaria eingenommen. Larium ist eine gemeinsame Entwicklung des Walter Reed Army Institute of Research (WRAIR), der US-Armee und des Pharmakonzerns F. Hoffmann-La Roche AG. Da Larium, dessen genaue Wirkungsweise unbekannt ist, mit starken neuropsychiatrischen Störungen, darunter manischem Verhalten, akuter Psychose mit Wahnvorstellungen und aggressiven Stimmungswechseln in Verbindung gebracht wird, fiel der Verdacht schnell auf das Präparat.[59] Diane Nelson weist darauf hin, dass ein offizieller Armeebericht das Mittel gerade rechtzeitig von jedem Verdacht freisprach, um es an 200 000 US-Soldat*innen im Irak ausgeben zu können: »Kaum erwähnt wurde die militärische Ausbildung selbst als tödliche Droge oder die Art und Weise, in der die Sterbewilligkeit der Soldaten sie zu ausgezeichneten Versuchskaninchen der Militärlabors gemacht hat, wo routinemäßig nichtzugelassene Medikamente getestet werden.«[60]

Imperial, kolonial, national, NGO

Die Geschichte des Kampfes gegen die weibliche Stechmücke liest sich wie die Geschichte des Kapitalismus im zwanzigsten Jahrhundert: Nach imperialen, kolonialen und nationalistischen Perioden der Moskitobekämpfung brach die NGO-Phase an, die durch schrumpfende staatliche Budgets für Gesundheitsversorgung, Privatisierungen durch Strukturanpassungsprogramme sowie eine verstärkte Tätigkeit von Nichtregierungsorganisationen und Entwicklungsagenturen gekennzeichnet ist. Auch die *Rockefeller Foundation* war wieder vorne mit dabei, als die *Bill & Melinda Gates Foundation* 2018 erklärte, 3,4 Millionen Euro in die Entwicklung gentechnisch veränderter Moskitomänner zu investieren. Wenn diese in großer Zahl freigelassen werden, sterben nach einer Paarung alle Nachkommen – das ist zumindest der Plan. Moskitos übertragen dann keine Malaria, sondern verwandeln sich in Gesundheitsagenten: »Gentechnisch veränderte Moskitos machen die Moskitos selbst zu einem kommerziellen Produkt; ein kommerzielles Produkt innerhalb einer politischen Ökonomie, die durch philanthropische Initiativen finanziert wird, von privaten Universitäts-Spin-Offs gestaltet und durch wirtschaftliche Ungleichheiten gekennzeichnet ist.«[61]

Noch ist unklar, was diese neue Strategie der Freisetzung insektoider Reproduktionsbomben für Folgen haben wird, doch die Auswirkungen der letzten globalen Kampagne der NGO-Phase machen sich bereits bemerkbar: So haben karitative Initiativen, die sich für die unentgeltliche Verteilung von imprägnierten Moskitonetzen einsetzen, zu einer ökonomischen Umverteilung von lokalen Produzent*innen traditioneller Moskitonetze zu industriellen Standorten in Vietnam und Thailand geführt, die in der Lage sind, die immensen Mengen imprägnierter Netze zu fertigen.[62]

Eine Untersuchung des Effekts dieser modernen Moskitonetze in Ghana zeigt, dass sich nach einer ersten Verbesserung die Situation deutlich verschlimmern könnte: Der Haupteffekt der imprägnierten Netze ist nämlich nicht, dass Stechmücken nicht an Menschen herankommen (dies würde durch traditionelle Netze ebenso gewährleistet werden), sondern dass zum einen der Kontakt mit dem Netz tödlich für die Stechmücken ist und zum anderen Stechmücken davon abgehalten werden, sich dem Netz zu nähern, da die Chemikalien abweisend wirken. Mit anderen Worten: Durch die Imprägnierung entsteht ein zweiter biochemischer Körper, der größer als das textile Netz selbst ist. Dies hat einen immensen Anpassungsdruck zur Folge: Normale Moskitos sterben zunächst in großer Zahl oder werden davon abgehalten, sich in die Nähe der Netze zu bewegen. Innerhalb der Moskitopopulationen entstehen aber immer mehr Subpopulationen, die mit einem veränderten Verhalten reagieren: Innenräume insgesamt werden gemieden und es wird früher ausgeschwärmt, wodurch auch nichtimprägnierte Netze an Nutzen verlieren und die Zahl der Erkrankungen zunehmend höher wird als vor Verteilung der Gratisnetze.

Die Widerspenstigkeit von Moskitos gegenüber den karitativen Anstrengungen zu ihrer Beherrschung zeigt sich für die Anthropologin Uli Beisel einerseits in dem beschriebenen geänderten Verhalten der Moskitos und andererseits körperlich in Form zunehmender Toleranz der Moskitos gegen Insektizide. Letzteres erfolgt erstens durch Mutationen genau derjenigen Teile des Nervensystems der Insekten, auf die die eingesetzten Giftstoffe abzielen, zweitens in Gestalt eines Stoffwechsels, der die Giftstoffe unschädlich macht, bevor sie ihr Ziel erreichen, und drittens durch Adaption der Haut des Moskitokörpers, über den das Gift aufgenommen wird. Chemische Ähnlichkeiten zwischen den Anti-Moskito-Giften für den Einsatz in Innenräumen (Netze und Sprühdosen) sowie denen, die in der Landwirtschaft eingesetzt werden, führen zu »Kreuz-Immunisierungen«, die die neue Widerspenstigkeit verstärken.[63]

Wenn Tiere in der Moderne als das Andere (Natur, Instinkt, Wildheit, Sprachlosigkeit, Geschichtslosigkeit, Seelenlosigkeit, usw.) des Menschen fungierten, stellen Insekten das Andere der Tiere dar. Insekten scheinen keine Form von Individualität zu besitzen, sie haben nicht einmal ein Gesicht, dem wir Ausdrücke eines Innenlebens entnehmen könnten. Menschen zu Insekten zu erklären ist deshalb die radikalste Form der Entmenschlichung. Der Umgang mit unangenehmen und potenziell tödlichen Insekten nahm in der westlichen Moderne in der Regel die Form einer militärischen Auseinandersetzung an, die auf Vernichtung angelegt war. Uli Beisels Vorschlag eines Waffenstillstands erscheint deshalb provokativ: »Was ist, wenn es beim Umgang mit Moskitos nicht darum ginge, wie sie am besten zu eliminieren sind, sondern darum, wie wir Wege finden können, um miteinander koexistieren zu können?«[64]

Bambule im Habitat Hamburg

Während der Kampf gegen Moskitos Teil kolonialer Expansionsstrategien war, machte sich ein anderes Insekt im zwanzigsten Jahrhundert dazu auf, die Kolonisatoren selbst zu kolonisieren. Die Rede ist von der Termite, die bei ihrer Landnahme einer norddeutschen Stadt auch Gewissheiten darüber erschütterte, welches Tier wo hingehört.

Als Afrika im achtzehnten Jahrhundert von einer Armee von Wissenschaftlern kartiert und beforscht wurde, mussten – was für eine Überraschung – die Kolonialisten feststellen, dass Afrika bereits kolonisiert worden war: von weißen Ameisen, wie Termiten zunächst genannt wurden. Später zeigten Legionen ethnografischer Fotografien scheinbar primitive Menschen und ihre Hütten neben den ausgefeilten Architekturen dieser anderen Afrikaner*innen, die Hochhäusern von vergleichsweise unvorstellbarer Höhe ähnelten und europäische Ingenieure in perplexem Neid zurückließen.[65]

Es war wahrscheinlich kurz nachdem das Deutsche Reich eine Kampagne rassistisch operierender Kollektivstrafen gegen die Herero und Nama in der Kolonie Deutsch-Südwestafrika (heutiges Namibia) zu Beginn des zwanzigsten Jahrhunderts durchgeführt hatte, dass die Kolonisatoren nun selbst kolonisiert wurden – von Termiten.[66]

Die »destruktiven, holzfressenden Kreaturen«[67] hatten es aller Wahrscheinlichkeit nach zusammen mit importiertem Holz nach Hamburg geschafft, das für die Verschalung des neuen Hamburger Fernwärme-Systems genutzt wurde. Die Termiten hätten im kalten Klima Nordeuropas wahrscheinlich keinen Winter überlebt, doch zu ihrem Glück hatte die örtliche Elektrizitätsgesellschaft 1921 begonnen, Abwärme aus der Stromproduktion durch ein Rohrsystem in Regierungsbüros und -heime zu leiten.[68] Die Implementierung eines Fernwärmenetzes im städtischen Boden bedeutete, dass ansonsten »verschwendete« Energie sinnvoll genutzt werden konnte. Was zu diesem Zeitpunkt niemand wissen konnte: Das städtische Fernwärmenetz bot den Termiten auch eine Lösung für das Problem des kalten nordeuropäischen Klimas: »Die kaum isolierten Rohre haben die Erde erwärmt, das Holz war köstlich – für die Termiten war alles in Ordnung.«[69]

Das andere Problem – das Holz war für die Zwecke der Termiten zu trocken – wurde von den Tieren selbst gelöst: durch die Konstruktion von Schlammröhren im Boden. Dadurch wurde die Kolonie mit der notwendigen Feuchtigkeit versorgt, die gegen das Austrocknen der dünnen Haut und weichen Körper ihrer Mitglieder notwendig war. Mit Tausenden hungrigen Mündern kaute sich die Termitenkolonie fortan durch das unterirdische Hamburg und durchkreuzte in Schutztunneln die offenen Räume.

Die Termiten lebten aller Wahrscheinlichkeit nach in einer prosperierenden Kolonie, als sie 1937 entdeckt wurden. Ein Bauarbeiter hatte seine Jacke in der Nähe des Eingangs zum Fernwärmenetz auf einen Holzhaufen gelegt – nur um mitanzusehen, wie sich dieser in ein Häufchen Staub verwandelte.

Die Fernwärmerohre waren nicht nur ein ideales Winterdomizil für die Termiten, sie dienten auch als unterirdische Leitplanken für die Kolonisierung der Stadt – die Termiten folgten dem Röhrenraster und arbeiteten sich zu den Bäumen des Karolinenviertels und des Justizforums vor, wo sie auch heute noch leben. Während das Karoviertel von einer sympathischen Armee von Kreativen & Co. überrannt wurde und zu einem trendigen Wohnort mit allen bekannten Schwierigkeiten der Gentrifizierung geworden ist, wurde zeitgleich das altehrwürdige Justizforum (bestehend aus Oberlandesgericht, Strafjustiz- und Ziviljustizgebäude) von unten angegriffen: Ein Stadtbeamter berichtet, dass der schlimmste Albtraum aller Immobilieneigentümer Realität wurde, als Beamte entdeckten, dass die Termiten begonnen hatten, die Landregistrierungsakten zu verschlingen – tausende winzige Bakunins.[70]

Es war das strategische Ziel aller anarchistischen Revolten nach Bakunins Vorbild gewesen, so viele lokale Aufzeichnungen von Grundbucheintragungen und Bankverbindlichkeiten zu zerstören wie möglich, bevor die normale Klassenherrschaft wiederhergestellt werden konnte. Ironischerweise wird ein zeitgenössisches Anti-Termiten-Gift von BASF unter dem Markennamen Termidor vermarktet, was unbeabsichtigt eine Verbindung zu Leo Trotzkis Prägung des Begriffs Thermidor für die konterrevolutionäre Phase bürokratischer Machtrückgewinnung herstellt.[71] Im Unternehmens-Newspeak, der uns auf der Termidor-Unternehmenswebsite präsentiert wird, bedeutet Kontrolle Tötung, Design ist Ausrottung und Lebenszeit ist ein eingetragenes Markenzeichen: »For the best termite control solution, turn to Termidor® HE […] as seen on Designing Spaces on Lifetime®.«[72]

Während die Akten schnell umgesiedelt wurden, stellen die Termiten auch nach einer Reihe von Gegenmaßnahmen im Laufe der letzten neunzig Jahre – einschließlich des unterirdischen Einsatzes von Glasbarrikaden und der Verwendung von massiver Wärme zu ihrer Austrocknung – immer noch ein Problem dar. Auch die Entfernung kompletter Häuser und experimentelle Hormontherapie durch eine Forschungseinheit der Bundeswehr halfen wenig.[73]

Nachdem bis in die 1980er Jahre alte Taktiken der Massenvergiftung ganzer Gebiete mit hochtoxischen Substanzen und das Einbringen von Insektiziden aller Art in Ziegel und Holz üblich waren, ist die neueste Waffe die intelligente Vergiftung über »homöopathische Dosen« tödlicher Substanzen – in Konzentrationen, die gering genug sind, um in die Kolonie zurückgetragen und an die anderen Termiten verfüttert zu werden, damit sich das Gift im Laufe der Zeit ansammeln und seine Wirkung entfalten kann. Offiziellen Schätzungen zufolge wurden in bestimmten Teilen der Stadt 95% der Hamburger Termitenpopulation getötet, zwischenzeitlich wurden aber neue Gebiete kolonisiert: »Der Erfolg ist immer in Gefahr, manchmal mögen die Termiten den Geschmack des Köders nicht, manchmal wird eine termitenfreie Zone wiederbefallen«, werden Kinder in deutschen Unterrichtsmaterialien gewarnt.[74]

Nationale Echos

Während die Termiten die Stadt und die Hausbesitzer*innen sicherlich eine beträchtliche Summe Geld gekostet haben, wurden Termitenarten erst vor kurzem wissenschaftlich als »invasiv« definiert, wobei nur 27 von 2750 beschriebenen Termitenarten in diese Kategorie fallen und der Warenhandel der wichtigste Einzelfaktor für ihre Verbreitung ist.[75] Die nur scheinbar offensichtliche Qualität der Invasivität biologischer Arten ist nicht einfach beobachtbar. Zudem wurde das Forschungsgebiet der Invasionsökologie erst 1958 etabliert und gilt als besonders »reich an Jargon«.[76] Dies bedeutet, dass die verwendeten Begriffe oft nicht präzise definiert oder allgemein anerkannt sind.

Die historisch umstrittene Frage der Invasivität ist eng mit dem Konzept des Habitats verbunden. Aber was ist ein Habitat? Das Habitat beschreibt eine räumliche Einheit zwischen Individuum und Spezies: den Raum, den eine bestimmte Population braucht, um sich reproduzieren zu können. Erstmalig wurde es in Carl von Linnés *Systema Naturae* (1758) verwendet. Aber während das lateinische Wort »habitat« einfach nur »er/sie/es lebt« bzw. »er/sie/es wohnt« bedeutet und ursprünglich als Verb, also als Tätigkeit, verwendet wurde, verknöcherte der Begriff später und nahm die Bedeutung eines bestimmten räumlichen Territoriums an. In dieser neuen Form konnte es dann von »exotischen, fremden, nicht-indigenen, nicht-heimischen und neu-artigen«[77] Organismen durchschritten oder erobert werden. Das Habitat wurde zu einem Konzept, das an die Vorstellung von Nationen mit festen, stabilen und kontrollierten Grenzen erinnert.

Gerade die scheinbar unschuldige Frage, welches Tier wo lebt und leben soll, ist nicht von weiterreichenden Diskursen politischer Geschichte zu trennen, innerhalb derer diese Fragen gestellt und beantwortet werden. Die Wissenschaftsforscherin Donna Haraway untersuchte die Ideengeschichte des Immunsystems in Zeiten des Kalten Krieges.[78] Auffällig sind die Parallelen zwischen der Konzeptualisierung mikroskopischer und geopolitischer Modelle und Metaphern. Die wissenschaftlichen Vorstellungen vom Immunsystem schienen dabei zu bestimmten Zeitpunkten einem *NATO Mission Statement* entnommen zu sein: Zum Zwecke des Selbstschutzes von Körpern und Staatenverbünden schien die nun leidenschaftlich verfolgte Bestimmung von Innen und Außen genauso zu gehören wie das Erkennen und Unschädlichmachen äußerer Eindringlinge wie innerer Gefahrenquellen (wie »sleeper cells«), die jederzeit von einem harmlosen Dämmerzustand in eine lebensgefährliche Wucherung mutieren konnten. In ähnlicher Weise erinnert die Rhetorik natürlicher Habitate und invasiver Arten an das Klagelied des exilierten Revolutionärs und Kulturtheoretikers Leo Trotzki über einen Planeten ohne Visum, ein zweifelhaftes menschliches Privileg, das auf die nichtmenschliche Welt ausgedehnt wird.[79]

Die engagierten Bemühungen gegen die Hamburger Termiten lassen sich nicht auf rein rationale Diskurse oder Praktiken reduzieren. Das Problem mit den Hamburger Termiten ist, dass sie auch in unsere Träume eindringen.

Hugh Raffles merkt in seiner *Insectopedia* (2010) an, dass »Insekten ohne Zahl und ohne Ende sind« und die Albträume, die sie bewohnen, scheinen so zahlreich zu sein wie die Insekten selbst: Es gibt den Albtraum der »Fruchtbarkeit« und der »Menge«, »unkontrollierter Körper«, »von unbewachten Öffnungen« und »verletzlichen Orten«, »von Fremdkörpern in unserem Blutkreislauf« und »von Fremdkörpern in unseren Ohren und unseren Augen und unter der Oberfläche unserer Haut«. Vergessen wir nicht »den Alptraum des Schwärmens und den Albtraum des Krabbelns«, den »Alptraum von Wesen ohne Vernunft und den Alptraum der Unfähigkeit zu Kommunikation« sowie den Alptraum, »das Gesicht nicht zu sehen« und »kein Gesicht zu haben«; es ist der Alptraum »des Überranntwerdens«, »Besetztwerdens« und »des Alleinseins«, »des Schuhanziehens« und »des Schuhausziehens«, der Albtraum »des Grotesken«, des »verhedderten Haars« und »des offenen Mundes«, der Albtraum »der Zufälligkeit und des ungeschützten Moments« und »von Osama bin Laden irgendwo in einer Höhle«[80].

Als reale, symbolische und affektive Akteur*innen erzeugen die Hamburger Termiten ein Unbehagen, das wie eine »Wolke in Form eines Schwertes«[81] im Körper Hamburgs steckt. Wenn Moskitos durch den sozialen Lärm, den sie erzeugen, *sprechen*, wie Timothy Mitchells in seiner Analyse von Malariaausbrüchen im kolonialen Ägypten argumentiert,[82] und Tsetse-Fliegen *schreien*, wie Capperton Mavhunga im Zusammenhang mit den menschlichen und nichtmenschlichen Verstrickungen in Simbabwes Gonarezhou-Nationalpark feststellt[83] – dann *machen* die Hamburger Termiten *Bambule*.[84]

Das politische Heil im Termitendarm

Als die Termiten in Hamburg eintrafen, hatte sich der Diskurs um Termiten bereits von Bewunderung zu Ekel gewandelt: Forschungserkenntnisse hatten gezeigt, dass Termiten zwei Mägen haben – darunter einen sozialen Magen, der für andere Termiten der Kolonien geleert wurde. Verstorbene Termiten wurden auch verspeist. Zudem wurde jedem Artgenossen der Kolonie, der darum bat, Exkremente zur neuerlichen Verdauung überlassen. Der Termitenstaat kannte keine Form der Verschwendung: »Von hinten wie vorne fließt das Futter durch den ganzen Staat weiter, der Heimkehrende gibt es dem Zuhausegebliebenen, die Alten geben es den Jungen, in unendlichem Suppenkreislauf, mag die Suppe auch etwas seltsam sein.«[85]

Der belgische Nobelpreisträger und Essayist Maurice Maeterlinck hatte diesen erstaunlichen sozialen Stoffwechsel des Termitenstaates in seinem *Leben der Termiten* (1926) lebhaft beschrieben: »Sehen Sie, das ist perfekter Kommunismus, Kommunismus des Pharynx und der Eingeweide, der vom Kollektivismus des Scheiße-Essens getrieben wird. In dieser öden und blühenden Republik, in der das schmutzige Ideal, das uns die Natur zu bieten scheint, in ökonomischer Hinsicht verwirklicht wird, ist nichts verloren.«[86]

Der Forstwissenschaftler und Zoologe Karl Escherich, ein

überzeugter Nationalsozialist, griff diesen Faden in seiner Antrittsrede als neu ernannter Rektor der Universität München 1933 auf. Seine Rede trug den Titel *Termitenwahn* und setzte dem vermeintlich guten Ameisenstaat des Dritten Reiches das teuflische Termitensystem der Sowjetunion gegenüber.[87]

Im selben Jahr, in dem Escherich seine Antrittsrede hielt, veröffentlichte ein anderer Biologe, Jean Sutherland, einen Artikel, der einen beunruhigenden Mikroorganismus beschrieb, der im Enddarm der australischen Termitenspezies Mastotermes darwiniensis lebte.[88] Sutherland nannte das winzige Tier Mixotricha paradoxa, was »merkwürdiges Wesen mit verwuscheltem Haar« bedeutet. Während Escherichs Dämonisierung von Termiten wegen ihres Darmsystems nur noch von historischem Interesse ist, genießt Sutherlands Entdeckung in den letzten Jahren neue Aufmerksamkeit. Das Besondere von Mixotricha p. liegt in ihrer Konstitution als mit vier anderen Wesen zusammengesetzter Organismus, die in und auf Mixotricha p. leben. Man muss sich Mixotricha p. visuell als eine Art behaarte Birne vorstellen, von deren Kopf mehrere Antennen abstehen – Haar und Antenne besitzen ein eigenes Genom, im Zellinneren von Mixotricha p. finden sich zwei weitere distinkte Genome. Deshalb hat Mixotricha p. nicht ein Genom, sondern insgesamt fünf.

Donna Haraway fasst zusammen: »Diese kleine faserartige Kreatur verhöhnt den Begriff eines begrenzten, beschützten, singulären Selbst, das sich um den Schutz seiner genetischen Investitionen sorgt. (…) Was konstituiert *M. paradoxa*? Wo hört dieser Protist auf und wo beginnt jemand anders im wimmelnden Dickdarm dieses Insekts? Und was lehrt uns diese paradoxe Individualität über Anfänge? Schließlich, wie können uns solche Lebensformen dabei helfen, eine brauchbare Sprache zu erfinden?«[89]

Ist Mixotricha ein Lebewesen, fünf oder 250 000? War sie zunächst allein und verleibte sich die anderen Wesen ein oder wurde sie selbst kolonisiert? Was war sie, bevor sie viele wurde, oder umgekehrt: Was waren sie, bevor sie eins wurden? In Zeiten, in denen soziale Fragen zunehmend rassifiziert und kulturalisiert werden, »stellt dieser winzige Organismus Schlüsselfragen über die Autonomie der Identität«.[90] Natürlich besteht die Gefahr eines »biologischen Überschwangs«, zu viel subversives Potenzial im »Regenbogen der Natur«[91] ausmachen zu wollen, aber hier gibt es möglicherweise auch etwas zu lernen. Mikroorganismen machen auch im menschlichen Körper die Hälfte aller Zellen aus. Im Film *Golden Gene* (Konrad/Hansbauer/Stachel, 2016) erklärt die Mikrobiologin Christa Schleper: »An Biomasse macht das ungefähr so eineinhalb Kilogramm aus. Immerhin. Tja, dann stellt sich natürlich die Frage: Was ist der Mensch? Ist das jetzt der Homo sapiens plus viele Bakterien? Man sagt deshalb auch gerne, dass wir wohl sowas wie ein Superorganismus sind.«

Im Anschluss an Haraway fordert der deutsche Theatermacher René Pollesch in dem Stück *Das purpurne Muttermal* (2006) dazu auf, in den Termitenhaufen der Welt nach neuen Antworten für Probleme des Nationalismus und der Identitätspolitik zu suchen, wenn ältere Antworten immer weniger zu funktionieren scheinen.[92]

Bienen, Moskitos und Termiten waren nicht nur Teil historischer und zeitgenössischer Vorstellungen von Räumen, sondern auch Mittel politischer Praktiken, die sich auf Räume bezogen. Die Honigbiene war als Teil der Kolonisierung des Gebiets der heutigen USA eine invasive Spezies, die Termite ist es dank der globalen Bewegung von Gütern in letzter Zeit auch in Deutschland geworden. Moskitos wiederum werden so stark mit bestimmten Räumen in Verbindung gebracht, dass sie fast wie eine Eigenschaft dieser Räume erscheinen. In all diese räumlichen Vorstellungen und Praktiken sind Ideen gewollter und verabscheuter Natürlichkeit eingelassen. Doch diese historisch gewachsenen Ideen verstellen den Blick auf andere Ökologien, die uns umgeben.

ANDERE ÖKOLOGIEN: BERGHAIN, ÖSTROGENE UND VOGELNESTER

Die Krebsmaus frisst Heidegger auf
Paul Beatriz Preciado

In den Großstädten der Welt fließen Unmengen an natürlichen und künstlichen Hormonen in die Kanalisation und von dort zu Kläranlagen, wo sie sich in Kleinstlebewesen wie Würmer sammeln. Diese wuselnden und krabbelnden Hormonhäppchen werden von Vögeln aus den Kläranlagen herausgefischt und verspeist. Forscher*innen der Universität in Cardiff und des Max-Planck-Instituts in Seewiesen haben den Effekt dieser Hormonhäppchen auf die sie konsumierenden Vögel untersucht und dabei Erstaunliches herausgefunden: Den Vögeln wuchsen keine mutierten Gliedmaßen – stattdessen zeigten die untersuchten Stare neue Gesangsformen: Sie sangen nicht nur länger, schneller und ausdauernder, sondern hatten auch ein vergrößertes Gesangsrepertoire. Die durch menschliche Hormone gedopten Vögel konnten mehr Sexpartner*innen als je zuvor für sich gewinnen.[1]

Dies wirkt kontraintuitiv, schließlich haben wir in zahllosen traurigen David-Attenborough-Dokumentationen gelernt, dass die Existenz des Menschen nur Elend über die Welt der wilden Tiere gebracht hat. Die gesangsvirtuosen Hormon-Vögel widersetzen sich diesem Bild. Sie wirken wie ein Indigener Stamm, der nicht bei einem ethno-romantischen Musikvideo von Sting mitmachen will. Solche Stämme gibt es glücklicherweise: Ein Kurator des nationalen mexikanischen Anthropologiemuseums berichtete kürzlich davon, dass die meisten Besucher*innen etwas enttäuscht wirken, wenn sie erfahren, dass eine ganze Reihe indigener Gesellschaften nicht »bedroht« sind, sondern SUVs fahren und in schönen Villen wohnen, trotzdem aber mehrere Monate im Jahr ein Leben ohne die Annehmlichkeiten des modernen Lebens führen, an rituellen Rauschzeremonien teilnehmen und Mais auf schweißtreibend traditionelle Weise ohne Einsatz technologischer Mittel anbauen. Der indigene Stamm der Huichol in Mexiko beispielsweise hat seine Überzeugungen und Praktiken keineswegs aufgegeben, sondern gedeiht prächtig im Gegenwartskapitalismus. Die Angehörigenzahl wächst, verleibt sich Territorien ein, manipuliert Medien auf gekonnte Weise, verkauft Tourist*innen billige Andenken, während sie die kostbaren und magischen Artefakte für sich behalten.[2] Dies stimmt so gar nicht mit der Vorstellung geknechteter und marginalisierter »Urvölker« überein. Die Enttäuschung der Besucher*innen des mexikanischen Museums hat vielleicht etwas damit zu tun, dass sie sich weniger für die komplexe Realität indigener Stämme, ihre Kämpfe und Wünsche, Widersprüche und Taktiken interessieren, sondern vielmehr das Museum aufsuchen, um dort Illustrationen für das liebgewonnene Genre »Traurige Geschichten von Verlust und Anteilnahme« ausgehändigt zu bekommen.

1. September 1914

Der indigene Stamm der Huichol und die gesangsvirtuosen Hormon-Stare sind blasphemische Graffitis auf Ikonen, d. h. auf verehrten Bildern. Den Status einer Ikone zu erlangen ist wahrscheinlich immer ein zweifelhafter Ruhm, zweifellos aber dann, wenn es sich dabei um eine Ikone des Aussterbens handelt. Gemeinsam mit dem Wollhaarmammut, dem Dodo, dem Auerochsen und dem Tyrannosaurus gilt die Wandertaube als eine solche »große Ikone des Aussterbens«[3]. Hatten einzelne Schwärme im siebzehnten und achtzehnten Jahrhundert noch mehrere Milliarden Wandertauben umfasst, wurden ihre Nistplätze im neunzehnten Jahrhundert, das von einer Art Jagdmanie auf den Vogel ergriffen war, per Telegraf publik gemacht und die massenweise erlegten Tiere waggonweise per Eisenbahn abtransportiert: »Wandertauben bewohnten alle Territorien der USA und Kanadas. Sie erschienen in so dichten Schwärmen am Himmel, dass sie buchstäblich die Sonne verdeckten. Es wurde dunkel wie während einer Sonnenfinsternis. Die fliegenden Vögel bedeckten das ganze Firmament von einem Horizont zum anderen. Taubenkot fiel wie Schneeflocken vom Himmel; das endlose Summen der Flügel erinnerte an das Pfeifen von Sturmwinden. Stunden vergingen, aber die Tauben flogen und flogen immer noch, und weder das Ende noch der Anfang ihrer Marschkolonne waren zu sehen. Nichts konnte diese ›Schwadron‹, unzählig wie Heuschrecken, von ihrem Kurs ablenken – nicht Rufe, keine Schüsse, keine Kanonenfeuer. […] War es wirklich möglich, solch eine fantastische Multitude von Vögeln schnell auszurotten? Das traurige Schicksal der Wandertaube sagt uns, dass es möglich ist, wenn man diese Aufgabe geschickt in Angriff nimmt.«[4]

Da halfen auch verspätete Versuche neu auf dem Plan erschienener Artenschützer*innen nicht mehr, den Bestand mittels einzelner Brutpaare aufzustocken. Der Vogel brauchte scheinbar die großen Schwärme seiner Artgenossen. Auf einem Monument für den ausgestorbenen Vogel ist in den Worten von Aldo Leopold, einem Vater der US-amerikanischen Naturschutzbewegung, zu lesen, dass »der Vogel die Abnahme seiner furiosen Intensität nicht überlebte«[5].

Die große Zahl an Wissenschaftler*innen und Schriftsteller*innen, die der Wandertaube nach ihrem Verschwinden ihre Aufmerksamkeit schenkten, haben dem vitalen Nachleben des verstorbenen Vogels den geradezu mythischen Charakter eines Anti-Phönix verliehen. »Die Wandertaube ist eine gänzlich ironische Version des Phönix: Ihr Tod ersteht jedes Mal aufs Neue, wenn wir von ihr sprechen. Egal wie oft ihr Tod geprobt wird, er kann nie wiederbelebt werden. In gewisser

Weise stirbt dieser Vogel von Tod zu Tod und nicht vom Tod ins Leben.«[6]

Das letzte wissenschaftlich dokumentierte Exemplar wurde am Vorabend seines Todes, der zugleich der Tod seiner Spezies war, zum Individuum: Martha, die letzte ihrer Art, starb am 1. September 1914. In den Monaten vor ihrem Tod im Zoo von Cincinnati wurde Martha gemalt, fotografiert und – so wichtig war sie geworden – gefilmt.[7]

Das Seltene hat die Erotik des Kostbaren, noch mehr gilt dies für das, was es bald gar nicht mehr geben wird. Die letzten ihrer Art erleben zu können, gibt uns das narzisstische Gefühl, ein besonderes Privileg zu genießen, Zeuge eines exklusiven Ereignisses geworden zu sein – wie der wirklich allerletzte Tournee-Auftritt einer vergreisten Rockband. Wenn man dann vor Ort erfährt, dass entgegen aller Erwartungen nicht nur jede Menge weiterer Auftritte und ganze Tourneen geplant sind, macht sich bei manchen statt Erleichterung Frustration breit. So war es wohl auch bei den Besucher*innen des mexikanischen Anthropologiemuseums: Sie wollten eine Wandertaube und bekamen eine Stadttaube.

Berghain-Ökologien

Zivilisatorische Ruinen und zoologische Fossilien sind die Vergangenheitsform dieses nostalgischen Schauspiels. Die Renaissance war ein Hochfest solcher Ruinenlust, seitdem gehört das ergriffene Betrachten historischer Ruinen zum europäischen Kulturgut. Vielleicht liegt ein Motiv für diese Lust an Ruinen in dem Verdacht, dass es mit den modernen Glücksversprechen nicht weit her ist. Während davor auf eine jenseitige Erfüllung gehofft werden konnte, war die Verdiesseitigung mit einer nostalgischen Verschiebung auf das Vergangene verbunden.

Was die Renaissance an den römischen und griechischen Relikten ergötzte, finden Zeitgenoss*innen heute nahe der kanadischen Grenze, wo die meistfotografierten Gegenwartsruinen stehen – die postindustriellen Hallen ehemaliger Automobilproduktion in der US-amerikanischen Stadt Detroit. Für die touristische Lust am Besuch dieser Landschaften urbanen Verfalls und die immense Zirkulation von Fotografien dieser Räume hat sich der Ausdruck *Ruin Porn* etabliert.

Detroit ist aber auch ein Geburtsort von Techno, der in der weichgespülten Form elektronischer Tanzmusik an die Spitze mainstreamiger Unterhaltung gerückt ist. Der Berliner Techno-Club Berghain hisst hingegen die Fahne des Undergrounds.[8] Den Underground des Undergrounds trifft man jedoch weder im Clubraum des Berghain, auch nicht darüber in der Panoramabar oder dem darunterliegenden Lab.Oratory. Den »echten« Underground findet man noch weiter unten in der Kanalisation: Denn all die Drogen, die da oben konsumiert werden, müssen ja auch mal raus – sie fließen die Kanalisation hinab, wo die dort lebenden Tiere in wahren Duschen von Hormonen und anderen potenten Molekülen gebadet werden. Es gibt zwar keine Forschung zu diesem besonderen Habitat urbaner Ökologie, aber warum sollte es hier nicht Amphetamin-gedopte Ratten geben, die vor sich hinraven, hochfrequent kopulierende Kakerlaken auf Kokain, kuscheltrunken aneinander abrutschende Kröten auf MDMA oder Ketamin-Mäuse in psychoaktiver Dissoziation?

Der Club war einmal ein Raum anderen Lebens. Punktuell erinnert er noch daran: Wer genug vom Rassismus hat, muss nur einen Club besuchen, um zu erleben, wie Ecstasy-berauschte Mehrheitsangehörige der migrantischen Klofrau wiederholt und eindrücklich versichern, wie toll sie ist. Doch unabhängig von den Intentionen der Veranstalter*innen und einzelnen Abenden oder Ereignissen hat sich das Koordinatensystem geändert, innerhalb dessen Clubs existieren. Während früher das Wochenende in Abgrenzung zu den Logiken der Erwerbsarbeit funktionierte, wird heute zunehmend an den freien Abenden alles das trainiert, was an den neuen Arbeitsplätzen erwartet wird: Begeisterungsfähigkeit und Identifikation mit dem Arbeitsprozess, soziale Skills und Teamfähigkeit, Leichtigkeit vermitteln bei der Verrichtung schwerer Arbeit. Kurz: Samstag ist der neue Montag, statt »blue monday« heißt es nun »drei Tage wach«.

Porno, Pharma, Macht

Paul Beatriz Preciado hat für die neue Machtform der Regierung von Subjektivität den Begriff des pharmakopornografischen Regimes geprägt.[9] Die Entwicklung der kontrazeptiven »Pille« und das Erscheinen des ersten *Playboy*-Magazins sind symbolische Eckdaten dieser neuen Machtform. Zum pharmakologischen Aspekt dieser Machtform gehört die massenweise Verabreichung sowie Selbstbehandlung durch biomolekulare Entitäten: Östrogene zum Hautmanagement oder Ritalin zur Behandlung von Kindern mit Aufmerksamkeitsdefizitstörung gehören hier genauso dazu wie die Veränderung von Massensexualität durch die Entdeckung der erektilen Effekte von Viagra oder die großmaßstäbliche Einnahme von Antidepressiva, Stimmungsaufhellern und Beruhigungsmitteln. Die Zirkulation, Konsumption und DIY-Produktion von sexy Bildern bilden den anderen Pol dieses Regimes (von der ersten mit Marilyn Monroes Konterfei bedruckten Illustrierten bis zu den heutigen Instagram-Bildern).

Tiere und insbesondere Tierkörperteile sowie Körperflüssigkeiten waren Rohstoffe der Entwicklung des biomolekularen Pols dieser Machtform, die uns nicht mehr nur von außen, als auf den Körper einwirkende Architekturen und Orthopädien disziplinieren, sondern als Aspekte von Technobiomacht in unsere Körper eindringen und uns kontrollieren, indem wir uns selbst mit potenten Molekülen regieren: »Der Erfolg der zeitgenössischen Technowissenschaft besteht darin, unsere Depression in Prozac zu transformieren, unsere Männlichkeit in Testosteron, unsere Erektion in Viagra, unsere Fruchtbarkeit/Sterilität in die Pille, unser AIDS in Tri-Therapie, ohne zu wissen was zuerst kommt; Depression oder Prozac, Viagra oder Erektion, etc.«[10]

Schon Sigmund Freuds erste wissenschaftliche Arbeit hatte sich mit der Frage von Sexualhormonen bei Fischen beschäftigt, und Jacques Lacans berühmte Abhandlung zum Spiegelstadium kam nicht ohne eine Überlegung zur Entwicklung von Sexualhormonen bei Tauben aus, doch historisch waren in der zweiten Hälfte des zwanzigsten Jahrhunderts die wissenschaftlichen Disziplinen der Endokrinologie (Hormonlehre), Sexualwissenschaft und Psychologie Geburtshelfer dieses Regimes gewesen. Die damit verbundene wissenschaftliche Arbeit war nur durch Unmengen an Tierkörpern möglich, deren Geschlechtsdrüsen zur Gewinnung von Hormonen genutzt wurden. Deshalb lagen die meisten Hormoninstitute auch in der Nähe von Schlachthöfen. Erst die Entdeckung, dass Östrogen in Hülle und Fülle im Urin enthalten ist, änderte die bisherige Ökonomie der Gewinnung der kostbaren Substanz gänzlich.

Erregungspotenziale statt Artgerechtigkeit

Neben den zahllosen Studien, die auf die negativen Folgen bioaktiver Substanzen für Körper und Verhalten von Tieren hinweisen, wäre es an der Zeit, auch den Lustpotenzialen dieser biochemischen Ressourcen für Tiere Aufmerksamkeit zu schenken. Preciado bezeichnet diese pervers anmutenden Erregungspotenziale als *potentia gaudi*. Bei dieser »orgasmischen Kraft« handelt es sich um ein »unendliches Vermögen«, das für die pharmakopornografische Ökologie das darstellt, was »die Arbeitskraft für die klassische Ökonomie war«.[11] Der Körper der Tiere war zentral für die Herausbildung der neuen Hormonmacht, warum sollte man ihnen im Namen eines angestaubten Naturbegriffs von vornherein verweigern, an den gesangskunststeigernden oder lustverstärkenden Effekten dieser Machtform teilzuhaben?

Hormon-gedopte Vögel und Ungeziefer auf Drogen, das wirkt grundfalsch. Aber vielleicht nur, weil wir uns an bestimmte Vorstellungen von Natur und Natürlichkeit gewöhnt haben. Glücklicherweise können sich solche Vorstellungen mit der Zeit ändern, doch dies passiert nicht gleichmäßig. Als Conchita Wurst, die bärtig-feminine Kunstfigur des österreichischen Travestie-Künstlers Thomas Neuwirth, 2014 den Eurovision Song Contest gewann, jubelten viele progressive Geister über die Fortschrittlichkeit Europas. Einige Jahre früher hatten sich ebenso viele über das (angebliche oder reale) Weiß-Werden Michael Jacksons ereifert. Religion, Nationalität oder Geschlecht zu ändern, erscheint vielen als eine Form der Freiheit. Aber allein die Vorstellung, dass ein wohlhabender nichtweißer Mensch seine Hautfarbe ändern will, hat für viele die Aura mangelnder Selbstachtung oder gar die von Verrat.

Vielleicht wollen wir auch bei Tieren nicht, dass sie allzu sehr aus der Reihe tanzen und Dinge tun, die wir für unangemessen (= unnatürlich) halten.

Doch genauso wenig, wie es ein eigentliches Wesen von Kunst gibt oder einen Wesenskern von Menschlichkeit, von Frausein oder Mannsein, gibt es eine eigentliche Hundehaftigkeit, es gibt auch keine essenzielle Huhnartigkeit, die über Raum und Zeit gleich wäre.

Eine Katze, die in einem Hochhaus in Tokio lebt, hat andere Eindrücke und eine andere Umwelt als eine Hündin, die ein Freetekno-Soundsystem begleitet. Deshalb macht die Rede von Artgerechtigkeit auch so wenig Sinn: Nicht nur legen Individuen derselben Spezies oft sehr verschiedene Vorlieben oder Verhaltensweisen an den Tag – aufgrund gänzlich unterschiedlicher Umwelten kommt es zur Herausbildung unterschiedlicher Persönlichkeiten und Reaktionsweisen. Tiere derselben Spezies sind also nicht überall die gleichen. Und auch Tiere dürfen ihr Bewusstsein erweitern, dürfen andere Wahrnehmungsweisen erleben, dürfen jemand anderer werden als sie sind.

Ein Radiojournalist berichtete einmal davon, dass, als er die Tür in einem besetzten Haus öffnete, sich ihm ein besonderes Bild bot: Überall lagen DJs herum, die sich von der anstrengenden Nacht erholten. Ein kleiner Hund stand auf der Brust eines Schlafenden und leckte vorsichtig Drogenreste aus den Nasenlöchern eines DJs. Danach sprang er auf den nächsten Schlummernden und labte sich von Neuem an den ungenutzten Erregungspotenzialen. Nachhaltiger Umgang mit Ressourcen, könnte man dazu sagen. Und warum sollte der hündische Nasenraub zum Zwecke der Selbstberauschung nicht »artgerecht« sein?

Als kürzlich in einem Internetforum von Anti-Fat-Shaming-Aktivist*innen jemand das Foto ihres korpulenten Hundes veröffentlichte, entlud sich ein kleiner Shitstorm über die Hundehalterin: Den Hund verfetten zu lassen sei extrem unverantwortlich, so der einhellige Tenor. Aber warum wurden die Körperaktivist*innen eigentlich so schnell zu biopolitischen Gesundheitsfetischist*innen, sobald es um einen Hund ging? Bei Menschen vertraten sie das Recht auf den eigenen Körper schließlich mit allem Nachdruck. Zudem wirkte der Hund auf dem Foto vergleichsweise glücklich, was auch die ebenso gutgelaunte Hundehalterin betonte. Vielleicht haben die Ressentiments gegenüber nonkonformistischen Tieren damit zu tun, dass die Ideologie des Haustiers-als-Familienmitglied diese zu ewigen Kindern macht. Norma Bates lässt grüßen. Erwachsene Tiere sind keine menschlichen Kinder.

Aber nicht nur berauschte Tier-Individuen könnten von der Zunahme bioaktiver Substanzen profitieren. Empirische Studien weisen darauf hin, dass Viagra möglicherweise ein Bündnispartner beim Kampf gegen die Ausrottung biologischer Arten ist. Die Umsatzzahlen von Robbengenitalien aus Kanada und Rentier-Bastgeweih aus Alaska brachen nach Einführung von Viagra durch den Pharmakonzern Pfizer im Mai 1998 massiv ein.[12] Beide sind Teil alternativer und traditioneller Medizin und werden auch für die Behandlung von Potenzschwierigkeiten eingesetzt.[13] Ähnliches gilt beispielsweise für Seegurken, Seepferdchen, Geckos und die Grüne Meeresschildkröte, deren ganze Körper, Körperbestandteile (männliche Genitalien) und Körperprodukte (Eier) durch das Aufkommen von Viagra möglicherweise verschont werden.

Der Grund dafür ist einerseits die schnell überprüfbare Wirkung der potenzsteigernden westlichen Mittel im Unterschied zu anderen alternativmedizinischen Rezepturen, bei denen es für die Betroffenen nicht ohne weiteres zu bestimmen ist, ob sie helfen oder nicht. Der andere Grund ist der Preis: Viagra ist als Generikum oft günstiger als die entsprechenden Pendants aus Tierkörpern.[14] Obwohl die Umsatzzahlen gerade bei verbotenen, weil vom Aussterben bedrohten Tierarten schwer zu bestimmen sind und die fachliche Diskussion noch nicht abgeschlossen ist[15], eröffnen diese Ergebnisse zumindest die ironisch anmutende Perspektive, dass »Chemie« nicht nur Bestandteil ökologischer Probleme ist, sondern auch Teil der Lösung sein könnte.

Ironischer Artenschutz

Selbstironie gilt als beliebte Tugend aufgeklärter Menschen: Wie herrlich selbstsicher muss man sein, um über sich lachen zu können. Aber auch amerikanische Giftgasfabriken im Ruhestand schätzen Ironie. Das im Eigentum der US-Armee befindliche *Rocky Mountain Arsenal* (RMA) in Colorado hatte mehr als vierzig Jahre lang Nervengas, Senfgas, Napalm, weißen Phosphor und ähnliche Substanzen produziert, die die freie Welt eben immer wieder brauchte. 1991 brachte das Arsenal überraschend einen Kalender mit Landschaftsbildern heraus, der die raue Schönheit des Gebiets am Fuß der Rocky Mountains dokumentierte. Der Kalender, der an Nachbar*innen des militärischen Sperrgebiets sowie die Bewohner*innen der unweit gelegenen Stadt Denver verteilt wurde, trug den Titel »Der ironischste Naturpark der Nation …«. Im Einleitungstext wurde der ungewöhnliche Titel erklärt: »Eine gedeihende Tierwelt, Giftmüll und eine epische Geschichte machen Denvers Rocky Mountain Arsenal zum ironischsten Naturpark der Nation. Ein dem Kongress vorliegender Gesetzesentwurf könnte es offiziell machen. RMAs 17 000 Acres großes Gebiet – das die ehemalige Armee-Chemiewaffeneinrichtung und Shell-Pestizidfabrik beherbergt – wurde als erstes Wildtierschutzgebiet an einem Superfund-Standort [hochtoxische Gebiete, die bei Bewilligung staatlicher Mittel bevorzugt werden] vorgeschlagen. Die Aussicht des RMA auf Millionen Besucher bedarf eines Neudenkens von ›Umweltpädagogik‹. RMA könnte uns dabei helfen, etwas über unsere Geschichte, das Überleben der Natur in einem urbanen/industriellen Umfeld, die Realitäten von Sondermüll und unsere Hoffnungen für die Zukunft zu lernen.«[16]

Goodbye Dreadlocks und samtene Glockenhosen, auf Wiedersehen Funktionsklamotten und Fahrradfetisch: Die neuen Umweltaktivist*innen tragen Bürstenhaarschnitt und fertigen chemische Kampfstoffe, dazwischen wollen sie über »unsere Hoffnungen für die Zukunft« diskutieren. So gern man glauben würde, dass sich die US-Armee zu einer Agentur für Wildtierschutz entwickelt hat, lohnt sich ein genauerer Blick.

Das rund 69 Quadratkilometer große Areal war während des Zweiten Weltkriegs von der US-Armee requiriert (die dort lebenden Farmer hatten 30 Tage Zeit gehabt, das Gebiet zu verlassen) und zum militärischen Sperrgebiet erklärt worden. Hier wurde das *Rocky Mountain Arsenal* errichtet, um Chemiewaffen zu entwickeln, herzustellen, zu lagern und später auch zu entsorgen. Teile des Areals wurden an Shell Oil und andere Hersteller von hochgiftigen Pestiziden für den Gebrauch in Landwirtschaft und privaten Kleingärten geleast. 1984 wurde die Giftgasfabrik geschlossen, doch über die Jahre hatte es viele lokale Beschwerden über die Vergiftung des Grundwassers gegeben. Noch im selben Jahr begann die US-Armee eine Reihe von wissenschaftlichen Untersuchungen des Bodens und Grundwassers, die erschreckend hohe Konzentrationen giftiger Stoffe feststellten. Dieses Ergebnis war wenig überraschend. 1986 bemerkten die verblüfften Militärwissenschaftler aber, dass sich ein Dutzend Weißkopfseeadler auf dem Gelände niedergelassen hatte. Diese waren zu dem Zeitpunkt akut vom Aussterben bedroht. Weitere Untersuchungen zeigten, dass sich die Vögel bester Gesundheit erfreuten.

Wenig später entdeckte man, dass verschiedene Tiere wie Pelikane und Koyoten in der verseuchten Zone Asyl gesucht und gefunden hatten: Mehr als 330 Tierarten wurden auf dem kleinen Gebiet gezählt, das laut dem *Army Corps of Engineers* »die giftigste Quadratmeile der Erde« umfasste.[17] Der giftigste Ort der USA war zugleich der Ort mit der größten Artenvielfalt. Die Natur selbst schien Ironikerin geworden zu sein.

Birds & Bombs

Nachdem das Gebiet zur Krisensonderzone erklärt worden war und damit erhebliche nationale Finanzmittel mobilisiert werden konnten, wurden erste Teile des Gebiets von den schlimmsten Giftstoffen gesäubert. 1992 wurde das Arsenal geschlossen und das im Landschaftskalender noch erhoffte Gesetz tatsächlich Realität. Dieses sah vor, bestimmte Bereiche des Territoriums nach weiteren Säuberungsarbeiten in einen Naturpark umzuwandeln. 2011 war es schließlich soweit, nach Kosten von zwei Milliarden US-Dollar für die elementarsten Säuberungen von Giftstoffen im Boden wurde das Besucherzentrum des *Rocky Mountain Arsenal National Wildlife Refuge* eröffnet.

Jim Omans, Manager für natürliche Ressourcen des Marine Corps mit Sitz in Washington, erklärt: »Das Militär ist vielleicht ein natürlicher Verbündeter [von Naturschutzgruppen], weil wir dieselben Dinge wollen, die sie wollen.« Die Motive mögen völlig entgegengesetzt sein – »wir wollen es zu Trainingszwecken, sie wollen es für die Viecher« –, aber entscheidend sei, dass »wir beide große, ungebrochene Gebiete mit natürlichem Lebensraum wollen«[18].

Die eigenwillige Erfolgsstory des Waffen-zu-Naturschutz-Projekts war natürlich verwickelter gewesen – so hatten in den 1980ern Shell Oil, Armee und Umweltschutzbehörde einander hinsichtlich des Ausmaßes der notwendigen Umweltsanierung in den Haaren gelegen. »In diversen Gerichtsverfahren verklagte der Staat Colorado die Armee und Shell, die Armee verklagte Shell, und Shell verklagte seine Versicherer. Und Bundesbehörden, Developer, Nachbargemeinden und lokale Umweltschützer*innen waren sich darüber uneinig, was mit dem Arsenal geschehen sollte, sobald die Armee gegangen war. Die Weißkopfseeadler änderten alles.«[19]

Der Status einer gefährdeten Art, die zugleich offizielles Nationaltier und offizieller Nationalvogel war, sich auf dem Dienstsiegel sowie auf dem Hoheitszeichen der USA wiederfand (sowie auf allen 1-Dollar-Banknoten) und außerdem kulturell eine kriegerische Assoziationsgeschichte abrief, erleichterte es, die Perspektive eines Naturreservats auf vergiftetem Boden zu entwickeln. Dies bedeutete inmitten rechtlicher und finanzieller Auseinandersetzungen um das Ausmaß der Umweltsanierung den günstigsten Ausweg. Denn war als angestrebte Nutzung ein Naturschutzgebiet geplant, so war gesetzlich ein weitaus geringeres Ausmaß an Sanierung vorgeschrieben als für gewerbliche Nutzung oder für Wohnzwecke. Man würde in diesem Fall schließlich nur gelegentlich mit dem giftigen Boden oder dem Trinkwasser in Berührung kommen. Außerdem umfasste die Nutzung als Naturschutzgebiet die Erlaubnis, eine Sondermüll-Lagerungsstätte mit 1,3 Millionen Kubikmeter verseuchter Erde vor Ort anlegen zu dürfen, und der Boden musste nur bis in eine Tiefe von ein bis zwei Metern gesäubert werden.

Saringetti

Die Geheimhaltung, die militärische Gebiete umfasst, bedeutet auch, dass keine Klarheit herrscht, was genau dort gelagert wird. Die Großzügigkeit der US-Armee in Sachen wahrheitsgemäße Auskünfte verstärkte das Unbehagen vieler lokaler Einwohner*innen. Die Umwandlung zum Naturreservat wurde von diesen als Affront gegenüber ihren jahrelangen Bemühungen um eine tiefergehende (mehr als nur zwei Meter tiefe) Sanierung des Gebiets wahrgenommen.

Der Naturpark bleibt umstritten. Erst 1996 konnten Aktivist*innen durch direkte Kontaktaufnahme mit dem Pentagon erreichen, dass der Namensbestandteil »Arsenal« wieder auf allen Hinweisschildern zu sehen war, nachdem die verantwortlichen Militärbehörden diese noch während der Räumungsarbeiten stillschweigend entfernt hatten. Als 2000 auf dem gesäuberten Areal eine Bombe mit dem außerordentlich starken Gift Sarin (von Pinochet gegen Oppositionelle und vermutlich 1988 im Irak gegen fünftausend Kurd*innen eingesetzt) gefunden wurde und die US-Armee versuchte, dies zu verheimlichen, erwarb der Naturpark in der lokalen Presse den Beinamen *Saringetti* – in ironischer Anlehnung an den Serengeti-Nationalpark in Tansania.

Währenddessen betreibt das von Shell finanzierte Besucher*innenzentrum des *Rocky Mountain Arsenal National Wildlife Refuge* historisches Greenwashing. Das vor Ort ausliegende Informationsmaterial klärt auf, dass hier zuerst nomadische Arapaho und Cheyennes gelebt und später Farmer das Land bearbeitet hatten. Danach war das Gebiet für Kriegsanstrengungen genutzt und für die Stärkung der nationalen Wirtschaft an Shell weitergegeben worden. Nun übernahm eben wieder die Natur. Das Arsenal, das in aller Hast aufgebaut worden war, um das deutsche Chemiewaffenprogramm einzuholen, genauso wie auch die hier hergestellten Napalmbomben, mit denen am 9. und 10. März 1945 Japan bombardiert wurde, und das Wettrüsten des Kalten Kriegs insgesamt, zu dem das Arsenal Waffen lieferte[20] – alles das erscheint im harmlosen Infomaterial eines herrlich ironischen Naturparks als gleichermaßen normale Nutzung, wie das Beerensammeln nomadischer Stämme ein paar Jahrhunderte zuvor.

Die Rhetorik der Auslöschung und Ausrottung menschlicher wie auch nichtmenschlicher Feind*innen ging dem zwanzigsten Jahrhundert voraus, doch erst jetzt waren die technischen und organisatorischen Kapazitäten gegeben, den Feind flächendeckend und so schnell wie noch nie zu bekämpfen: »Die Annihilation nationaler und natürlicher Feinde wurde in großem Maßstab realistisch, dabei handelte es sich um eine Realität, die Menschen in der Nachkriegsära sowohl beruhigte als auch verstörte. Die Zwillingsunsicherheiten militärischer und ziviler Technologien illustrieren, dass Krieg und Umweltveränderung keine getrennten Unternehmungen waren, sondern zusammenhängende Aspekte des Lebens im zwanzigsten Jahrhundert. Das *Rocky Mountain Arsenal* ist einer der besten Orte um zu sehen, wie diese Verbindungen konkret hergestellt wurden. Dort produzierte Shell Insektizide und das Chemical Corps produzierte chemische Waffen, dabei nutzten sie dieselbe Ausstattung.«[21]

Das *Rocky Mountain Arsenal National Wildlife Refuge* stellt uns vor eine Reihe von paradox anmutenden Fragen: Eine vollständige Sanierung und Säuberung des Gebiets hätte ohne jeden Zweifel das Ende des Tierrefugiums bedeutet. Die Idee des Tierschutzparks wurde von Shell, Militär und Politik durchgesetzt, um sich immense Mehrkosten zu ersparen. Ohne diesen Aspekt wäre der Druck, diesen Raum ökonomisch zu nutzen, unter den gegebenen Bedingungen unaufhaltbar gewesen. Die Sanierung der Umwelt hätte also das Ende der Tiere bedeutet, die die Giftdeponie zu ihrem Zuhause gemacht haben.

Verstrahlte Spiritualität

Das *Rocky Mountain Arsenal* ist ein Knoten innerhalb eines größeren Netzes ähnlich paradoxer Orte, wie der demilitarisierten Zone zwischen Nord- und Südkorea (DMZ). Das Arsenal produzierte zwar kein Giftgas, das dort zum Einsatz kam, dafür aber Napalm. Das Ergebnis des Koreakrieges war die Teilung des Landes. Dort beobachten Naturschützer*innen mittlerweile mit gemischten Gefühlen die Friedensfortschritte zwischen den beiden Ländern, denn die demilitarisierte Zone ist zu einem einzigartigen Bioreservat vieler vom Aussterben bedrohter Arten geworden.[22] Frieden bedeutet hier den Tod.

Der Park bei Denver bringt auch die Frage des kollektiven Umgangs mit hochgiftigem Material aufs Tapet, denn einfaches Verscharren ist nicht die beste Lösung. Besonders gilt dies für radioaktiven Sondermüll. Dieser verstrahlte nicht unweit des Arsenals ein anderes Gebiet in Colorado. Während das Arsenal 16 km nord-östlich von Denver liegt, befinden sich 24 km nordwestlich von der Stadt die *Rocky Flats*, wo 1952–1989 alle Zünder von US-Atombomben hergestellt wurden. Nachdem das Gebiet, das von rund 250 gefährdeten Tierarten als Refugium genutzt wird, umweltsaniert worden war (unter ähnlich kontroversiellen Umständen wie das Arsenal), wurde es 2007 zum *Rocky Flats National Wildlife Refuge* erklärt und vom Militär dem *United States Fish and Wildlife Service* übergeben. *Rocky Flats* ist nicht für die Öffentlichkeit zugänglich, aber wird von dieser bezeichnenderweise gern als *Rocky Horror Show* bezeichnet.[23]

Julia Kristeva bezeichnete mit ihrem Begriff des Abjekts das Verworfene. Schleim oder Spinnen sind Abjekte, die Ekel erzeugen, andere Abjekte sind Aspekte der Welt, die wir völlig aus dem bewussten Denken verbannen, weil sie uns zu sehr beunruhigen.[24] Der Literaturwissenschaftler Timothy Morton bezieht sich auf Julia Kristevas Abjekt, um das Phänomen *Rocky Flats* zu verstehen. »Ökologische Politik stellt sich die Frage, was mit Verschmutzung, Miasma, Schleim, mit den Dingen, die schillern, faulen und verrotten, zu tun sei. Sollte der radioaktive Müll aus der Atombombenfabrik in Rocky Flats etwa unter Nevadas Wüstensand gekehrt und beim sogenannten Waste Isolation Project in ein Salzlager verbracht werden, das in den 1950er Jahren als sicher erklärt wurde, sich in den 1990ern aber als undicht herausstellte? (…) Was stellt man mit der Undichtigkeit der Welt an?«[25] Morton erscheint die von Joana Macy gegründete Initiative *Nuclear Guardianship* bemerkenswert, da diese Spiritualität politisiert, »nicht, um dem Abjekt zu entkommen, sondern um es zu hüten«. *Nuclear Guardianship* »plädiert dafür, Substanzen wie Plutonium, dessen radioaktive Strahlung erst nach Zehntausenden Jahren nachlässt, in oberirdischen, überwachten und erneuerbaren Lagern aufzubewahren. Um diese Lager herum sollte eine Art Kultur entstehen, ja sogar eine Bewegung, für die das Aufbewahren dieser verworfenen Substanz eine spirituelle Dimension hätte.«[26]

Die Verblüffung über das gemeinsame Vorliegen von scheinbar Unvereinbarem – ultimativ Künstliches (Radioaktivität, Sondermüll) und extrem Natürliches (Wildtiere, Biodiversität statt industrieller Monokultur) – beschäftigt auch den Umwelthistoriker Wiliam Cronon: »Es gibt zweifellos nichts Natürliches an der Toxizität des Arsenals – nichtsdestotrotz ist diese Toxizität eines der wichtigsten Dinge, die die wilde Natur, für die der Ort gefeiert wird, erhält. Die bekannten Kategorien umweltschützerischen Denkens scheinen hier nicht zu funktionieren, da wir keinen klaren Hinweis haben, was zu tun in einem solchen Fall ›natürlich‹ oder ›unnatürlich‹ wäre. (…) Die Fähigkeit, die Grenzen zwischen ›natürlich‹ und ›unnatürlich‹ zu verwischen, ist genau, was das *Rocky Mountain Arsenal* und andere found objects so brauchbar macht, uns dazu zu ermutigen, unsere Annahmen darüber, was Natur bedeutet und wie wir uns dazu verhalten sollten, zu hinterfragen.«[27]

Der diskrete Charme bourgeoiser Natur

Mortons Überlegungen zum *Nuclear Guardianship* erinnern im ersten Moment vielleicht an jene beunruhigend schöne Szene in *Rückkehr zum Planet der Affen* (1960), wo die Überlebenden eines nuklearen Holocausts die Atombombe als Friedenswaffe anbeten. Sie spannen auf blasphemische Weise das Denken von der Natur auf jene spirituelle Dimension zurück, die ihr im US-amerikanischen und europäischen Denken der Romantik innewohnte und deren langer Schatten auch uns noch immer trifft, wenn wir uns vom Zusammentreffen der giftigsten Landschaft und des artenreichsten Lebens überrascht zeigen.

Die Idee einer unberührten Natur wird in diesen Fällen von den dort lebenden Tieren auf profunde Weise untergraben, und das ist sicher gut so. Denn bei der Vorstellung einer unberührten Natur handelt es sich um eine zutiefst bourgeoise Idee, die von genau denjenigen Menschen aufgebracht wurde, die es sich leisten konnten, die Natur nicht zu berühren, weil sie nicht in und mit ihr arbeiten mussten. Menschliche Arbeit und unberührte Natur vertragen sich in solchen Vorstellungen nicht. Zudem spielt die

Idee einer unberührten Natur Menschen und Natur auf extreme Weise gegeneinander aus und ist im Kern zutiefst antiurban.

Cecil Konijnendijk weist hingegen darauf hin, dass in Berlin zwei Drittel aller in Deutschland beheimateten Vogelarten leben, während Zürich pro Quadratkilometer zehnmal mehr Füchse, Igel und Dachse beherbergt als das Umland: »Ein Teil der Erklärung ist, dass Städte ein Mosaik von Habitaten und Mikroklimas bieten, von Gärten mit Teichen bis hin zu Industriebrachen und Stadtwäldern.«[28]

Urbane Natur, radioaktiv verstrahlte Sperrgebiete und Standorte zur Giftgasherstellung weisen eine vielfältigere Natur auf als viele Naturschutzgebiete und Nationalparks. Letztere bieten aber ein oft nationalistisch aufgeladenes Territorium, seien es Berggipfel im österreichischen Heimatfilm, das Grenzland des US-amerikanischen Wilden Westens oder der deutsche Wald, der in der nationalromantischen Periode vielerorts nach antiken Quellen neu aufgeforstet oder angelegt wurde.

Von Natur als Strafe zu Natur als Erlösung

Wiliam Cronon betont, dass bis zum achtzehnten Jahrhundert unberührte Natur mit religiösen Bildern von Strafe und Schrecken behaftet war: Unberührte Natur war der Ort, an den Adam und Eva zur Strafe geworfen wurden, unberührte Natur war der Ort, an dem das Volk Israel während seines vierzigjährigen Exils begann, ein goldenes Kalb anzubeten, und an dem Jesus von Dämonen in Versuchung geführt wurde. Hier war man nicht aus freien Stücken, und zivilisierte Menschen hatten hier auch nicht viel Erbauliches zu finden.

Die Romantik brachte einen neuen transatlantischen Naturbegriff – den der Erhabenheit: »In den Theorien von Edmund Burke, Immanuel Kant, William Gilpin und anderen waren erhabene Landschaften jene seltenen Orte auf Erden, wo man eine größere Chance als sonstwo hatte, einen Blick auf das Angesicht Gottes zu erhaschen. Die Romantiker hatten eine klare

Vorstellung, wo man diese Erfahrung am wahrscheinlichsten machen konnte. Obwohl Gott sich natürlich überall zeigen konnte, wäre er am häufigsten in jenen überwältigenden, mächtigen Landschaften anzutreffen, wo man nicht anders konnte, als sich unbedeutend zu fühlen, und an seine eigene Sterblichkeit erinnert wurde. Wo waren diese erhabenen Orte? Der aus dem achtzehnten Jahrhundert stammende Katalog ihrer Verortung fühlt sich vertraut an, denn wir sehen und wertschätzen Landschaften nach seiner Lehre. Gott war auf den Bergspitzen, in den Klüften, im Wasserfall, in der Gewitterwolke, im Regenbogen, im Sonnenuntergang.«[29]

Wo man dieser Schauspiele am eindrücklichsten gewahr wurde, entstanden die ersten US-amerikanischen Nationalparks: Yellowstone, Yosemite, Grand Canyon, Rainier, Zion. Doch wo bei Thoreau und Burke das Erhabene immer auch etwas auf göttliche Weise Inhumanes war, das bei Menschen Erschaudern, Schrecken und Terror auslöste, wurden dem Erhabenen bei den zunehmend demokratisierten Naturbesuchen der Spätromantik straffe Zügel angelegt: »Als mehr und mehr Touristen begannen, die Wildnis als eine Art Spektakel aufzusuchen, das geschaut und wegen seiner großen Schönheit genossen werden sollte, wurde das Erhabene in Wirklichkeit domestiziert. Die Wildnis war noch immer heilig, aber die religiösen Gefühle, die hier hervorgerufen wurden, erinnerten mehr an die einer gemütlichen Pfarrkirche als an die einer großen Kathedrale oder die einer harschen Wüstenklausur.«[30]

Die Natur, die heute verehrt wird, erinnert an indigene Gesellschaften, die sentimentalisiert und idealisiert werden, bis sie »etwas Unprimitives, Modernes und Unnatürliches tun«, wie die Huichol in Mexiko, und damit die Bilder stören, durch die wir die anderen zu erkennen glauben. Natur ist heute der Ort geworden, wo Survival Skills trainiert werden, wo Geschichte in der Schwebe hängt, wo ein Teil von ihr auf Kosten eines anderen privilegiert wird. Doch wenn die Rede von Natur oder Natürlichkeit überhaupt einen Sinn hat, dann den, uns daran zu erinnern, dass es da etwas anderes oder jemand anderen gibt als uns selbst (zumindest in der Form, wie wir uns zu diesem Zeitpunkt verstehen und wahrnehmen). Die Kanalisation unter dem Berghain ist genauso Natur wie ein kleiner mit Blutegeln angefüllter und von Algen zugewucherter Betonteich im vernachlässigten Umland einer städtischen Siedlung. Wir aber glauben: »Wenn es nicht hunderte Quadratkilometer groß ist, wenn es uns nicht die Gottesperspektive bietet oder großartige Ausblicke, wenn es uns nicht die Illusion erlaubt, allein auf dem Planeten zu sein, dann ist es nicht wirklich natürlich. Es ist zu klein, zu verschmutzt, zu flach oder zu überfüllt.«[31]

Dein Körper: Tempel oder Vergnügungszentrum

Je verschmutzter wir uns selbst fühlen, desto größer wird der Wunsch nach etwas Erbaulichem, etwas Reinem, an dem wir uns aufrichten können. Der Blick auf den eigenen Körper und die Gefühle, die wir der Natur entgegenbringen, hängen miteinander zusammen. Deshalb stellt sich gemeinsam mit der Perspektive anderer Ökologien die Frage nach dem eigenen Körperbild: Sehen wir unseren eigenen Körper als sorgsam zu reinigenden Tempel, als andachtswürdige Kirche oder als Vergnügungszentrum?

Die besondere Aufmerksamkeit, die in den letzten Jahren dem Rauchen als unmoralischer Tätigkeit zuteil wurde, bietet sich als Anschauungsbeispiel an. Wer raucht, verhält sich nicht nur dem eigenen Körper gegenüber unverantwortlich, sondern schädigt auch die Umwelt (Kinder, Tiere, Gastropersonal, Unbeteiligte), so der neue biopolitische Common Sense. Aktuelle Forschung weist darauf hin, dass zumindest in ökologischer Hinsicht das Gegenteil der Fall sein könnte: Immer mehr Vögel bauen Zigarettenkippen in ihre Nester ein, da diese das Nest nicht nur wärmer und weicher machen, sondern auch die Zahl an Ektoparasiten im Nest drastisch senken.

Forscher rund um Monserrat Suárez-Rodríguez von der Universidad Nacional Autónoma de México haben die Nester von

Sperlingen und Hausgimpeln (Birdie Sanders lässt grüßen) in urbanen Zonen untersucht und festgestellt, dass die Vögel in neunzig Prozent der analysierten Nester Zigarettenstummel eingebaut hatten (manche Nester wiesen bis zu fünfzig Zigarettenfilter auf).[32]

Es ist schon länger bekannt, dass manche Vogelarten gezielt bestimmte Pflanzenbestandteile in ihr Nest flechten, wenn es von Milbenbefall betroffen ist. Auch in diesem Fall wirkt vermutlich das in den weggeworfenen Zigarettenstummeln enthaltene Nikotin als Schutz, schließlich wehrt auch die Tabakpflanze damit Insekten ab: »Je mehr Kippen-Material ein Nest besaß, desto weniger Milben trieben dort ihr Unwesen, berichten die Biologen. (…) Sie boten einer Horde Milben die Wahl zwischen einer Behausung aus Filtern, die von gerauchten Zigaretten stammten, und einem künstlichen Nest aus ›jungfräulichem‹ Filtermaterial. Ergebnis: Die Parasiten mieden die geräucherte Alternative und machten sich im rauchfreien Nest breit. Der Endeffekt ist eindeutig: Die Verwendung des Zigarettenmülls als Nistmaterial wirkt wie eine Schädlingsbekämpfungsmaßnahme, sagen die Forscher.«[33]

Zu lange haben ordnungsverliebte Öko-Polizist*innen aus der Natur einen moralischen Garten gemacht. Die Nestbaupraktiken mexikanischer Vögel und die hormongesättigten Gesänge britischer Vögel durchkreuzen die ordnungspolitischen Kontrollphantasien ökomoralisch reiner Räume und biomoralisch reiner Körper. Natur ähnelt manchmal eben mehr einem polnischen Punkrock-Konzert oder einer ägyptischen Electro Shaabi Party als der Hausordnung eines Freizeitresorts in Dubai.

POLITIK STATT MORAL

Crackdealer verdienen nur so viel wie eine Servicekraft bei McDonald's, und alle Vegetarier*innen der Welt haben keinem Tier die Schlachtbank erspart. Beides wirkt kontraintuitiv, hat aber mit der Funktionsweise kapitalistischen Wirtschaftens zu tun.

Crackdealer waren lange Helden der Ghettos. Dank ihnen konnte sich jeder die Glamdroge Kokain leisten (wenn man bereit war, dieses mit Backpulver zu konsumieren). Crackdealer hatten eine so große Strahlkraft, dass Jugendliche ihnen bis ins Detail des Schuhwerks nacheiferten: Zu jeder Jahreszeit an den Straßenecken ihre Ware feilbietend, bescherten Crackdealer den witterungsbeständigen Timberland-Schuhen einen bleibenden Kultstatus als Teil urbaner Streetwear. Einer der bekanntesten Musiker der 1990er trug stolz den Künstlernamen Timbaland.

Crackdealer waren nachahmungswürdige Lichtgestalten, denn zu einer Zeit, als klassische Jobs in der Industrie verschwanden, verfügten sie immer über Bargeld, galten als harte Typen und hatten Aufstiegschancen in der Unterwelt.

Aber warum leben dann so viele Crackdealer bei ihrer Mutter, fragt sich der Ökonom Steven D. Levitt in seinem Buch *Freakonomics* (2005). Auf der Grundlage von Interviews mit den Mitgliedern einer Chicagoer Crack-Gang kommt Levitt zu dem Schluss, dass der Grund dafür in der überraschend mageren Entlohnung zu finden ist: Während der vier Jahre seiner Feldforschungen kam ein durchschnittlicher Fußsoldat der von Levitt beforschten Gang auf rund sechs Verhaftungen, zwei bis drei nichttödliche Schusswunden und eine Wahrscheinlichkeit von 25 Prozent, diese vier Jahre nicht zu überleben. Wochenarbeitszeit, Haftstrafen und Dienstausfall durch Verletzungen zusammengerechnet, ergab sich Levitts Berechnungen zufolge ein Stundenlohn von 3,30 Dollar für jeden der rund fünfzig Fußsoldaten der Gang.[1] Eine Crack-Gang funktioniert also nicht nur in etwa wie ein normales Wirtschaftsunternehmen (hohe Löhne gibt es nur weiter oben), sondern beweist die bittere Erkenntnis, dass Erwerbsarbeit – ob legal oder illegal – kein freies Außen hat. Der Durchschnittslohn einer ungelernten Arbeitskraft bleibt gleich hoch, egal ob bei McDonald's oder in einer kriminellen Gang.

Dass man trotzdem Crackdealer werden will, hat ähnliche Gründe, wie dass manche Menschen anstreben, Schauspielstars oder Spitzensportler*innen zu werden: Wenn es gelingt, sich in einem stark kompetitiven Feld durchzusetzen, winken an der Spitze Geld, Ruhm und Macht. In den schwarzen Vierteln waren Gangbosse sichtbare Beweise für die Realisierbarkeit des amerikanischen Traums. Als Fußsoldat in eine solche Unternehmung einzusteigen, schien ein realistischer und vergleichsweise glamouröser Weg zu sein, die eigene Lebenssituation zu verbessern. Die Ernüchterung kam dann im Arbeitsalltag: Während des Forschungsprojekts wurde der Wissenschaftler wiederholt von unterschiedlichen Gangmitgliedern gefragt, ob er ihnen nicht helfen könne, einen »guten Job« zu bekommen – z.B. als Putzpersonal an der Universität von Chicago.[2]

Wer glaubt, dass durch Vegetarismus oder Veganismus Tierausbeutung abgeschafft werden könne, der gibt sich derselben Illusion hin wie unterprivilegierte Jugendliche in den Ghettos der USA, die glauben, man könne durch Crackdealen zu Wohlstand kommen.

In Zeiten von Butterbergen und Milchseen ist es eine naive Vorstellung, dass individuelle Konsumentscheidungen die Gesellschaft ändern könnten. Beispielsweise indem man sich vornimmt, lieber weniger und nur mageres und gutes Geflügelfleisch zu kaufen: Nicht nur Bodybuilder*innen und Magermodels schwören auf Hühnerbrust, sondern der Konsum mageren Brustfleischs wird gegenwärtig von Ernährungsexpert*innen allgemein als Teil eines gesunden Speiseplans empfohlen. Hühner haben aber nicht nur zwei Flügel (mit den begehrten Bruststücken), sondern auch zwei Beine. Was macht man nun mit dem Überschuss an Schenkeln, die von ernährungsbewussten Europäer*innen nicht mehr nachgefragt werden?

Es werden nicht etwa weniger Hühner gezüchtet oder das Brustfleisch teurer verkauft. Nein: Hühnerschenkel, die sich in Europa nicht verkaufen und deshalb als »Müll« anfallen, werden nach Afrika exportiert. Dort ruinieren sie den lokalen Markt, weil sie nur halb so viel kosten wie die afrikanischen Produkte.[3] Unverkaufter Überschuss ist nicht der mühsam errungene Effekt politisierter Konsumentscheidungen, sondern ein ganz normaler Teil von Marktwirtschaft. Deshalb wird noch lange nicht die Produktion verändert. Was sich in den ökonomischen Zentren der Welt nicht verkaufen lässt, reicht aber immerhin noch dafür, in Afrika lokale Ökonomien zu zerstören.

Black Hole Sun

Wir haben uns so sehr daran gewöhnt, als Konsument*innen adressiert zu werden, dass wir uns auch selbst primär als solche betrachten. Konsequenterweise wird selbst der Wunsch nach politischer Veränderung nach dem Modell des Konsums in den Blick genommen. Der Sieg marktförmigen Bewusstseins könnte nicht vollständiger sein: Die praktische Kritik an sogenannten Auswüchsen des Kapitalismus äußert sich im Kauf kapitalistischer Produkte.

In der Psychologie gibt es einen Ausdruck für ein vergleichbares Phänomen, das sogenannte Stockholm-Syndrom. Opfer von Geiselnahmen zeigen unter bestimmten Umständen zunehmende Sympathie für ihre Entführer – bis hin zur vollständigen Identifikation mit den Geiselnehmern. Denn vor die Situation gestellt, sich eingestehen zu müssen, dass man einer fremden Macht vollständig unterworfen ist, kann es attraktiver erscheinen, sich als Teil dieser Macht zu erleben. In der neoliberalen Ideologie des korrekten Konsums werden wir alle zu schwedischen Dr. Seltsams, die längst begonnen haben, die Bombe zu lieben. Diese Bombe ist die Warenform. Und sie ist schon explodiert.

Dabei ist ein schwarzes Loch entstanden, das unsere Vorstellungskraft konsumiert. Im Zentrum dieses schwarzen Lochs findet sich – ein Supermarkt. Mit »Supermarkt« ist hier nicht nur der physische Ort gemeint, sondern der fast allumfassende Zwang, etwas kaufen oder verkaufen zu müssen. Auch die Idee von Gerechtigkeit, die dem Wirtschaften lange gegenübergestellt wurde, nimmt zunehmend Warenform an. Nach Hunderttausenden Jahren als Spezies und Tausenden von Jahren als Klassengesellschaft hat es nur wenige Jahrzehnte gedauert, um den Supermarkt (und seinen struppigen Bruder – den Bioladen) zum äußersten Rand der Vorstellungskraft zu machen. Da es undenkbar erscheint, sich gegen die Schwerkraft des Markts zu wehren, lassen wir uns ganz in ihn hineinfallen. Wenn das Urteil »lebenslänglich« lautet, weil wir uns eine Gesellschaft jenseits des Kapitalismus nicht einmal vorstellen können, beginnen wir, die Gitterstäbe zu lieben und der verschlossenen Zellentür zärtliche Gefühle entgegenzubringen. Seltsame Gedanken steigen auf – vielleicht ist die Inhaftierung eigentlich Befreiung? Vielleicht kann man sich in eine bessere Gesellschaft hinüberkonsumieren? Herrschaft nähert sich absoluter Macht, wenn jede Form ihrer Überwindung nur noch in den Kategorien und dem Vokabular der Herrschaft imaginiert werden kann.

Um Klassen besser

Ist es den Anatom*innen des Neoliberalismus erst einmal gelungen, die individuelle Geldbörse zum politischen Hauptmuskel zu erklären, ist plötzlich der Hartz-IV-Empfänger genauso verantwortlich für das Elend der Welt wie die steinreiche Immobilienentwicklerin, die ihn aus seiner Wohnung drängt. Moral ähnelt an dieser Stelle dem Finanzamt: Massensteuern sind Instrumente der Umverteilung. Dies gilt auch für das Gewissen.

Eine Steuerflatrate, die alle Einkommen scheinbar gleich belastet, lässt niedrigere Einkommen relativ gesehen mehr bluten. Das ist unmittelbar einsichtig: Hat man ein Einkommen, das die Lebenshaltungskosten gerade noch deckt, bedeutet ein steuerlicher Abzug z.B. von einem Fünftel der Gesamtsumme eine lebensbedrohliche Situation. Verfügt man hingegen über eine Million, kann man von der verbleibenden Summe immer noch ein Leben in Saus und Braus führen. Aber, obgleich weniger bewusst, für Moral gilt dasselbe wie für Steuern: Ungleiches gleich zu behandeln, fördert Ungleichheit. Konsument*innen die Verantwortung für Produktionsbedingungen zu geben, ist ein moralisches Steuergeschenk für diejenigen, die durch die Produktionsbedingungen reich werden und es sich durch dieses Vermögen leisten können, vor den Auswirkungen dieser Prozesse zu fliehen.

Die scheinbare Demokratisierung von Verantwortung hat zudem die repressive Funktion von Aufstandsbekämpfung. Wenn es gelingt, der menschlichen Multitude einzureden, dass sie dafür verantwortlich ist, dass sie keinen Job hat (oder einen schlechten), dass Tiere in Fleischwölfe geworfen werden, globale Ungleichheit herrscht und die Umwelt zerstört wird, dann richtet sie ihre Wut nicht mehr gegen diejenigen, die die ökonomischen, politischen oder ideologischen Admiralitätsstände besetzen, sondern gegen ihresgleichen.

Aber die Logik des korrekten Konsums, ob es nun um faire Bananen oder Bioprodukte geht, ist noch zynischer. Denn wer mehr finanzielle Mittel zur Verfügung hat, kann sich potenziell mehr hochpreisige Fair-trade-Konsumprodukte kaufen. Für den zartbesaiteten Bourgeois kommt dadurch ein weiteres Kriterium dazu, nach dem er seine Genussmittel aussuchen kann nachhaltige Fairness. Innerhalb der Logik des korrekten Konsums gilt, dass ökonomisch Bessersituierte den Verdammten dieser Erde potenziell auch moralisch überlegen sind: Wer mehr Geld hat, kann sich nicht nur eine größere Wohnung und qualitativ hochwertigere Lebensmittel leisten, nein, er ist auch potenziell der bessere Mensch, weil es ihm weitaus leichter fällt, mehr faire Produkte zu erwerben.[4] Nun tragen die Ausgebeuteten und Marginalisierten auch noch Mitschuld an der Ausbeutung und Marginalisierung aller anderen.

Verkokste Veganer*innen

Im Jahr 2015 war ein kurzer Artikel von Fabian Federl einer der meistgelesenen Texte des Berliner *Tagesspiegel*.[5] Der Artikel besteht in erster Linie aus einer genauen Beschreibung, wie eine Veganerin Kokain zum Konsum vorbereitet, sowie der Aufzählung menschlicher Opfer und giftiger Stoffe, die mit der Produktion des Suchtmittels verbunden sind. Außerdem ordnet der Artikel die Substanz der Oberschicht zu. Die Moral der Geschichte findet sich im letzten Satz: »Ich halte es für unerträglich verlogen, wenn mir jemand moralisch überlegen daherkommt, während in seinen Schleimhäuten Blut von ermordeten Mexikanern klebt.« Wie der Autor berichtet, handelt es sich bei dem Text um die Antwort, die er der berauschten Veganerin gerne gegeben hätte, als diese von den Gründen für ihren Veganismus berichtete. Von diesen Gründen erfahren wir fast nichts, dafür von der Reaktion des Autors: Er habe vor sich hingenickt und die Suche nach einem Bier als Vorwand genommen, sich zu verabschieden.

Im Artikel steht nach der Aufzählung der Toten des Drogenkrieges: »Und du regst dich vollgekokst über die inhumane Behandlung von Tieren auf?« Sein darauffolgendes Porträt des »Innerring-Berliners unter 30« umfasst den Widerspruch, »Deutschunterricht für Geflüchtete« zu geben »und dann Freitag bis Sonntag vollgekokst im Sisyphos« (einem Berliner Nachtclub) zu verbringen. Obgleich der Autor wiederholt erklärt, dass er dem Konsum der Droge gleichgültig gegenübersteht, ist der Titel des Artikels eindeutig: »Hör erst mal auf zu koksen.«

In dieselbe Kerbe schlägt im Jahr darauf das *Vice Magazine* mit dem Text »So unmoralisch ist es, Kokain zu nehmen«[6]. Hier wird ein junger Drogendealer in L.A. mit den offiziellen Regierungszahlen über Tote im Krieg gegen Drogen konfrontiert. Dieser hat selbst von der Gewalt nichts mitbekommen: »Irgendwelche Leute werden umgelegt und so weiter? Davon weiß ich nichts.« Dafür ist ihm klar: »Den Käufern ist es gerade scheißegal. Das können Veganer sein und die ziehen sich immer noch eine Line. Tiere schlachten geht gar nicht, aber bei Menschen ist es OK. So gesehen ist das ganz schön mies.«[7]

Während der *Tagesspiegel* sich auf den Vorwurf der Heuchelei beschränkt und fordert, den Konsum einzustellen, bevor man sich politisch betätigen darf, ist das *Vice Magazine* versöhnlicher und übernimmt den Vorschlag eines Philosophieprofessors, sich bei schlechtem Gewissen ein Vorbild an Unternehmen zu nehmen, die ihren übergroßen CO_2-Fußabdruck durch Wohltätigkeiten kompensieren: So soll man es auch machen, wenn man von schlechtem Gewissen durch Kokainkonsum geplagt wird, und einer Organisation spenden, die sich für die Opfer des Drogengeschäfts einsetzt.

2018 sorgte Cressida Dick, die umstrittene Chefin der Londoner Polizei, umgangssprachlich Scotland Yard genannt, für Schlagzeilen, als sie Veganer*innen die Schuld an der steigenden Gang-Gewalt in London gab: »Es gibt da dieses Problem«, so die oberste Polizistin, »dass es eine ganze Gruppe von Leuten in der Mittelschicht – oder wie auch immer man sie nennen mag – gibt, die zusammensitzen und gern über globale Erwärmung, fairen Handel, Umweltschutz und Bioessen sinnieren, aber denken, es ist nicht schlimm, ein bisschen Kokain zu nehmen. Aber das ist es: Das Elend zieht sich durch die gesamte Versorgungskette.«[8]

Veganismus und Kokain, das scheint eine Kombination zu sein, die manchen Mitbürger*innen den Schlaf raubt. Federls Zurückweisung der Zurschaustellung moralischer Überlegenheit, von der wir in seinem Text übrigens nichts Näheres erfahren, ist zweifellos legitim. Federls Argument hingegen trieft nicht nur selbst von dem Gefühl moralischer Überlegenheit, sondern hinkt beträchtlich: So ist seine Feststellung, dass der Veganismus von Menschen, die durch ihren unhinterfragten

Konsum pro Gramm der Droge vier Quadratmeter Regenwald zerstören, heuchlerisch sei, ein sogenanntes Totschlagargument. Bei der Produktion eines einzigen Computers werden Zehntausende Liter Wasser verbraucht, und eine einzige Google-Suche verbraucht so viel Strom wie eine stundenlang leuchtende Energiesparlampe. Kann man also niemanden mehr ernst nehmen, der einen Computer besitzt oder einmal etwas bei Google gesucht hat?

Doch was genau ist die »Heuchelei« der Veganerin? Nicht alle Probleme der Welt individuell und gleichzeitig lösen zu wollen oder zu können? Sich nicht zuerst um Menschen zu kümmern und dann erst um Tiere? Vielleicht stellt sich Federl politische Aktivist*innen und ganz normale Veganer*innen als ärmliche Asket*innen vor, dazu passen Imaginationen von entgrenzten Räumen des Hedonismus nicht.

Federl scheint eine besondere Form politischer Reinheit einzufordern. Doch Bruno Latour traf ins Schwarze, als er ausrief: »Hüten Sie sich vor der Reinheit; sie ist der Fusel der Seele.«[9] Die Idee von Reinheit – ganz gleich ob es sich um körperliche, spirituelle oder politische Reinheit handelt – ist ein schlechter Rausch. Dieser Fusel macht blind, anstatt Visionen hervorzurufen.

Utopischer Widerstand im Wiener Freibad

Viel wird in moralisierenden Diskussionen über soziale und ökologische Verantwortung gesprochen – die Kehrseite dieser Medaille ist eine rhetorische Vergrößerung der Bedeutung individueller Entscheidungen. Das ist eine beruhigende Illusion von Stärke und Handlungsmacht jedes Einzelnen. Sich einzugestehen, dass man an den Verhältnissen durch Konsumentscheidungen kaum etwas ändern kann, ist hingegen eine bittere Pille für narzisstische Egos, die sich daran gewöhnt haben, sich im Spiegel ihrer angeblichen Marktmacht als Retter der Welt zu verkennen. Theodor W. Adornos Diktum in *Minima Moralia* gilt auch heute ungebrochen: »Die fast unlösbare Aufgabe besteht darin, weder von der Macht der anderen, noch von der eigenen Ohnmacht sich dumm machen zu lassen.«[10]

In der Ideologie korrekten Konsums wird kein Heil zu finden sein – außer für diejenigen, die am Kauf dieser Produkte mehr oder weniger gut verdienen oder für diejenigen, die diese Ideologie als ein wohliges Sedativum erleben (wenigstens tue ich »irgendetwas«).

Blödheit hingegen ist oft Teil utopischen Lebens. In einem Wiener Freibad, dem proletarisch-migrantischen Laaerbergbad, verhält sich eine große Gruppe von Kindern und Jugendlichen an jedem Sommertag auf die politisch schönste Weise blöd. Eine der beliebtesten Attraktionen des Freibads ist nämlich das Wellenbecken, wo zu jeder vollen Stunde für zehn Minuten künstliche Wellen erzeugt werden. Erwartungsgemäß nimmt die allgemeine Beglückung nach zehn Minuten ein Ende, doch statt der Wellen branden ebenso pünktlich lautes Buh-Rufen, Schreien, Lachen und Pfeifen aus Dutzenden Kinder- und Teenagerkehlen auf, die so gegen das Ende des Spaßes protestieren.

Das ist zweifellos »blöd«, denn jeder Realist, jede Pragmatikerin weiß, dass es sicherlich einen Grund dafür gibt, dass die Wellenproduktion in Rhythmus und Zeitlänge begrenzt ist. Das sind wahrscheinlich Menschen, die unerschütterlich auf die vernünftige Einrichtung der Welt durch höhere Autoritäten vertrauen. »Blöd« ist sicherlich auch die Idee, dass die Verantwortlichen jemals auf den Protest reagieren würden. Das Politische hier besteht im kollektiven Widerspruch, der zugleich das gemeinsame Baden feiert und die Sonne auf der nassen Haut und das Privileg, genau in diesem Moment am Leben zu sein. Manchmal beginnt auch ein Hund mitzubellen, der jenseits des Freibadzauns ausgeführt wird.

Alle Lust will Ewigkeit, dichtete Friedrich Nietzsche.[11] Und das Utopische beginnt mit dem Kampf gegen den Tod, formulierten Theodor W. Adorno und Ernst Bloch.[12] Die utopische Revolte gegen den Pragmatismus der Realpolitik nimmt ihren Ursprung in der Missachtung der einzigen Gewissheit, die wir besitzen: Alle Menschen (und Tiere) müssen sterben. Ob den Kindern der lachenden Revolte das alles bewusst ist oder nicht, ist unerheblich, sie sind vom kommunistischen Esprit beseelt.

Sozialrevolutionäre Dreijährige

Tatsächlich lauern auch in Vegetarismus und Veganismus (Veg*) sozialrevolutionäre Kräfte. Diese liegen nicht in der Umgestaltung der Ökonomie durch korrekten Konsum – die utopischen Kräfte von Veg* liegen in der Störung des Normalzustands, nicht in ihrer Normalisierung in Form von Veggieburger-Ketten. Veg* zu leben bedeutet, materiell und symbolisch mit den herrschenden Verhältnissen zu brechen. Dazu muss man keinen Kurs in politischer Bildung besucht haben oder einen Essay in politischer Theorie verfassen können.

Als ich noch ein Teenager war, begleitete ich einmal meine Mutter beim Besuch einer türkischen Freundin. Diese hatte eine dreijährige Tochter, die von einem Tag auf den anderen Vegetarierin geworden war, nachdem sie erfahren hatte, woher die Sucuk-Wurst auf ihrem Teller stammte. Wenn Kinder im Vorschulalter aufhören, Fleisch zu essen, so brechen sie mit der ganzen Welt der Erwachsenen: Schulweisheiten, die gesellschaftliche Gewalt zur Selbstverständlichkeit von Nahrungsketten erklären; gesellschaftliche Normen, die die Kultur des Schlachthofs zu einem Normalzustand deklarieren; Religionen, die es zu einem himmlischen Recht machen, jemand anderem an die Gurgel zu gehen. Eine Dreijährige ist bereit, es zugleich mit Familie, Schule, Staat, Gesellschaft, Wissenschaft und Gott aufzunehmen. Das utopisch-kommunistische Moment, das sich hier zeigt, besteht im Bruch mit allen gesellschaftlichen und ideologischen Mächten.

Der entscheidende Punkt hier ist der Bruch. Ein Bruch ist wie eine Schwangerschaft, es gibt beides nur ganz oder gar nicht. Einen solchen Bruch kann man nicht halb (weniger

Fleisch) oder fake (Biofleisch) vollziehen – sonst ist es kein Bruch. Man kann die Schiffe hinter sich nicht halb verbrennen oder sie nur zum Schein abfackeln, wenn es darum geht, den utopischen Kontinent der Solidarität zu erkunden. Veg* zwingt uns, das Utopische neu zu denken.

Die Gegenwart zum Stottern bringen

Utopien wurden in den großen Denktraditionen des Westens als entfernte Zeitlichkeit oder als isolierte Raumcontainer imaginiert. Mal wurde die Utopie in die Vergangenheit eines verlorenen Garten Eden verlegt oder in die Zukunft eines finalen Siegs über den Kapitalismus vertagt. Utopien spielten sich auf einsamen Inseln ab oder auf anderen Planeten, in Modellwelten oder Kolonien. Die Utopie von Veg* ist hingegen eine Kunst der Gegenwart, der Aufstand gegen den Normalzustand.

Die Intelligenz von Veg* liegt nicht darin zu erkennen, dass weniger Ressourcen verbraucht werden, wenn wir endlich aufhören, zuerst Wälder abzuholzen und dort Monokulturen mit Soja anzubauen, um dann Unmengen dieser Nahrungsmittel in Tiere hineinzuschaufeln, die wir dann töten, um eine vergleichsweise winzige Menge an Fleisch zu erhalten. Das ist just die planetarische Buchhalterlogik des Ökokapitalismus, der mit seiner Metapher der Erde als prekärem Raumschiff doch nur will, dass wir ständig alles auf ressourcenschonende und nachhaltige Effizienz hin evaluieren, um irgendwo irgendetwas zu sparen oder zu kaufen. Am besten beides, zum Beispiel Tesla-Autos.

Die Kraft von Veg* liegt auch nicht in dem Versprechen, dass wir dann viel gesünder sind und länger leben – denn das ist Biopolitik in Reinform: Mit diesem Begriff bezeichnete der französische Denker Michel Foucault jene modernen Machttechniken, die die Untertanen nicht nur mit physischer Gewalt und religiöser Einschüchterung auspressen, sondern sie mit einem Haufen wissenschaftlicher Techniken zu mehr Produktivität bringen und sie dabei immer stärker beherrschen. Heute ist es die Rede vom schlanken Staat und fitten Körpern, die ein tausendjähriges Reich der Gesundheit für Nationen und Individuen verspricht.

Die Schönheit von Veg* liegt auch nicht darin, dass wir dann eine moralisch höhere Ebene bewohnen, von wo aus wir auf die weniger Aufgeklärten herablächeln können. Gut und Böse als moralische Kategorien sind feudale Überbleibsel, die als untote Wiedergänger gerade noch dazu taugen, Ethikfachräte am Leben zu erhalten.

Die militante Schönheit von Veg* besteht nicht in der klugen Reform oder zeitgemäßen Verwaltung der Verhältnisse, sondern im exzessiven, praktischen und symbolischen Bruch mit ihren Logiken.

Erblindet!

Veg*, so verstanden, lässt neue Organe wachsen. In diese Richtung weist ein Satz von Franz Kafka, von dem sein Freund Max Brod anlässlich eines Besuchs im Berliner Aquarium berichtete: »Da sprach er zu den Fischen in den leuchtenden Kästen. ›Jetzt kann ich euch schon ruhig anschaun, ich esse euch nicht mehr.‹ Es war die Zeit, in der er strenger Vegetarianer geworden war. Wenn man solche Aussprüche Kafkas nicht selbst aus seinem Munde gehört hat, kann man sich schwerlich eine Vorstellung davon machen, wie einfach und leicht, ohne alle Affektation, ohne das geringste Pathos (das ihm überhaupt fast völlig fremd war) Derartiges von ihm gesagt wurde.«[13]

Kafkas Vegetarismus wurde im Hinblick auf diesen Satz (der in keiner Sammlung zum Thema »Kluge Vegetarier*innen sagen kluge Dinge über Vegetarismus« fehlen darf) verschiedentlich mit künstlerischem Asketismus und der Zurückweisung der väterlichen Linie (sein Großvater war Kosher-Fleischer), Scham und Vergessen oder dem Urchristentum in Verbindung gebracht.[14] Doch bleiben wir beim Aspekt des »ruhig anschaun«, der in den verschiedenen Interpretationen eine geringe Rolle spielt.

Im Blick liegt prekäre Macht: Als der mythische Held Ödipus das schlimmste denkbare Sakrileg beging und mit seiner Mutter schlief, rief er danach nicht aus, sich kastrieren zu wollen, sondern schwor, nie wieder eine Frau anzublicken. In Sophokles' Fassung des Mythos sticht sich Ödipus die Augen aus. Von afghanischen Königinnen wird berichtet, dass Herolde dem Volk ihr Kommen mit dem Satz »Erblindet!« ankündigten. Dies war eine Aufforderung, den Blick zu senken und zugleich ein Eingeständnis, dass auch der allerletzte unterprivilegierte Landlose die Macht eines despektierlichen Blicks hatte.

Kafkas Satz kann als Erinnerung verstanden werden, dass es einen Unterschied macht, wie wir die Welt um uns betrachten: Mit den hungrigen Augen der Einverleibung oder als – mitunter ekelhafte, verstörende, unheimliche, gefährliche – Quelle von Faszination?

Die Dekolonisierung der Sinne

Die Kurzgeschichte *The Persistance of Vision* (1978)[15] des Science-Fiction-Autors John Herbert Varley gibt uns eine Vorstellung, was es bedeuten könnte, nicht nur das Denken, sondern auch die Sinne zu dekolonisieren. Der Wissenschaftsoffizier des Raumschiffs Enterprise würde dazu vielleicht sagen: Faszinierend.

Im Mittelpunkt der Kurzgeschichte steht eine utopische Kommune, die von einer Gruppe tauber und blinder Menschen in einem postapokalyptischen Setting ökologischer Zerstörung gegründet wurde, um ein autarkes Leben ohne die Beschränkungen der mit Sehkraft ausgestatteten Welt führen zu können. Erzählt wird die Geschichte aus der Perspektive eines namenlosen Besuchers, durch dessen Augen wir die Sitten und Gebräuche dieser Gemeinschaft kennenlernen. Auf den ersten Blick sieht beispielsweise Kommunikation an diesem Ort namens

Keller (wie Helen Keller) für den sehenden Besucher aus wie eine Orgie: Die nackten Bewohner*innen kommunizieren permanent mit jedem Körperteil und verständigen sich durch Nuancen und Intimitäten des Ausdrucks jenseits der Aufnahmefähigkeit des Besuchers; zudem scheint die Kommune frei von Rassismus, Sexismus, Kapitalismus und Gewalt zu sein. Nach einem längeren lehrreichen Aufenthalt verlässt der Erzähler das utopische Keller schließlich – nicht, weil er sich nicht integrieren könnte, sondern weil ihm klar wird, wie viel an Kommunikation und Kommunion ihm verwehrt bleiben muss. Das merkwürdige Happy End dieser Geschichte besteht in seiner glücklichen Wiederkehr nach Keller, nachdem auch er sein Seh- und Hörvermögen verloren hat.

In Varleys Keller ist der Protagonist zwar anfangs von den ungewohnten Kommunikations-Choreographien der nackten Kommunenbewohner*innen verunsichert, fühlt jedoch sofort auch eine gewisse Überlegenheit: Seine Position des alles sehenden, unmarkierten Blicks weist den Taubblinden die Position als Markierte und Benachteiligte zu. Im Unterschied zu ihnen hat er die Macht zu sehen, ohne gesehen zu werden – zugleich beginnt er nolens volens ein Gefühl des Voyeurismus zu verspüren. Im Lauf der Geschichte verkehrt sich dieses Gefühl jedoch ins Gegenteil. Denn die taubblinden Bewohner*innen Kellers kommunizieren statt des sonst üblichen »mouthtalk« nicht nur über »handtalk«, das Buchstabieren von Begriffen über Fingergesten in der Handfläche des Gegenübers, sondern auch über filigranere und komplexere nonverbale Kommunikationsweisen wie »shorthand«, »bodytalk« und »touch«. Dem Protagonisten wird klar, dass die Bewohner*innen zwar anders »sehen«, jedoch nicht weniger oder schlechter. Sie verständigen sich mit ihrem Körper und ihrem Tastsinn und haben, wie Varley andeutet, auch andere Fähigkeiten ausgebildet. Was für die Sehenden wie eine permanente Orgie der Taubblinden aussieht, ist tatsächlich eine Form fortgesetzter, nicht genitalzentrierter Pansexualität von allen mit allen. Auch der Erzähler kommt zu dem Schluss, dass in Keller polymorphe Sexualität und Kommunikation nicht voneinander zu trennen waren: »… angesichts Hunderter nackter Körper, die alle gleichzeitig reiben, gleiten, küssen, liebkosen, was konnte hier der Gewinn einer Unterscheidung sein? Es gibt keinen Unterschied.«[16]

Solidarität ist die Zärtlichkeit der Spezies

Die Auseinandersetzung mit diesen partialen Perspektiven kann auf politische Weise faszinierend sein. Für den philosophierenden Poeten Timothy Morton ist es genau »unsere Fähigkeit zu Faszination, die Solidarität befeuert«: »Faszination ist die ästhetische Anziehungskraft von Entitäten zueinander, die Dynamik von Solidarität in einer kraftfeldartigen Matrix von Sensibilitäten.«[17]

Solidarische Humanität bedeutet für Morton nicht asketischen Lustverzicht, sondern, sich an der Lust des anderen erfreuen zu können. Der Kommunismus, den Morton vor Augen hat, kann für ihn nur »ungewiss, fragil und spielerisch«[18] sein: »Du wirst fasziniert durch die Steigerung und Erweiterung von nichtmenschlichen Lustformen. In dieser Hinsicht geht es (beispielsweise) Vegetarismus nicht darum, gegen Grausamkeit zu sein oder Leid zu minimieren oder der Gesundheit etwas Gutes zu tun, indem man zu einer natürlicheren Art des Essens zurückkehrt, sondern es geht um eine Lustweise, die so gestaltet ist, dass sie die Lustweisen von Schweinen oder Kühen oder Schafen usw. erhält oder steigert.«[19]

Ökologisches Bewusstsein bedeutet für Morton zu wissen, dass immer jemand im Regen stehen gelassen wird. Einem Tier zu helfen kann bedeuten, ein anderes Tier, das sich gern von ihm ernährt hätte, hungern zu lassen. »Dieser notwendige Ausschluss ist ein Ort der Gewalt, sodass Solidarität immer in der strukturellen Position ist zu wünschen, sie könnte mehr umfassen, alles umfassen.«[20]

Was kann dies für eine politische Beziehung zu Tieren bedeuten? Der Begriff der Solidarität geht auf das römische Recht zurück. Hier bezeichnete das »Solidarprinzip« die Besonderheit, dass jede*r Beteiligte einer solidarischen Assoziation individuell zur Gänze (lat. »solidum«) für jede*n andere*n haftbar ist. Mit anderen Worten: Solidarität ist nicht teilbar und es gibt sie nicht umsonst. Mehr noch: Solidarität bedeutet nicht nur immer auch die eigene Haut zu riskieren, sondern kennt auch keine Grenzen, sie ist exzessiv transgressiv.

Die große Mitleid-Show

Lange war in Österreich ein Format namens »Licht ins Dunkel« die beliebteste Charity-Show im öffentlich-rechtlichen Fernsehen. In der Weihnachtszeit baten Prominente, Wirtschaftsgrößen und Privatpersonen um Spenden für Behindertenprojekte. In TV-Spots war als Werbung für die Spenden-Gala lange Zeit die Stimme eines jungen Menschen zu hören, die ängstlich ins Dunkel hineinrief: »Ist da jemand?«

So stellt man sich gern Menschen vor, die von der gesellschaftlichen Realität behindert werden: Als mitleiderregende Opfer, die im Dunkeln vor sich hinvegetieren – bis die souveränen Verfüger*innen über geistige und körperliche Kräfte sie schließlich mit einer Banküberweisung erretten. Was bei den privaten Spender*innen vielleicht wohlige Gefühle auslöst und für Firmen eine günstige Gelegenheit zur Imagepflege darstellt, ist Gegenstand nachdrücklicher Kritik durch Behindertenverbände und Aktivist*innen geworden. Was hier passiert, ist die Einzementierung eines defizitorientierten Bildes von Menschen, die körperlich oder geistig nicht der Norm entsprechen. Während gesellschaftlich behinderte Menschen in den TV-Einspielungen nur als zunächst bedürftige und später beglückte Empfänger*innen von Almosen und Fürsorge dargestellt werden, fordern Initiativen wie PRO21: »Kampfassistenz statt Lebenshilfe« (Josefine Thom).

Heute mögen militante Zusammenschlüsse von Menschen

mit nichtnormierten Körpern, die gegen die gesellschaftliche Produktion von Bedürftigkeit revoltieren, utopisch wirken, doch waren sie mit Initiativen wie der deutschen »Krüppelbewegung« noch in den 1970ern Realität.

Jede progressive Bewegung muss von der Selbstaktivität der Betroffenen ausgehen. Diese müssen dabei nicht allein bleiben – sonst hätte das Wort Solidarität keine Bedeutung. Doch die Selbstaktivität der Betroffenen durchzustreichen heißt nichts anderes als in paternalistische Bevormundung oder technokratische Phantasien staatlicher Anwaltschaft zurückzufallen.

Bildpolitisch progressive Kampagnen bemühen sich neuerdings, gesellschaftlich behinderte Menschen nicht in Opfer-Choreografien zu inszenieren, sondern sie als Held*innen des Alltags in Szene zu setzen. Diese neue Heroisierung ist aber nur die andere Seite derselben fremdbestimmten Medaille. Die bipolare Aufspaltung erinnert an vergleichbare Doppelungen: Ob Frauen als heilige Mutter oder promiskuitive Hure dargestellt werden oder muslimische Menschen nur als geknechtete Frauen oder wütende Männer auftreten, indigene Gesellschaften nur als Ansammlungen primitiver Halbmenschen oder als »edle Wilde« in Erscheinung treten – dies alles verrät mehr über die Begehrensstrukturen der Bilderwerfer*innen als über die Realität der Dargestellten.

Ein Huhn namens Gzuz

Tierpolitische Initiativen greifen oft auf eine religiöse Formensprache zurück, um Betroffenheit für ihre Anliegen zu generieren. Wer kennt es nicht: Tierschutzaktivist*innen oder Tierrechtler*innen stehen im öffentlichen Raum und halten Poster in die Höhe, die geschundene und gemarterte Tiere zeigen. »Für dich gestorben!« ist dort oft zu lesen und meint wahlweise Pelzträger*innen oder Fleischesser*innen. In splatterartigen Bildarrangements wird das »Batteriehuhn« zu einer Art tragischem Jesus Christus erklärt: Umsonst gelitten. Damit verwandelt sich zugleich der heimische Esstisch in ein nahöstliches Golgatha, wo die Kreuzigung der armen Kreatur täglich mehrfach vollzogen wird. Statt Erlösungsversprechen gibt es Schuldzuweisungen und die Hoffnung auf schlechtes Gewissen. Denn den Konsument*innen von heute fehlt die Entschuldigung der römischen Legionäre von damals: Sie wissen, was sie tun – spätestens seitdem sie am Infotisch stehen geblieben sind.

Auch wenn die Beteiligten unterschiedlichen sozialen Milieus angehören mögen, zeigen sich bei den verbreiteten »Opfer-und-Schuld«-Rhetoriken rund um Tiere ideologische Kontinuitäten, die zum Entstehungskontext der ersten Tierschutzvereine zurückreichen: Diese entstanden gemeinsam mit bürgerlichen Kinderschutz- und Arbeiterschutzvereinen – von wohlmeinenden und bessergestellten Kräften initiiert, die sich »von oben« um die »da unten« kümmern wollten. Dieser paternalistische Moralismus hat mit progressiver Politik so viel zu tun wie Ronald McDonald mit Rosa Luxemburg.

Eines der vielen Probleme, die mit dieser strategischen Situation verbunden sind: In Denken und Vorstellung wird genau das wiederholt, was dem Gegner vorgeworfen wird – herrschaftliche Gewalt an Tieren. Die Gewalt, um die es hier geht, ist epistemische Gewalt, also jene Gewalt, die in Ideen und Begriffen liegt. Während Industrie, Biowissenschaften und Landwirtschaft Tiere durch physische Vorrichtungen immobilisieren und zu beherrschen versuchen, tut die Tier-Viktimologie dasselbe, indem sie Tiere zu ewigen Opfern erklärt und den Widerstand von Tieren unwahrnehmbar macht.

Erstaunlicherweise verfügen Arbeiter*innenorganisationen und Gewerkschaften in der Regel über keine Positionsbildung in der Tierfrage, die sich qualitativ von derjenigen der Konservativen und Reaktionäre unterscheidet. Über alles lässt sich in Seminaren und auf Zeitschriftenseiten streiten: Geschlechterverhältnisse und Kindererziehung, Wohnbau und Bestattungsformen. Tiere aber scheinen für viele Linke den letzten politikfreien Raum darzustellen. Diesen gilt es zu politisieren und zu radikalisieren, zu analysieren und mit anderen Bezügen zu verbinden – sowohl was die historisch-affektiven Blöcke, die wir Tiere nennen, angeht, als auch ihre langen diskursiven Schatten.

Gorillas am Hebel

Antonio Gramsci hatte bei seiner Auseinandersetzung mit dem fordistischen Fabriksystem auf den wissenschaftlichen Rationalisierer des Arbeitsprozesses, Frederick Winslow Taylor, verwiesen und herausgestrichen, dass das Fließband den Menschen in einen »dressierten Gorilla« verwandle. In Teilen des Westens verlangt der heutige kreative Imperativ[21] als postfordistische Subjektfigur vielleicht mehr nach einem »experimentellen Stadtaffen«, der ungenutzte urbane Räume mit kreativwirtschaftlichen Zwischennutzungsprojekten belebt, spielerisch Innovation vorantreibt und sich am Wochenende mit Drogen berauscht, um seine Social Skills für Montag zu trainieren. Vom Kommunismus, als uneingelöstem Versprechen der Menschheit, wäre zu erwarten, die Affen aus den Zoos zu lassen – physisch und metaphorisch. Was Marx über das Verhältnis von englischen zu irischen Arbeiter*innen schrieb, gilt ebenso für das Verhältnis zwischen Menschen und Tieren: Es kann keine Freiheit geben, solange es noch Unfreiheit gibt.

Was dies bedeuten könnte, vermögen wir uns vielleicht noch nicht ganz auszumalen, aber es spricht nichts dagegen, mit dem Ausmalen schon mal zu beginnen. Um in Worten und Bildern, Affekten und Taten die Realität zum Stottern zu bringen, wie in der utopisch anmutenden Vorstellung von – Gorillas am Hebel.[22]

ANMERKUNGEN

Vorwort zur zweiten Auflage

1 Boria Sax: *The Mythical Zoo: Animals in Myth, Legend, and Literature*. New York: Overlook Press, 2013, S. XX

2 Laura Wiesböck: *In besserer Gesellschaft. Der selbstgerechte Blick auf die Anderen*. Wien: Kremayr & Scheriau, 2018

Einleitung

1 Vgl. Marilyn Strathern: *Partial Connections*. Lanham MD: AltaMira Press, 2004

2 Die Instrumentalisierung eines Antimafia-Paragrafen zur Inhaftierung und Terrorisierung zivilgesellschaftlicher Akteure durch Wirtschaftstreibende und Staatsorgane, inklusive Abhöroperationen und Einsatz verdeckter Ermittler, von März 2010 bis Mai 2011 erregte großes öffentliches Interesse und erwies sich als veritable Blamage für Polizei und Staatsanwaltschaft. Vgl. Christof Mackinger, Birgit Pack (Hrsg.): *§ 278a: Gemeint sind wir alle! Der Prozess gegen die Tierbefreiungs-Bewegung und seine Hintergründe*. Wien: Mandelbaum Verlag, 2011; Martin Balluch: *Tierschützer. Staatsfeind – In den Fängen von Polizei und Justiz*. Wien: Promedia, 2011

3 Karl Marx: »Briefe aus den Deutsch-Französischen Jahrbüchern«. In: MEW, Band 1 (1844/1976), S. 337–346, hier: S. 346

4 Anett Laue: *Das sozialistische Tier: Auswirkungen der SED-Politik auf gesellschaftliche Mensch-Tier-Verhältnisse in der DDR (1949–1989)*. Köln: Böhlau Verlag, 2017

5 Karl Marx / Friedrich Engels: *Manifest der Kommunistischen Partei*. In: MEW, Band 4, S. 459–493, hier: S. 488

6 Anett Laue: *Das sozialistische Tier*, S. 294ff.

7 Ebd., S. 311

8 Karl Marx / Friedrich Engels: »G. Fr. Daumer, ›Die Religion des neuen Weltalters. Versuch einer combinatorisch-aphoristischen Grundlegung‹, 2 Bde., Hamburg 1850«, [Rezensionen aus der »Neuen Rheinischen Zeitung. Politischökonomische Revue«. Zweites Heft, Februar 1850]. In: MEW, Band 7, S. 198–212, hier: S. 199

9 https://de.wikipedia.org/wiki/Animal_Enterprise_Terrorism_Act

10 Will Potter: *Green is the New Red: An Insider's Account of a Social Movement Under Siege*. San Francisco: City Lights Books, 2011

11 Vgl. Gunna Wendt: *Die Bechsteins: Eine Familiengeschichte*. Berlin: Aufbau, 2016, S. 124. Zu Hitlers eigenem Vegetarismus siehe Arnold Arluke / Boria Sax: »Understanding Nazi Animal Protection and the Holocaust«. In: *Anthrozoös*, 5:1, 1992, S. 6–31

12 Vgl. Harriet Ritvo: *The Animal Estate: The English and Other Creatures in the Victorian Age*. London: Penguin, 1987; Diana Donald: »›Beastly Sights‹: The Treatment of Animals as a Moral Theme in Representations of London c.1820-1850«, *Art History*, Bd. 22, Nr. 4, 1999, S. 514–544

13 Oxana Timofeeva: »Communism with a Nonhuman Face«. In: *e-flux journal*, issue #48, 10/2013, http://www.e-flux.com/journal/48/60030/communism-with- a-nonhuman-face/

14 Ebd.

15 MEW, Band 23, S. 192-213, hier: S. 192f.

16 Siehe Timothy Mitchell: *Rule of Experts: Egypt, Techno-Politics, and Modernity*. Berkeley: University of California Press, 2002, S. 45

17 Siehe Maria Kaika: »Dams as Symbols of Modernization: The Urbanization of Nature Between Geographical Imagination and Materiality«, *Annals of the Association of American Geographers*, Bd. 96, Nr. 2, 2006, S. 276–301

18 David Harvey: *A Companion to Marx' Capital*, New York: Verso 2010, S.112. So argumentiert auch der Marxist Lawrence Wilde, wenn er Marx gegen die marxistische Kritik Ted Bentons an Marx' Vorstellungen tierlicher Subjektivität verteidigt. Der Begriff des Gattungswesens, wie er von Marx insbesondere in den Ökonomisch-philosophischen Manuskripten im Kontext seiner Entfremdungskritik entwickelt wurde, könne auch eingesetzt werden, um Kritik an den Verhältnissen zu üben, die dem Gattungswesen von Tieren nicht gerecht werden. Ted Benton: *Natural Relations: Ecology, Animal Rights & Social Justice*, London/New York: Verso, 1993; Lawrence Wilde: »›The creatures, too, must become free‹: Marx and the Animal/Human distinction«, *Capital & Class*, Nr. 72, 2000, S. 37–53

19 Donna Haraway: *When Species Meet*. Minneapolis / London: University of Minnesota Press, 2008, S. 46, 67, 73

20 Harry Cleaver: *Reading* Capital *Politically*. London: Anti-Theses / AK Press, 2000

21 Agnieszka Kowalczyk: »Mapping Non-human Resistance in the Age of Biocapital«. In: Nik Taylor / Richard Twine (Hrsg.): *The Rise of Critical Animal Studies*, S. 183–200

22 Jocelyne Porcher / Tiphaine Schmitt: »Dairy Cows: Workers in the Shadows?«, *Society and Animals*, Bd. 20, Nr. 1, 2012, S. 39–60

23 Barbara Noske: *Humans and Other Animals: Beyond the Boundaries of Anthropology*. London: Pluto Press, 1989; dieselbe: *Beyond Boundaries: Humans and Animals*. Montréal: Black Rose Books, 1997

24 John Berger: »Why Look at Animals?« In: ders.: *About Looking*. New York: Bloomsbury, 1980, S. 1–26

25 Vgl. Jonathan Burt: »John Berger's ›Why Look at Animals?‹: A Close Reading«, *Worldviews: Global Religions, Culture, and Ecology*, Bd. 9, Nr. 2, 2005, S. 203–218

26 Während das Wertgesetz im Rahmen der einfachen Warenproduktion besagt, dass sich die realhistorischen Preise an jenes Quantum gesellschaftlich notwendiger Arbeitszeit annähern, das zur Herstellung der Waren notwendig ist, muss in kapitalistischen Gesellschaften die Profitrate hinzugeschlagen werden, die konkret variabel sein kann – obgleich auch die Profitrate erkennbaren Tendenzen unterworfen ist. Schmidt entging, dass es sich bei Marx' Kritik der politischen Ökonomie um ein gesellschaftstheoretisches Projekt handelte, die Funktionsweise des Kapitalismus in seinem »idealen Durchschnitt« analytisch zu erfassen. Was Marx hier beschäftigte, war, die Bewegungsdynamiken zu erkennen, die allein schon der kapitalistischen Wertverwertung innewohnen – noch bevor realhistorische Einflüsse (wie gewerkschaftlicher Organisierungsgrad, allgemeiner Stand der gesellschaftlichen Kampfbereitschaft, Anteil der Geschlechter an der Lohnarbeit usw.) Berücksichtigung finden. In der gesellschaftlich-konkreten Wirklichkeit sind diese sozialhistorischen Kategorien immer schon präsent und machen sich geltend, bei Marx' *Kapital* geht es aber um die Abstraktion des Kapitalismus als gleichsam chemisch reines Element, das in der Wirklichkeit nicht in dieser laborhaft reinen Form vorliegt. Vgl. Michael Heinrich: *Die Wissenschaft vom Wert. Die Marxsche Kritik der politischen Ökonomie zwischen wissenschaftlicher Revolution und klassischer Tradition*; 7., erweiterte Auflage. Münster: Westfälisches Dampfboot, 2017

27 Karl Marx / Friedrich Engels: *Werke*, Band 39, herausgegeben vom Institut für Marxismus-Leninismus beim ZK der SED. Berlin: Dietz-Verlag, 1968 (im Folgenden: MEW), S. 433

28 Ebd.

Mit der Kraft der Taube: Auf alles scheißen

1 Anne Catherine Simon: »Wie sieht der Unheilige Geist aus? Wie eine Stadttaube«, *Die Presse*, Print-Ausgabe, 15.05.2016

2 Michael Schrom: »Michel Houellebecqs ›Unterwerfung‹: Die schwarze Taube über Paris«, *Christ in Gesellschaft?*, 15.2.2015 https://www.herder.de

/cig/geistesleben/2015/01-06-2015/michel-houellebecqs-unterwerfung-die-schwarze-taube-ueber-paris

3 http://www.pi-news.net/2015/01/buch-tipp-michel-houellebecq-unterwerfung/, Eintrag vom 6. Januar 2015, 19:49, abgerufen am 11. Januar 2018

4 Gudrun Trausmuth: »Was kommen kann, wenn nichts mehr da ist«, *BeneDicta*, 26. Mai 2017, http://www.kath.net/news/59723

5 Slavoj Žižek: *The Courage of Hopelessness. Chronicles of a Year of Acting Dangerously*. London: Penguin Random House, 2017, S. 308

6 Ebd., S. 309

7 Tweets, engl. für »Gezwitscher«, und Internet-Memes mit dem Hashtag #BirdieSanders verbreiteten sich viral. Die altehrwürdige *National Audobon Society* schaltete sich umgehend ein und verkündete, dass es sich bei dem als »Birdie Sanders« bezeichneten Vogel um eine Hausgimpelin handelte, einen Singvogel aus der Familie der Finken. Vgl. Mary Bowerman: *Crowd Goes Wild After Small Bird Lands on Bernie Sanders' Podium*. In: *USA TODAY*, 26.09.2016

8 Ivor L. Miller: »Religious Symbolism in Cuban Political Performance«, *The Drama Review*, Bd. 44, Nr. 2, 2000, S. 30–55, hier: S. 30–32, 38f.

9 B. F. Skinner: »Superstition in the Pigeon«, *Journal of Experimental Psychology*, Nr. 38, S. 168–172

10 Woody Allens Film *Stardust Memories* (1980), dem irrtümlicherweise oft die Autorschaft für diese politische Metapher zugesprochen wird, enthält folgenden Dialog zwischen Sandy (Allen) und Dorrie, als eine Taube in ihre Wohnung fliegt: Dorrie: »Hey, that's so pretty. A pigeon!« Sandy: »Geez, no. It's not pretty at all. They're, they're, they're rats with wings.« Dorrie: »They're wonderful. No! It's probably a good omen. It'll bring us good luck.« Sandy: »No, no. Get it out of here. It's probably one of those killer pigeons.«

11 Aus Gründen der Lesbarkeit wurde insbesondere in den historischen Abschnitten auf ausgiebige Quellenverweise innerhalb des Textes verzichtet. Die hier angegebenen Informationen sind in folgenden Werken und Texten nachzulesen: Marks 1971, Dee 1994, Johnston/Janiga 1995, Haag-Wackernagel 1998, Glover/Beaumont 1999, Rösener 1999, Blechman 2006, Bronner 2005, Rose et al. 2006, Vater 2006, Humphries 2008

12 Das Haber-Bosch-Verfahren erlaubt die großindustrielle Synthese von Ammoniak zur Herstellung von Sprengstoffen und Düngemitteln. Ammoniak war dadurch zum einen als essenzieller Bestandteil für Bombenproduktion von den natürlichen Geografien gelöst und andererseits als der wichtigste chemische Beschränkungsfaktor für die weitere Erschließung landwirtschaftlicher Erträge aufgehoben. Der im modernisierten Haber-Bosch-Verfahren entstehende Ammoniak wird auch heute überall auf der Welt als Dünger großindustriell in den Boden eingebracht und gelangt über Pflanzen oder Tiere in den menschlichen Stoffwechsel – Schätzungen zufolge befindet sich in jedem westlichen Menschenkörper ein Kilogramm dieses Stoffes aus den Hochdruck-Tanks der Haber-Bosch-Synthese. Die Kenntnis dieses Umstands würde den Anhänger*innen der »mein Körper ist mein Tempel«-Ideologie wohl schlaflose Nächte bereiten.

13 Hans-Georg Soeffner: »Der fliegende Maulwurf (Der taubenzüchtende Bergmann im Ruhrgebiet) – totemistische Verzauberung und technologische Entzauberung der Sehnsucht.« In: Hans Ulrich Gumbrecht / Karl Ludwig Pfeiffer (Hrsg.): *Paradoxien, Dissonanzen, Zusammenbrüche*, Frankfurt am Main: Suhrkamp, 1990, S. 431–453, hier: S. 439

14 Für eine interessante Erklärung des Ursprungs dieses Ausdruck im Zusammenhang mit einem Gebiet im heutigen sechsten Wiener Gemeindebezirk siehe Johann Werfring: »Rätselraten um das Wiener Ratzenstadl«, *Wiener Zeitung*, Beilage Programmpunkte, 18.10.2012, S. 7

15 Für eine amüsante literarische Darstellung des urbanen Kampfes gegen die Tauben – aus Sicht der Tauben siehe Patrick Neates: *The London Pigeon Wars*, London: Penguin, 2004

16 Colin Jerolmack: »How Pigeons Became Rats: The Cultural-Spatial Logic of Problem Animals«, *Social Problems*, Bd. 55, Nr. 2, 2008, S. 72–94, hier: S. 72

17 Vgl. Mary Douglas: *Reinheit und Gefährdung. Eine Studie zu Vorstellungen von Verunreinigung und Tabu*. Berlin: Reimer, Dietrich, 1982 [1966]

18 Zit. nach Bernhard Kathan: »Human, unauffällig: Gehn mer Tauben vergiften im Park«, *Die Gazette*, 7.12.2001

19 Ebd.

20 Vgl. Jacques Derrida: *The Beast and the Sovereign: The Seminars of Jacques Derrida* Bd. I, übersetzt von Geoffrey Bennington. Chicago: The University of Chicago Press, S. 23

21 Hans-Hermann Kotte: »Tauben-Population geht zurück«, *Frankfurter Rundschau*, 12.07.2012

22 Vgl. Michel Foucault: *Was ist Kritik?* Berlin: Merve, 1992

23 *Unruly* wird im Deutschen für gewöhnlich mit »widerspenstig«, »unbändig« oder »wild« (im Sinne von »schwer zu bändigen«) übersetzt.

24 Vgl. Catherine Ingraham: *Architecture and The Burdens of Linearity*. New Haven: Yale University Press, 1998

25 In Großbritannien ist das Phänomen der *granarchists* bekannt: Halb »granny« (engl. »Oma«), halb »anarchist«, stellen sie oft den militantesten Teil von Tierrechts-Kundgebungen und lassen mit ihrer sichtbaren Präsenz in den vordersten Reihen illegaler Demonstrationen mitunter selbst erfahrene Riot-Cops in Schlaghemmung fallen. Im deutschsprachigen Raum hat die Linke hingegen Berührungsängste und verzichtet auf diese grauen Bataillone.

26 Mit *Zoopolis* von Sue Donaldson und Will Kymlicka (2011) liegt die erste nicht ethisch, sondern politisch argumentierende Auseinandersetzung mit dem Status von Tieren vor. Ganz dem wohlmeinenden Liberalismus der Multikulturalität verschrieben, gibt es auch hier für Tauben einen dritten Raum der Teilhabe: Während Wildtiere nach dem Modell souveräner Nationen, wie es sich nach dem Westfälischen Frieden herausgebildet hat, konzipiert werden und Nutztiere den Status von vollwertigen Mitbürger*innen genießen sollen, werden Tauben in Analogie mit Migrant*innen als »Schwellenbereichbewohner« – mit minderen Ansprüchen – konstituiert.

Die schweinische Multitude: New York / Paris / London

1 Thomas Macho: *Schweine. Ein Porträt.* Naturkunden Nr. 17, hrsg. von Judith Schalansky. Berlin: Matthes & Seitz, S. 9f.
2 Paul A. Gilje: *The Road to Mobocracy: Popular Disorder in New York City, 1763–1834.* Chapel Hill: University of North Carolina Press, 1987, S. 228
3 Howard B. Rock: »A Delicate Balance: The Mechanics and the City«. *The New York Historical Quarterly 63*, April 1979, S. 93–114
4 Hendrik Hartok: »Pigs and Positivism«. *University of Wisconsin Law Review, Bd. 4,* 1985, S. 899–935, hier: S. 921
5 Catherine McNeur: »The ›Swinish Multitude‹: Controversies over Hogs in Antebellum New York City«, *Journal of Urban History*, Bd. 37, Nr. 5, 2011, S. 639–660, hier: S. 640
6 Hendrik Hartok: »Pigs and Positivism«, S. 905f.
7 Catherine McNeur: *Taming Manhattan: Environmental Battles in the Antebellum City.* Cambridge MA: Harvard University Press, 2014, S. 23–44
8 Ebd., S. 38. McNeur vermutet, dass die Einschränkung der bürgerlichen Rechte einer großen Gruppe Aufständischer, der Afroamerikaner, im selben Jahr die Möglichkeit, anders gegen die Schweinejagd vorzugehen, stark eingeschränkt hatte.
9 Paul A. Gilje, *The Road to Mobocracy,* S. 228f.
10 Ebd., S. 230
11 Catherine McNeur: *Taming Manhattan,* S. 40
12 Ebd., S 24
13 Der vollständige Titel lautet *Reflections on the Revolution in France, And on the Proceedings in Certain Societies in London Relative to that Event. In a Letter Intended to Have Been Sent to a Gentleman in Paris*
14 »Ihr sollt das Heiligtum nicht den Hunden geben, und eure Perlen nicht vor die Säue werfen, auf daß sie dieselben nicht zertreten mit ihren Füßen und sich wenden und euch zerreißen.« (Matt. 7:6)
15 Edmund Burke: *Reflections on the Revolution in France, 1790.* London, 1820, Bd. 1, S. 109f. Das Original »swinish multitude« wird in unterschied-

lichen Übersetzungen als »schweinische Menge« oder »schweinische Masse« wiedergegeben, hier wurde eine direkte Übersetzung als »schweinische Multitude« gewählt, weil diese die politische Potenzialität des ungeordneten Pöbels bzw. Mobs betont.

16 Carl Fisher: »Politics and porcine representation: Multitudinous swine in the British eighteenth century«, *Lit: Literature Interpretation Theory*, Bd.10, Nr. 4, 1999, S. 303–326, hier: S. 306

17 Carl Fisher: »Politics and porcine representation«, S. 303

18 Mark Neocleous: *The Monstrous and the Dead: Burke, Marx, Fascism*. Cardiff: University of Wales Press, 2005, S. 21

19 Vgl. Stephen Eisenman: »The Real ›Swinish Multitude‹«, *Critical Inquiry, Bd.* 42, Nr. 2, 2016, S. 339–373

20 Ebd., S. 343

21 Ebd.

22 Ebd., S. 350

23 Ebd., S. 352

24 Ebd., S. 347

25 Karl Marx / Friedrich Engels: *Manifest der Kommunistischen Partei*. MEW Bd. 4, S. 471

26 Stephen Eisenman: »The Real ›Swinish Multitude‹«, S. 348

27 Friedrich Engels: *Die Lage der arbeitenden Klasse in England*, MEW, S. 225–506, hier: S. 285

28 Ebd., S. 286

29 Mark Neocleous: *The Universal Adversary: Security, Capital and »the Enemies of All Mankind«*. Abingdon / Oxon / New York: Routledge, 2016, S. 31

30 Ebd., 26f.

31 Carl Fisher: »Politics and porcine representation«, S. 319

32 Olivia Smith: *The Politics of Language, 1791–1916*. Oxford: Clarendon, 1984, S. 81

33 Carl Fisher: »Politics and porcine representation«, S. 320

34 Vgl. beispielsweise Darren Howard: »Necessary Fictions: The ›Swinish Multitude‹ and the Rights of of Man«, *Studies in Romanticism*, Bd. 47, Nr. 2, Sommer 2008, S. 161–178

35 Stephen Eisenman: »The Real ›Swinish Multitude‹«, S. 361

36 Mark Neocleous: *The Monstrous and the Dead*, S. 34

37 Thomas Macho: *Schweine*, S. 23

38 Michael Hardt / Antonio Negri: *Empire. Die neue Weltordnung*. Frankfurt a. M.: Campus, 2002; Michael Hardt / Antonio Negri: *Multitude. Krieg und Demokratie im Empire*. Frankfurt a. M.: Campus, 2004. Bei diesen neueren Ansätzen spricht man von Postoperaismus, da nach der Zerschlagung operaistischer Organisationen in Italien und dem französischen Exil vieler

Operaist*innen die verstärkte Rezeption poststrukturalistischer Theorien erfolgte. In der postoperaistischen Theoriebildung wird der immateriellen Produktion hegemoniales Gewicht beigemessen und intellektuell-linguistische Aspekte zeitgenössischer Produktivität betont. Vgl. Pascal Jurt: »Menschliche Bienen. Interview mit Yann Moulier Boutang zur Entstehung und möglichen Überwindung des ›kognitiven Kapitalismus‹«, *springerin*. Magazin zur Kritik und Theorie der Kultur der Gegenwart, Heft 4, 2014

39 Vgl. Paolo Virno: *Grammatik der Multitude: Öffentlichkeit, Intellekt und Arbeit als Lebensformen*, aus dem Italienischen von Klaus Neundlinger. Wien: Turia und Kant, 2014, S. 33

40 Siehe auch Matthew Chrulew: »Animals in Biopolitical Theory: Between Agamben and Negri«, *New Formations*, Nr 76, 2012, S. 53–67, hier: S. 59–63

41 Alain Ehrenberg: *Das erschöpfte Selbst: Depression und Gesellschaft in der Gegenwart*. Frankfurt a. M.: Suhrkamp, 2004

42 Melanie Joy: *Why We Love Dogs, Eat Pigs, and Wear Cows. An Introduction to Carnism.* Newburyport MA: Conari Press, 2009, S. 43

43 Vgl. Joel Novek: »Pigs and People«, S. 229

44 Alex Blanchette: »Herding Species: Biosecurity, Posthuman Labor, and the American Industrial Pig«, *Cultural Anthropology*, Bd. 30, Nr. 4, 2015, S. 640–669. Im Folgenden werden Blanchettes Thesen und Ergebnisse vorgestellt, auf eine detaillierte Ausweisung und Zitation wird aus Gründen der Lesbarkeit verzichtet.

45 *The Society for Cultural Anthropology (SCA) Biennial Meeting*, Mai 2014, »The Ends of Work«, Detroit

46 Thomas Macho: *Das Leben nehmen. Suizid in der Moderne*. Berlin: Suhrkamp, 2017, S. 28

47 Ebd. S. 30

Renitente Schweine und die Geburt der Fabrik

1 Max Horkheimer: »Der Wolkenkratzer«. In: ders., *Notizen 1950 bis 1969 und Dämmerung. Notizen in Deutschland*. Frankfurt a. M.: Suhrkamp, 1974, 287f.

2 So war Lewis Mumfords populäres Buch *Sticks and Stones* (1924), eine Darstellung der US-amerikanischen Architekturgeschichte in sozialkritischer Absicht, schon im Folgejahr von Bruno Cassirer in deutscher Übersetzung unter dem Titel *Vom Blockhaus zum Wolkenkratzer* herausgegeben worden. Pointiert fasst Bruno Fierl den Zusammenhang zwischen verlegerischer Editionspolitik und deutscher Gefühlslandschaft zusammen: »Damit traf er genau das Bild, das Deutsche von Amerika hatten: früher Blockhaus, heute Wolkenkratzer!« (Bruno Fierl: »Nachwort«. In: Lewis Mumford, *Vom Blockhaus zum*

Wolkenkratzer: Eine Studie über amerikanische Architektur und Zivilisation. Übers. von M. Mauthner. Nachdruck der Ausgabe von 1925. Berlin: Cassirer, 1997; S. 293-304, hier: S. 301.) Dabei störte es nicht weiter, dass in dem Buch kaum vom »Blockhaus« die Rede war. Für das deutsche Selbstbewusstsein blieben US-amerikanische Wolkenkratzer Kränkung und Herausforderung zugleich.

3 Theodor W. Adorno: *Negative Dialektik* [1966]. Frankfurt a. M.: Suhrkamp, 1996, S. 359

4 Max Horkheimer: *Gesammelte Schriften* [1959], Bd. 7. Frankfurt a. M.: Suhrkamp, 1985, S. 104

5 Ebd., S. 40. Bei so viel internalisierter und in die Körper hineinreichender Kulturleistung lässt der Rückstoß nicht lange auf sich warten: Im Phänomen *pathischer Projektion* wird die eigene Lustfrustration, die durch die Einübung in leistungsorientierte Normen aufgebaut wird, angesichts derer, die sich nicht daran zu halten zu scheinen, ihre »Befindlichkeiten« zweckmäßigen Zielen unterzuordnen, gewaltvoll entladen – und richtet sich mit besonderer Intensität gegen diejenigen, die sozusagen als »faule Schweine« vor sich hinexistieren.

6 Theodor W. Adorno: *Negative Dialektik*, S. 357

7 Hannah Higgins: *The Grid Book.* Cambridge MA: MIT Press, 2009, S. 1

8 Siehe dazu Richard F. Bales: *The Great Chicago Fire and the Myth of Mrs. O'Leary's Cow.* Jefferson: McFarland, 2002

9 Sigfried Giedion: *Mechanization Takes Command. A Contribution to Anonymous History*. New York: Oxford University Press, 1948; deutsch: *Die Herrschaft der Mechanisierung. Ein Beitrag zur anonymen Geschichte*. Frankfurt a. M.: Europäische Verlagsanstalt, 1982

10 Ebd., S. 782

11 Hans Magnus Enzensberger: »Über S. Giedions ›Die Herrschaft der Mechanisierung‹, *Der Spiegel*, 07.02.1983, S. 196–201, hier: S. 199

12 Douglas Tallack bezieht die positiven Perspektiven Giedions gegenüber den kulturpessimistischen Positionen von Adorno und Horkheimer auf ihre unterschiedlichen kulturellen Gegenstandsbereiche: »Nicht nur ist Architektur eine materielle Kunstform, Architektur und Planung sind klarer Teil der öffentlichen Sphäre als Literatur oder Musik, die von den Vertretern der Frankfurter Schule gern als ästhetische Bollwerke gegen die Massenkultur, insbesondere die amerikanische Massenkultur, angeführt werden.« (Douglas Tallack: »Siegfried Giedion. Modernism and American Material Culture«. In: *Journal of American Studies*, Bd. 28, Nr. 2, 1994, S. 149–167, hier: S. 157)

13 Die Bedeutung dieses Kapitels für das Projekt *Mechanisation Takes Command* als Ganzes wird durch Entwürfe für den Schutzumschlag des Buches unterstrichen. Während Giedion die Auswahl und Positionierung der zahlreichen Bilder in *Mechanisation Takes Command* selbst vornahm und er für die Umsetzung Herbert Bayer gewinnen konnte, arbeitete er für die Gestaltung des Schutzumschlags mit Stamo Papadaki zusammen, der wie Giedion in der CIAM aktiv war. Drei der Entwürfe konzentrierten das Zusammentreffen von organischen Körpern und Mechanisierung in Montagen, in denen »eine knallrot eingefärbte Nahaufnahme von Fleisch mit technischen Zeichnungen aus dem 19. Jahrhundert überlagert wurde.« (Werner Oechslin / Gregor Harbusch: *Sigfried Giedion und die Fotografie. Bildinszenierungen der Moderne*. Zürich: Institut für Geschichte und Theorie der Architektur, 2010, S. 268)

14 Für einen Überblick über die Entwicklung der US-amerikanischen Schlachthaus-Industrie vor und nach Cincinnati / Chicago siehe Amy J. Fitzgerald: »A Social History of the Slaughterhouse: From Inception to Contemporary Implications«, *Human Ecology Review*, Bd. 17, Nr. 1, 2010, S. 58–69

15 Vgl. Marco D'Eramo: *»Das Schwein und der Wolkenkratzer.« Chicago: Eine Geschichte unserer Zukunft*. Übersetzt von Friederike Hausmann und Rita Seuß. München: Verlag Antje Kunstmann, 1996

16 Vgl. Dominic A. Pacyga: *Slaughterhouse: Chicago's Union Stock Yards and the World it Made*. Chicago: Chicago University Press, 2015, S. 30–61

17 Sigfried Giedion: *Die Herrschaft der Mechanisierung*, S. 243

18 Ebd., S. 253

19 William Cronon: *Nature's Metropolis. Chicago and the Great West*. New York: W. W. Norton, 1991, S. 224

20 Michael Malay: »Modes of Production, Modes of Seeing: Creaturely Suffering in Upton Sinclairs *The Jungle*«. In: Dominik Ohrem: *American Beasts: Perspectives on Animals, Animality and U.S. Culture, 1776–1920*. Berlin: Neofelis, 2017, S. 123–149, hier: S. 146

21 William Cronon: *Nature's Metropolis*, S. 251

22 Vgl. Nicole Shukin: *Animal Capital. Rendering Life in Biopolitical Times*. Minneapolis MN: University of Minnesota Press, 2009, S. 68

23 Sigfried Giedion: *Die Herrschaft der Mechanisierung*, S. 245

24 Ebd., S. 262

25 Ebd.

26 Sigfried Giedion, *Bauen in Frankreich, Bauen in Eisen, Bauen in Eisenbeton*. Leipzig: Klinkhardt & Biermann, 1928; Nachdruck Berlin: Gebr. Mann, 2000

27 Sigfried Giedion: *Die Herrschaft der Mechanisierung*, S.262

28 Ebd., S. 263

29 Ebd., S. 119

30 Dominic A. Pacyga: *Slaughterhouse,* S. 66f. Zur weiteren Entwicklung der US-amerikanischen Schlachthaus-Industrie siehe Dawn Coppin: »Foucauldian Hog Futures«, *Sociological Quarterly*, Bd. 44, Nr. 4, 2003, S. 597–616; Joel Novek: »Pigs and People: Sociological Perspectives on the Discipline of

Nonhuman Animals in Intensive Confinement«, *Society & Animals*, Bd. 13, Nr. 3, 2005, S. 221–244; Stephen Thierman: »Apparatuses of Animality: Foucault Goes to a Slaughterhouse«, *Foucault Studies*, Nr. 9, 2010, S. 89–110

31 Markus Kurth: »Ausbruch aus dem Schlachthof. Momente der Irritation in der industriellen Tierproduktion durch tierliche Agency«. In: (Hrsg.): Sven Wirth / Anett Laue / Markus Kurth / Katharina Dornenzweig / Leonie Bossert / Karsten Balgar: *Das Handeln der Tiere. Tierliche Agency im Fokus der Human-Animal Studies.* Bielefeld: Transcript, 2016, S. 179–209, hier: S. 186

32 Sigfried Giedion: *Die Herrschaft der Mechanisierung*, S. 118

33 Ebd., S. 228

34 Ebd., S. 266

35 Vgl. Mario Tronti: *Arbeiter und Kapital.* Frankfurt a. M.: Verlag Neue Kritik, 1974; Steve Wright: *Den Himmel stürmen. Eine Theoriegeschichte des Operaismus.* Berlin / Hamburg: Assoziation A, 2005; Martin Birkner / Robert Foltin: *(Post-)Operaismus. Von der Arbeiterautonomie zur Multitude.* Stuttgart: Schmetterling-Verlag, 2006

36 Karl Marx: *Das Kapital. Band I. Kritik der politischen Ökonomie.* MEW, Band 23, S. 396

37 Kendra Coulter: »Horse Power: Gender, Work, and Wealth in Canadian Show Jumping.« In: Miriam Adelman/Jorge Knijnik (Hrsg.): *Gender and Equestrian Sport: Riding Around the World.* Dodrecht: Springer, 2013, S. 165–181, hier: S. 171

38 Ein solches eignet sich wohl auch weniger dafür, von optimierungswütigen Manager*innen geritten zu werden, vielmehr ist es dazu prädestiniert, Imperien den Krieg zu erklären: Als *Crazy Horse* wurde jener indigene Anführer bekannt, der der US-Armee bei der Schlacht am Little Bighorn 1876 eine ihrer verheerendsten Niederlagen bescherte.

39 Brian Massumi: *What Animals Teach Us about Politics.* Dirham NC: Duke University Press Books, 2014, S. 12

40 Nicole Shukin: *Animal Capital,* S. 88. Für eine anregende Analyse von Gramscis Text, der diesen mit postfordistischen Phänomenen wie sexueller Freizügigkeit und Rinderwahnsinn in Beziehung setzt, siehe Frigga Haug: »Gramsci und die Produktion des Begehrens«, *Psychologie und Gesellschaftskritik,* Nr. 22, 1998, S. 75–92

41 JK Gibson-Graham: *The End of Capitalism (As We Knew It): A Feminist Critique of Political Economy.* Oxford, UK / Cambridge, USA: Blackwell Publishers, 1996

42 Karl Marx: »Briefe aus den Deutsch-Französischen Jahrbüchern«, S. 345

43 Vgl. den einflussreichen Text von Gayatri Chakravorty Spivak: »Can the Subaltern Speak?« In: Patrick Williams / Laura Chrisman (Hrsg.), *Colonial Discourse and Post-Colonial Theory: A Reader.* New York: Harvester / Wheatsheaf, 1994 (1988), S. 66–111

44 Dipesh Chakrabarty: *Europa als Provinz: Perspektiven postkolonialer Geschichtsschreibung.* Frankfurt a. M.: Campus Verlag, 2010; erstmals erschienen als *Provincialising Europe: Postcolonial thought and Historical Difference.* Princeton: Princeton University Press, 2000

45 Vgl. dazu kritisch Rutvica Andrijasevic: »The Spectacle of Misery. Gender, Migration and Representation in Anti-Trafficking Campaigns«, *Feminist Review*, Nr. 86, 2007, S. 24–44, sowie Sabine Hess: *Globalisierte Hausarbeit. Au-pair als Migrationsstrategie von Frauen aus Osteuropa.* Wiesbaden: VS Verlag, 2009.

46 Vgl. Etienne Balibar / Sandro Mezzadra: »Borders, Citizenship, War, Class: a Discussion with Etienne Balibar and Sandro Mezzadra«, *New Formations*, Nr. 58, 2006, S. 10–30; Manuela Bojadžijev / Serhat Karakayali: »Autonomie der Migration. 10 Thesen zu einer Methode.« In: TRANSIT MIGRATION Forschungsgruppe (Hrsg.): *Turbulente Ränder. Neue Perspektiven auf Migration an den Grenzen Europas.* Bielefeld: Transcript, 2006, S. 203–209; Manuela Bojadžijev: *Die windige Internationale. Rassismus und Kämpfe der Migration.* Münster: Westfälisches Dampfboot, 2008

47 Dimitris Papadopoulos & Vassilis Tsianos: »Die Autonomie der Migration: Die Tiere der undokumentierten Mobilität«. Übersetzt von Birgit Mennel und Stefan Nowotny; *eipcp* 15.9.2008, http://translate.eipcp.net/strands/02/papadopoulostsianos-strands01en?lid=papadopoulostsianos- strands01de#redir. Für Dimitris Papadopoulos, Vassilis Tsianos und Niamh Stephenson findet dieses »Tier-Werden« auch auf der anderen Seite statt, denn es handelt sich dabei um »eine Chiffre für das körperliche Substrat der Migration in Zeiten eines hartnäckigen Regimes der erzwungenen Illegalität, auferlegt durch liminale porokratische Einrichtungen«, wie sie in *Escape Routes. Control and Subversion in the 21st Century* (London u. a.: Pluto Press, 2008, S. 213, 215) erklären: »Aber die Strategie der Ent-Identifizierung ist in erster Linie keine Frage von sich verlagernden Identitätszuschreibungen, sondern sie ist eine materielle und verkörperte Seinsweise. Bei der Strategie der Ent-Identifizierung handelt es sich um eine freiwillige ›Entmenschlichung‹, in dem Sinn, dass die Beziehung zwischen Namen und Körper gekappt wird. Ein namenloser Körper ist ein unmenschliches menschliches Wesen, ein Tier, das rennt. Unmenschlich ist er, weil er das humanistische Regime der Rechte vorsätzlich verlässt. Die Flüchtlingskonvention des UNHCR schützt die Rechte von Migrantinnen bei der Ankunft, aber nicht, wenn sie auf dem Weg sind. Und wir wissen bereits, dass die Ankunft eine longue durée kennt und dass sie nichts mit dem Moment des Ankommens zu tun hat, sondern die ganze Reise, ja beinahe das ganze Leben betrifft. Wir sehen hier, wie die Migration das Rätsel der Ankunft löst. Wie die Verbrenner in Leila Kilanis Film [*Tanger, le rêve des brûleurs*, Marokko / Frankreich 2002] sagen: Wenn du die spanische Grenze überqueren willst, reicht es nicht aus, deine Papiere zu verbrennen, du musst ein Hund werden, du musst selbst ein Tier werden.« (Ebd., S. 215)

48 William J. Broadnov: »Paradise Lost: Biosphere Retooled as Atmospheric Nightmare«, *The New York Times*, 19.11.1996

Neoliberale Bienen, Soli-Moskitos und Anarcho-Termiten

1 Mary Kosut / Lisa Jean Moore: »Urban Api-Ethnography: The Matter of Relations between Humans and Honeybees«. In: Victoria Pitts-Taylor: *Mattering: Feminism, Science, and Materialism*. New York / London: New York University Press, 2016, S. 245–257, hier: S. 246

2 Ebd., S. 246. Hegemoniale Bilder sind immer instabil. Auch das Verhalten von Bienen ist zwar vorhersagbar, aber eben nicht vollständig und vermischt sich mit gesellschaftlichen Vorstellungen von Grenzbewachung und nationaler Reinheit wie der Fall sogenannter afrikanisierter Killer-Bienen zeigt: 1957 aus einem brasilianischen Kreuzungsversuch entflohen, der die europäische Honigbiene mit afrikanischen Honigbienen mischen wollte, entwickelten sich mehrere verwilderte Schwärme, die 1990 die US-amerikanische Grenze überquerten und hier wegen ihrer »Mobilität und Aggressivität« sowie »wegen ihres Unwillens sich in Arbeiterklassen-Stabilität einzugewöhnen« als »Bedrohung von Ordnung und Effizienz der Produktion« gelten. Anna L. Tsing: »Empowering Nature, or: Some Gleanings in Bee Culture«. In: S. Yanagisako / C. Delaney (Hrsg.): *Naturalizing Power: Essays in Feminist Cultural Analysis*. New York: Routledge 1995, S. 113–143, hier: S. 135

3 Vgl. Juan Antonio Ramírez: *The Beehive Metaphor: From Gaudí to Le Corbusier*, London: Reaktion, 2000, S 25–35

4 Tammy Horn: *Bees in America: How the Honey Bee Shaped a Nation*. Lexington: University Press of Kentucky, 2005, S. 42

5 Ebd., S. 19–64

6 Jens Martin Gurr: »The Mass-Slaughter of Native Americans in Jim Jarmusch's *Dead Man*. A Complex Interplay of Word and Image.« In: Michael Meyer / Gesellschaft für die Neuen Englischsprachigen Literaturen: *Word & Image in Colonial and Postcolonial Literatures and Cultures*. Amsterdam: Brill Academic Publishers, 2009, S. 354–371, hier: S. 355

7 Der Einsatz von biologischen Waffen, wie Bienen und anderen Insekten, ist dabei weder Privileg der USA noch etwas wirklich Neues, siehe Jeffery Lockwood: *Six-Legged Soldiers: Using Insects as Weapons of War.* Oxford: Oxford University Press, 2008

8 Jake Kosek: »Ecologies of the Empire: On the new Uses of the Honeybee«, *Cultural Anthropology*, 25:4, 2010, S. 650–678, hier S. 656

9 Jake Kosek: »New Uses of the Honeybee.« In: Richard Peet / Paul Robbins / Michael Watts (Hrsg.): *Global Political Ecology*. London: Routledge, 2011, S. 227–51

10 Ebd.

11 Jay Bybee: *Memorandum for John Rizzo, Acting General Counsel of the Central Intelligence Agency*, U.S. Department of Justice, Office of Legal Counsel, 1. August 2009, S. 1–18, hier: S. 2, https://www.hsdl.org/?view&did=37518

12 Ebd., S. 3

13 Vgl. Neel Ahuja: »Abu Zubaydah and the Caterpillar«, *Social Text*, 29: 1, 2011, S. 127–149, hier: S. 128

14 Ebd., S.129

15 Ebd., S. 134

16 Ebd., S. 133. Siehe auch Jasbir K. Puar / Amit S. Rai: »Monster, Terrorist, Fag: The War on Terrorism and the Production of Docile Patriots«, *Social Text*, Nr. 72, 2002, S. 117–48

17 John Robert McNeill: *Mosquito Empires: Ecology and War in the Greater Caribbean, 1620–1914*. Cambridge MA: Cambridge University Press, 2010

18 Diane M. Nelson: »A social science fiction of fevers, delirium, and discovery: The Calcutta Chromosome, the colonial laboratory, and the postcolonial new human«, *Science Fiction Studies*, Bd. 30, Nr. 2, 2003, S. 246–266, hier: S. 260

19 Ebd., 260f.

20 Bruno Latour: *The Pasteurization of France*. Cambridge MA: Harvard University Press, 1988, S. 141

21 Diane M. Nelson: »A social science fiction of fevers, delirium, and discovery«, S. 247

22 Jeanne Guillemin: »Choosing Scientific Patrimony: Sir Ronald Ross, Alphonse Laveran, and the Mosquito-Vector Hypothesis for Malaria«, *Journal of the History of Medicine and Allied Sciences,* Bd. 57, Nr. 4, 2002, S. 385–409

23 Margaret Lock / Vinh-Kim Nguyen: *An Anthropology of Biomedicine*. Hoboken, New Jersey: Wiley-Blackwell, 2010, S. 179

24 Ebd., S. 43f. Kritisch sieht dies William B. Cohen zumindest hinsichtlich der französischen Expansionspolitik: Cohen zufolge waren es weniger medizinische Erkenntnisse aus der Tropenmedizin (denen gegenüber die kämpfenden Soldaten oft große Skepsis hegten und deren Handlungsanweisungen – wie Quinin-Einnahme – oft nur halbherzig befolgt wurden), sondern *umgekehrt* habe die politische und gesellschaftliche Stabilisierung der französischen Kolonialgebiete die vermehrte Rekrutierung lokaler Truppen sowie die Konstruktion von Moskito-unfreundlichen Militär-Architekturen (Gebäude aus Lehm, Ziegel und Stein statt Zelten) ermöglicht, was wiederum zunächst geringere Ausfallraten durch Malaria nach sich zog. William B. Cohen: »Malaria and French Imperialism«, *The Journal of African History*, Bd. 24, S. 23–36

25 Ebd.

26 Emma Umana Clasberry: *Culture of Names in Africa: A Search for Cultural Identity.* New York: Xlibris Corp, 2012, S. 54. Vgl. auch Helen Callaway: *Gender, culture and empire: European women in colonial Nigeria*. Basingstoke: Macmillan, 1987, 65ff.

27 Ambe J. Njoh weist auf den Aspekt ideologischer Spaltung hin, da dem segregierten Teil der lokalen Bevölkerung der Status einer Gesundheitsbedrohung zugewiesen wurde, während dem anderen Teil, der als Dienstbot*innen in den gesunden, europäischen Zonen leben durfte, dies als persönliche Gratifikation und integrative Wertschätzung erscheinen konnte. Vgl. Ambe J. Njoh: »Urban planning as a tool of power and social control in colonial Africa«, *Planning Perspectives*, Bd. 24, Nr. 3, 2009, S. 301–317, hier: S. 303

28 Philip D. Curtin: »Medical Knowledge and Urban Planning in Tropical Africa«, *The American Historical Review, Bd.* 90, Nr. 3, 1985, S. 594–613, hier: S. 602

29 Jonathan Roberts: »*Korle and the Mosquito:* Histories and memories of the antimalaria campaign, Accra, 1942-45«, *The Journal of African History*, Bd. 51, S. 343–365, hier: S. 348

30 Roberts erklärt dazu: »Obwohl es keine Belege offenen Widerstands der migrantischen Arbeiter gibt, die als menschliche Köder angeworben wurden, scheint es, dass sie Maßnahmen ergriffen, ihre Würde zu bewahren und insbesondere Mosquito-Stiche zu vermeiden.« Ebd., S. 358

31 Ebd., S. 355

32 Harriet Deacon: »Racial Segregation and Medical Discourse in Nineteenth-Century Cape Town«, *Journal of Southern African Studies*, Bd. 22, Nr. 2, 1996, S. 287–308

33 Carl H. Nightingale: *Segregation: A Global History of Divided Cities*. Chicago: University of Chicago Press, 2015, S. 176

34 Vgl. Philip D. Curtin: »Medical Knowledge and Urban Planning in Tropical Africa«

35 Zit. n. John W. Cell: »Anglo-Indian Medical Theory and the Origins of Segregation in West Africa«, *The American Historical Review*, 91:2, 1986, S. 307-335, hier: S. 308

36 Ebd., S. 332

37 Ebd.

38 Vgl. Paul S. Sutter: »Nature's Agents or Agents of Empire? Entomological Workers and Environmental Change During the Construction of the Panama Canal«, *Isis*, Bd. 98, Nr. 4, 2007, S. 724-54; Maria Kaika: »Dams as Symbols of

Modernization: The Urbanization of Nature Between Geographical Imagination and Materiality«, *Annals of the Association of American Geographers*, Bd. 96, Nr. 2, 2006, S. 276–301

39 Ebd, S. 725

40 Timothy Mitchell: *Rule of Experts: Egypt, Techno-Politics, and Modernity*. Berkeley: University of California Press, 2002, S. 19–53, hier S. 26

41 Die *Rockefeller Sanitary Commission for the Eradication of Hookworm Disease* hatte zu diesem Zeitpunkt gerade ihre von 1909–1915 währende erfolgreiche Kampagne gegen eine Hakenwurm-Spezies namens *Necator americanus* (dt. »Amerikanischer Mörder«) in elf US-amerikanischen Südstaaten beendet und wurde Teil der *Rockefeller Foundation International Health Division*. Der Zusammenhang zwischen armen Weißen des Südens und dem mörderischen Hakenwurm, der Afroamerikaner*innen *nicht* befiel, spielte eine gewichtige Rolle für die Herausbildung der kulturellen Wahrnehmung und Selbstkonstitution der Betroffenen. Vgl. Matt Wray: *Not Quite White. White Trash and the Boundaries of Whiteness*. Durham: Duke University Press, 2006, S. 96–132

42 Ebd., S. 96

43 Ricardo Salvatore: »Imperial Mechanics: South America's Hemispheric Integrationin the Machine Age«, *American Quarterly*, 58: 3, 2006, S. 663-91, hier: S. 663f.

44 Neel Ahuja: *Bioinsecurities: Disease Interventions, Empire, and the Government of Species*. Durham: Duke University Press, 2016, S. 19

45 Ebd., S. 77

46 Ebd., S. 73. Für eine Auseinandersetzung mit der filmischen Kriegsführung der US-Armee gegen die Anopheles-Mücke in den 1940er Jahren, die hier neben der japanischen Armee als zweiter Hauptkriegsgegner porträtiert wurde und sich zum »Platzhalter von Warnungen vor Alkoholismus, Homosexualität, lockerer Moral, sexuell übertragbaren Krankheiten und der Angst (oder Lust?) vor sexueller Penetration« wandelte, siehe Gudrun Löhner: »Anopheles Anni vs. Malaria Mike«. In: Maren Möhring / Massimo Perinelli / Olaf Stieglitz (Hrsg.): *Tiere im Film. Eine Menschheitsgeschichte der Moderne*. Köln: Böhlau, 2009, S. 193–205, hier: S. 194

47 Ebd., S. 99; siehe auch S. 216, Fußnote 13

48 Federico Caprotti: »Malaria and technological networks: medical geography in the Pontine Marshes, Italy, in the 1930s«, *Geographical Journal*, Bd. 172, Nr. 2, S. 145–155, hier: S. 147

49 Ebd., S. 149f.

50 Ebd., S. 153

51 Leo Barney Slater / Margaret Humphreys: »Parasites and Progress: Ethical Decision-Making and the Santee-Cooper Malaria Study, 1944–1949«, *Perspectives in Biology and Medicine*, 51: 1, 2008, S. 103–120, hier: S. 107

52 Nicolas Rasmussen: »Plant Hormones in War and Peace: Science, Industry, and Government in the Development of Herbicides in 1940s America«, *Isis*, Bd. 92, Nr. 2, 2001, S. 291–316, hier: S. 292

53 Eric D. Carter: »›God Bless General Perón‹: DDT and the Endgame of Malaria Eradication in Argentina in the 1940s«, *Journal of the History of Medicine and Allied Sciences*, 64:1, 2008, S. 78–122

54 Timothy Mitchell: *Rule of Experts: Egypt, Techno-Politics, and Modernity*, S. 50

55 Sunil S. Amrith: *Decolonizing International Health: India and Southeast Asia, 1930–65*. New York: Palgrave Macmillan, 2006, S. 104

56 Alfons Labisch: »Species sanitation of malaria in the Netherlands East Indies (1913–1942) – an example of applied medical history?«, *Michael Quaterly*, Nr. 7, 2010, S. 296-306, hier: S. 298

57 David Turnbull: *Masons, Tricksters, and Cartographers: Comparative Studies in the Sociology of Scientific and Indigenous Knowledge*. New York: Routledge, 2000, S. 165–194, hier: S. 166

58 Ebd., S. 168

59 Catherine Lutz / Jon Elliston: »Domestic Terror«, *The Nation*, 14.10.2002, S. 14–16

60 Diane M. Nelson: »A social science fiction of fevers, delirium, and discovery«, S. 263, Endnote 6

61 Uli Beisel / Christophe Boëte: »The Flying Public Health Tool: Genetically Modified Mosquitoes and Malaria Control«, *Science as Culture*, 22:1, 2013, S. 38–60, hier: S. 58. Dabei handelt es sich um einen bioökonomischen Kuchen, an dem auch aufstrebende Schwellenländer wie Brasilien teilhaben wollen. Vgl. Luisa Reis-Castro / Kim Hendrickx: »Winged promises: Exploring the Discourse on Transgenic Mosquitoes in Brazil«, *Technology in Society*, Nr. 35, 2013, S. 118–128

62 Uli Beisel: »Markets and Mutations: mosquito nets and the politics of disentanglement in global health«, *Geoforum*, Bd. 66, 2016, S. 145–155, hier: S. 145

63 Ebd., S. 150

64 Ebd., S. 153

65 Eva Johach: »Termitewerden: Staatenbildende Insekten im Industriezeitalter«, *Kultur & Gespenster*, Nr. 4, 2007, S. 20–37, hier: S. 21. Vgl. Douglas Starr / Felix Driver: »Imagining the Tropical Colony: Henry Smeathman and the Termites of Sierra Leone.« In: Felix Driver / Luciana Martins (Hrsg.): *Tropical Visions in an Age of Empire*. Chicago: University of Chicago Press, 2005, S. 92–112

66 Lange Zeit ging man davon aus, dass es sich um *Reticulitermes flavipes (Kollar)* handelte, die verbreitetste Termite Nordamerikas. Die aktuelle Forschung legt einen anderen Schluss nahe: Die Hamburger Termitenpopulation scheint sich aus den südeuropäischen »Cousins« zusammenzusetzen: *Reticulitermes lucifugus*. Siehe: Udo Sellenschlo: *Vorratsschädlinge und Hausungeziefer: Bestimmungstabellen für Mitteleuropa*. Heidelberg: Springer Verlag, 2010, S. 49

67 Nel Yomtov: *From Termite Den to Office Building*. Ann Arbor: Cherry Lake Publishing, 2014, S. 10

68 Laut Abraham Margolis, dem Chefingenieur des Unternehmens, waren die hohen Kraftstoffkosten nach dem Ersten Weltkrieg die treibende Kraft für das Projekt. Aber Margolis selbst sah viel mehr in der elektrischen Heizung: gesellschaftspolitische, hygienische, medizinische und ökologische Aspekte. Nachdem er in den 1930er Jahren von den Nationalsozialisten aus dem Management des Unternehmens vertrieben worden war, ließ sich Margolis im Vereinigten Königreich nieder und setzte seine Arbeit bei einem anderen Unternehmen fort, das Fernwärme nach Pimlico, einem Londoner Wohnort, bringen würde. Wolfgang Mock: »Margolis, Abraham«, *Neue Deutsche Biographie* 16, 1990, S. 169f. Vgl. Charlotte Johnson: »District heating as heterotopia: Tracing the social contract through domestic energy infrastructure in Pimlico«, *Economic Anthropology*, 3:1, 2016, S. 94–105

69 »Karoviertel, Termiten-Attacke«. *Hamburger Morgenpost*, 9. Februar 2009

70 Laut Expert*innen-Interviews mit unterschiedlichen kommunalen Beamt*innen im April und Mai 2013 (gem. mit Christina Linorter)

71 Der Thermidor war der elfte Monat des französischen Revolutionskalenders, der von Mitte Juli bis Mitte August andauerte und wörtlich »der Monat der Hitze« bedeutet. In diesem Monat des Jahres 1794 wurde Maximilien de Robespierre gestürzt.

72 https://www.termidorhome.com

73 Laut Expert*innen-Interviews mit unterschiedlichen kommunalen Beamt*innen im April und Mai 2013 (gem. mit Christina Linorter)

74 Silke Klöver: *Was hat die Globalisierung mit uns zu tun? Grundwissen erwerben – Zusammenhänge erkennen*. Buxtehude: Persen Verlag, 2011, S. 21

75 Theodore A. Evans / Brian T. Forschler / Grace J. Kenneth: »Biology of Invasive Termites: A Worldwide Review«, *Annual Review Entomology*, Nr. 58, 2012, S. 455–74, hier: S. 457

76 Theodore A. Evans: »Invasive Termites.« In: David Edward Bignell / Yves Roisin / Nathan Lo (Hrsg.): *Biology of Termites: A Modern Synthesis*. New York: Springer, 2011, S. 519–562, hier S. 520.

77 Ebd., S. 521

78 Donna Haraway: »Die Biopolitik postmoderner Körper. Konstitutionen des Selbst im Diskurs des Immunsystems«. In: dies.: *Die Neuerfindung der Natur.*

Primaten, Cyborgs und Frauen; hrsg. v. Garmen Hammer und Immanuel Stiess. Frankfurt a. M.: Campus Verlag, 1995, S. 160–199

79 Der Absatz aus dem Kapitel »Der Planet ohne Visum« in Trotzkis Autobiografie *Mein Leben* erinnert uns (die wir in Zeiten des Whistleblowers Edward Snowden und der Sci-Hub-Gründerin Alexandra Elbakyan leben) an die Kontinuitäten zwischen seiner und unserer Epoche: »Ich muß gestehen, daß das Antreten der europäischen Demokratien zum Appell in der Frage des Asylrechts mir nebenbei nicht wenige lustige Augenblicke bereitete. Manchmal kam es mir vor, als wohnte ich der Inszenierung eines ›paneuropäischen‹ Einakters des Titels: Prinzipien der Demokratie bei. Den Text konnte Bernard Shaw geschrieben haben, wenn man zu der Fabier-Flüssigkeit, die in seinen Adern rinnt, einige Prozent vom Blute Jonathan Swifts hinzugegeben hätte. Wer aber den Text auch geliefert haben mochte, das Stück wurde ausnehmend lehrreich: *Europa ohne Visum*. Von Amerika ganz zu schweigen. Die Vereinigten Staaten sind nicht nur das stärkste, sondern auch das ängstlichste Land. Vor kurzem hatte Hoover seine Leidenschaft für den Fischfang mit dem demokratischen Charakter dieser Beschäftigung erklärt. Wenn das stimmt – was ich bezweifle –, dann ist dieser Sport eines der wenigen Überbleibsel der Demokratie, die in den Vereinigten Staaten erhalten geblieben sind. Das Asylrecht gibt es dort schon lange nicht mehr. *Europa und Amerika ohne Visum*. Diese zwei Kontinente aber beherrschen die ganze übrige Welt. Also bedeutet das – der Planet ohne Visum.« Leon Trotsky: *My Life* (New York: Grosset & Dunlap, 1960 [1930]), S. 579

80 Hugh Rafes: *Insectopedia*. New York: Pantheon, 2010, S. 469–73

81 Hierbei handelt es sich um Antonio Negris poetische Formulierung für die Eigenschaft der schwärmenden Multitude immaterieller Arbeiter*innen in der aufkommenden Epoche des zeitgenössischen Empires. Antonio Negri: *Trilogy of Resistance*. Minneapolis/London: University of Minnesota Press, 2011, S. 29. Während Negris notorisches Interesse für das Schwärmen überraschenderweise eine Art Einbahnstraße der menschlichen Emanzipation darstellt, haben andere Theoretiker zuletzt versucht die progressiven Energien von Negris Projekt auch zum Nutzen von Nichtmenschen in den Blick zu nehmen, siehe Tyson E. Lewis: »Swarm Intelligence: Rethinking the Multitude from within the Transversal Commons«, *Culture, Theory and Critique*, 51:3, 2010, S. 223–238

82 Timothy Mitchell: *Rule of Experts: Egypt, Techno-Politics, and Modernity*

83 Clapperton Changanetsa Mavhunga: *The Mobile Workshop: Mobility, Technology, and Human-Animal Interaction in Gonarezhou (National Park), 1850–present*, Dissertation, University of Michigan, 2008, S. 7

84 Bambule war der Name eines gegenkulturellen Trailerparks von Besetzer*innen im erwähnten Karolinenviertel, wo auch die Hamburger Termiten leben. Massive Proteste gegen die polizeiliche Räumung des alternativen Wohnprojekts wurden Gegenstand internationaler Presseberichterstattung. Während »Bambule machen« ein norddeutscher Slangausdruck für Randale und Ausschreitungen darstellt, geht »bamboula« auf die Bezeichnung für eine große Trommel und den Tanz, der den Sound dieser Trommel begleitete, zurück – beide hatten ihren Ursprung in Afrika und wurden durch die »traffic in human flesh« in die USA gebracht. Insbesondere nach der Haitianischen Revolution fanden sich Sklav*innen am Congo Square am Rand des French Quarters von New Orleans zusammen, um die bamboula zu tanzen. Später trug der erste Swing den Namen *The Bamboula*.

85 Wilhelm Bölsche: »Der Termitenstaat. Schilderung eines geheimnisvollen Volkes (1931)«, S. 52, zit. n. Eva Johach: *Termitewerden*, S. 31

86 Ebd., S. 34

87 Inauguralrede an der Münchner Ludwig Maximilian Universität am 25.11.1933

88 Jean L. Sutherland: »Protozoa from Australian Termites«, *Quarterly Journal of Microscopical Science*, Bd. 2, 1933, S. 145–173, hier: S. 76

89 Donna J. Haraway.: »Otherworldly Conversations; Terran Topics; Local Terms«, *Science as Culture*, 3:1, 1992, S. 94

90 Myra Hird: *Sex, Gender and Science*. Houndmills: Palgrave Macmillan, 2004, S. 68

91 Nikki Sullivan: »The Somatechnics of Perception and the Matter of the Non/human: A Critical Response to the New Materialism«, *European Journal of Women's Studies*, Nr. 19, 2012, 299–313, hier: S. 306

92 *Das purpurne Muttermal*, Programmheft. Wien: Burgtheater/Akademietheater Wien, 2006. Andere sehen hier sklavische Arbeit auf mikroskopischer Ebene am Werk: »Betrachten wir den Fall des großen Protozoen *Mixotricha paradoxa*, der durch die koordinierte Bewegung von Tausenden von ›Zilien‹ oder haarähnlichen Anhängseln durch seine Umgebung getrieben wird; diese Anhängsel haben sich als Hunderttausende von winzigen Spirochätenbakterien erwiesen, die – wie ›Galeerensklaven‹ – von anderen Bakterien an der Zell-oberfläche festgehalten werden.« Rupert D.V. Glasgow: *The Minimal Self*. Würzburg: Würzburg University Press, 2017, S. 358, Endnote 860

Andere Ökologien: Berghain, Östrogene und Vogelnester

1 S. Markman / S. Leitner / C. Catchpole / S. Barnsley / CT Müller et al.: »Pollutants Increase Song Complexity and the Volume of the Brain Area HVC in a Songbird«, *PLoS ONE*, 3:2, 2008, e1674, S. 1–6

2 Johannes Neurath: *Peyote, Politik und Polyontologien*, Vortrag, Universität für künstlerische und industrielle Gestaltung Linz, 6. Juni 2018

3 Errol Fuller: *The Passenger Pigeon*. Princeton: Princeton University Press, 2014, S. 9

4 Ivan Akimushkin: *Sledy nevidannyx zverei*. Moskau: Geografgiz, 1961, zit. n. Oxana Timofeeva: *Unconscious Desire for Communism*, Manuskript, 2018

5 Zit. n. Mark Payne: *The Animal Part: Human and Other Animals in the Poetic Imagination*. London / Chicago: University of Chicago Press, 2010, S. 71

6 Eric Miller: »A Defect in Nature: The Figure of the Passenger Pigeon in Graeme Gibson and Other North American Writers.« In: V. Tinkler-Villani / C.C. Barfoot (Hrsg.): *Restoring the Mystery of the Rainbow*. Amsterdam / New York: Rodopi 2011, S. 333–354, hier: S. 353

7 Ebd., S. 69. Aufgrund der mehr als tausend erhalten gebliebenen taxidermischen Präparate stellt die Wandertaube die in den Museen weltweit am häufigsten vertretene in historischer Zeit ausgestorbene Tierart dar. Vgl. Dieter Luther: *Die ausgestorbenen Vögel der Welt*, Die Neue Brehm-Bücherei. Wittenberg: A. Ziemsen Verlag, 1986, S. 92–94

8 David Garber: »Ben Klock: ›Ich bin kein Technopurist‹«, *Vice Online*, 21.10.2015, https://thump.vice.com/de/article/xypy8n/ben-klock-ich-bin-kein-techno-purist-422

9 Paul Beatriz Preciado: *Testo Junkie*. Berlin: b_books, 2016

10 Paul Beatriz Preciado: »Pharmaco-pornographic Politics: Towards a New Gender Ecology«, *Parallax*, 14:1, 2008, S. 105–117, hier: S. 108

11 Paul Beatriz Preciado: *Testo Junkie*, S. 44

12 William von Hippel / Frank A. von Hippel: »Sex drugs and animal parts: will Viagra save threatened species?«, *Environmental Conservation*, Bd. 29, Nr. 3, 2002, S. 277–281

13 Der Glaube an die Wirkung exklusiver Medikamente ist dabei keineswegs auf Asien beschränkt: Laut *Forbes Magazine* erfreut sich unter US-amerikanischen Leistungssportlern ein Destillat aus dem Bastgeweih von Rentieren zunehmender Beliebtheit, da dieses verspreche Muskelwachstum zu fördern und das Altern zu verlangsamen, die sportliche Leistung und Regeneration nach Verletzungen zu verbessern – sowie natürlich: die Libido aufzuladen. Obgleich bislang keine medizinischen Belege für diese angepriesenen Wirkungen gefunden werden konnten, erweist sich der Handel mit dem Wundermittel für die beteiligten Firmen als einträgliches Geschäft. David DiSalvo: »How To Squeeze Snake Oil From Deer Antlers And Make Millions«, *Forbes Magazine*, 10.11.2013

14 William von Hippel / Frank A. von Hippel / Norman Chan / Clara Cheng: »Exploring the use of Viagra in place of animal and plant potency products in traditional Chinese medicine«, *Environmental Conservation*, Bd. 32, Nr. 3, 2005, S. 235–238

15 Craig Hoover: »Response to ›Sex, drugs and animal parts: Will Viagra save threatened species?‹«, *Environmental Conservation*, Bd. 30, Nr. 4, 2003, S. 317–318; William von Hippel: »Is Viagra a viable conservation tool? Response to Hoover, 2003«, *Environmental Conservation*, Bd. 31, Nr. 1, 2004, S. 4–6; Richard Damaniaa / Erwin H. Bulte: »The economics of wildlife farming and endangered species conservation«, *Ecological Economics*, Bd. 62, Nr. 3–4, 2007, S. 461–472

16 *The Nation's Most Ironic Nature Park*, Einleitung, Landschaftskalender 1991, Rocky Mountain Arsenal.

17 Zit. n. Alexander Wilson: *The Culture of Nature: North American Landscape from Disney to the Exxon Valdez*. Cambridge, MA: Blackwell, 1992, S. 281

18 Mike Lee: »Military, Conservationists Unite to Deflect Urban Encroachment«, *San Diego Union-Tribune*, 26. Juli 2005, zit. n. Peter Coates / Tim Cole / Marianna Dudley / Chris Pearson: »Defending Nation, Defending Nature? Militarized Landscapes and Military Environmentalism in Britain, France, and the United States«, *Environmental History* 16 (July 2011), S. 456–491, hier: S. 490, Fußnote 97

19 Jeffrey P. Cohn: »A Makeover for Rocky Mountain Arsenal: Transforming a Superfund Site into a National Wildlife Refuge«, *BIOSCIENCE*, 49:4, 1999, S. 273–277, hier: S. 275f.

20 Rachael E. Salcido: »The Rocky Mountain Arsenal National Wildlife Refuge: On a Rocky Road To Creating a Community Asset«, *The John Marshall Law Review*, 47:4, 2014, S. 1399–1430, hier: 1404f.

21 Edmund Russell: *War and Nature: Fighting Humans and Insects with Chemicals from World War I to Silent Spring*. Cambridge MA: Cambridge University Press, 2001, S. 235

22 Eric Wagner: »The DMZ's Thriving Resident: The Crane«, *The Smithsonian Magazine*, April 2011

23 Peter Coates: »From hazard to habitat (or hazardous habitat): The lively and lethal afterlife of Rocky Flats, Colorado«, *Progress in Physical Geography*, 38:3, 2014, S. 286–300

24 Julia Kristeva: *Powers of horror. An essay on abjection*. New York: Columbia University Press, 1982

25 Timothy Morton: *Ökologie ohne Natur. Eine neue Sicht der Umwelt*. Berlin: Matthes & Seitz, 2016, S. 245

26 Ebd.

27 William Cronon (Hrsg.): *Uncommon Ground: Rethinking the Human Place in Nature*. New York: W.W. Norton & Co, 1996, S. 28

28 Cecil C. Konijnendijk: *The Forest and the City – The Cultural Landscape of Urban Woodland*. Berlin: Springer, 2008, S. 111

29 William Cronon: »The Trouble with Wilderness; or, Getting Back to the Wrong Nature«. In: ders. (Hrsg.): *Uncommon Ground: Rethinking the Human Place in Nature*, S. 69–90, hier: S. 73
30 Ebd., S. 75
31 Ebd., S. 87
32 Monserrat Suàrez-Rodríguez / Isabel Lopez-Rull / Constantino Macías Garcia: »Incorporation of cigarette butts into nests reduces nest ectoparasite load in urban birds: new ingredients for an old recipe?«, *Biology Letters*, 9:1, 2012, S. 1–3
33 Martin Vieweg: »Kurios: Nester aus Kippen«, 5.12.2012, https ://www.wissenschaft.de/umwelt-natur/kurios-nester-aus-kippen-2/

Politik statt Moral

1 Jeder der drei Lieutenants der Gang verdiente durchschnittlich sieben Dollar und der Chef der kriminellen Unternehmung kam auf 66 Dollar pro Stunde. Steven D. Levitt: *Freakonomics. A Rogue Economist Explores the Hidden Side of Everything* (mit Stephen Dubner), New York: Harper Collins, 2005, S. 93
2 Ebd., S. 95
3 Angaben der Hilfsorganisation »Brot für die Welt« zufolge ist Westfrika am stärksten von den EU-Billigausfuhren betroffen. Die Bauern dort hätten Produktionskosten von etwa 1,80 Euro je Kilo. Europäisches Hähnchenfleisch aber koste nur die Hälfte. Allein seit 2009 haben sich die Exporte aus der EU nach Westafrika verdreifacht, da nützen auch 35% Schutzzoll nichts, um die einheimische Geflügelproduktion zu erhalten. Vgl. »Billigfleisch für Afrika«, *Die Zeit*, 20.01.2015. Vgl. auch Francisco Marí / Rudolf Buntzel: *Das globale Huhn. Hühnerbrust und Chicken Wings – Wer isst den Rest?* Frankfurt a. M.: Brandes & Apsel, 2012
4 Was für leistungsfähige Mitglieder der Mittelschicht plausibel wirkt, wird von anderen leicht durchschaut. Eine französische Untersuchung zeigte, dass gerade Menschen, die wegen Alter oder Arbeitsplatzmangel, aus psychischen oder körperlichen Gebrechen keiner normalen Erwerbsarbeit nachkommen können, sich deutlich für staatliche Regulierung der Tierhaltung aussprechen. Sie wissen aus eigener Erfahrung, dass staatlich gewährleistete Rechte mehr Sicherheit bieten als sich bloß auf den guten Willen von Bauern und individuellen wohltätigen Entscheidungen anderer zu verlassen.
5 Fabian Federl: »Veganer und Drogen. Hört erst mal auf zu koksen!«, *Der Tagesspiegel*, 24.12.2015
6 Mike Pearl: »So unmoralisch ist es, Kokain zu nehmen«, *Vice Magazine*, 28.05.2016, https://www.vice.com/de_at/article/jmn7kx/ist-kokain-moralisch-vertretbar

7 Deniz Yücel hat dieses Dilemma in seiner halbfiktiven Reportage »Einmal Fair-Trade-Biokoks, bitte« anlässlich der 10.000. Ausgabe der *tageszeitung* pointiert zusammengefasst: *die tageszeitung*, 08.01.2013; auch in: Deniz Yücel: *Wir sind ja nicht zum Spaß hier. Reportagen, Satiren und andere Gebrauchstexte*, Hamburg: Edition Nautilus, 2018, S.63–68

8 Zit. n. »Bio-Essen kaufen, aber Kokain nehmen? Polizeichefin kritisiert scheinheilige Mittelschichtler«, *Der Stern*, 01.08.2018. Vgl. Lizze Dearden: »Violent crime ›stabilising in London‹, police say after 87 people killed so far in 2018«, *The Independant*, 01.08.2018, https://www.independent.co.uk/news/uk/crime/crime-uk-stabbings-london-murders-rate-new-york-drugs-cocaine-a8471976.html. Für eine seriösere Auseinandersetzung mit dem Phänomen zunehmender Ganggewalt in London siehe Jo Cardwell / Claire Dissington / Brian Richardson: »Out of Control? Youth Crime, Class and Capitalism«, *International Socialism*, Nr. 159, Juli 2018, http://isj.org.uk/out-of-control-youth-crime-class-and-capitalism/

9 Zit. n. Donna Haraway: »Situiertes Wissen. Die Wissenschaftsfrage im Feminismus und das Privileg einer partialen Perspektive«. In: Sabine Hark (Hrsg.): *Dis/Kontinuitäten: Feministische Theorie*. Aus dem Englischen von Helga Kelle. Wiesbaden: VS Verlag, 2007, S. 305–322, hier: S. 320, Endnote 1

10 Theodor W. Adorno: *Minima Moralia. Reflexionen aus dem beschädigten Leben.* Frankfurt a. M.: Suhrkamp Verlag, 1951, S. 94

11 Friedrich Nietzsche: *Also sprach Zarathustra*. Kritische Studienausgabe, Band 4. München / Berlin / New York: Deutscher Taschenbuch Verlag & De Gruyter, 1988, S. 285

12 Ernst Bloch: »›Etwas fehlt … über die Widersprüche der Utopischen Sehnsucht.‹ Rundfunkgespräch mit Theodor W. Adorno (1964)«. In: ders.: *Tendenz – Latenz – Utopie* (Ergänzungsband zur Gesamtausgabe), Frankfurt a. M..: Suhrkamp, S. 350–368

13 Max Brod: *Über Franz Kafka*. Frankfurt am Main: Fischer Taschenbuch Verlag, 1974, S. 70

14 Peter Stine: »Franz Kafka and Animals«, *Contemporary Literature*, 22:1, 1981, S. 58–80, hier: S. 70; Eric Williams: »Of Cinema, Food, and Desire: Franz Kafka's ›Investigations of a Dog‹«, *College Literature*, 34:4, 2007, S. 92–124, hier: S. 116f. sowie S. 119, Fußnote 13; Jens Hanssen: »Kafka and Arabs«, *Critical Inquiry*, 39:1, 2012, S. 167–197, hier: S. 180f. Zum Mensch-Tier-Verhältnis bei Kafka siehe auch Christina Gerhardt: »The Ethics of Animals in Adorno and Kafka«, *New German Critique* 97, 33:1, 2006, S. 159–178; Chris Danta: »Kafka's Mousetrap: The Fable of the Dying Voice«, *SubStance*, Ausgabe 117, 37:3, 2008, S. 152–168; Marc Much / Donna Yard (Hrsg.): *Kafka's Creatures. Animals, Hybrids, and Other Fantastic Beings*. Lanham: Lexington Books, 2010

15 John Varley: *The Persistence of Vision*. New York: The Dial Press/James Wade, 1978

16 Ebd., S. 6. Eva Hayward trägt das nicht-defizitorientierte Argument über Speziesgrenzen und nimmt Nesseltiere (*B. elegans*), deren Augen, Geschlechtsorgane und Finger ineinander übergehen, als Ausgangspunkt ihrer Re-Visionierung der Begriffe und Kategorien von Wissens- und Bedeutungsproduktion. Hayward fragt auf ihrer Suche nach Alternativen zum allwissenden Auge der Aufklärung wie die mehr-als-visuellen »Bilder« im »Kopf« von Nesseltieren beschaffen sein mögen? Siehe Eva Hayward: »Fingery Eyes: Impressions of Cup Corals«, *Cultural Anthropology*, 25: 4, 2010, S. 577–599. Zu feministisch inspirierten Reartikulationen und Befragungen des Tastsinns als weltgenerierendem Verwandten des Visuellen siehe Lorraine Code: *What Can She Know? Feminist Theory and the Construction of Knowledge*. Ithaca: Cornell University Press, 1991

17 Timothy Morton: *Humankind. Solidarity with Nonhuman People*. London / New York: Verso, 2017, S. 144

18 Ebd., S. 163

19 Ebd., S. 144

20 Timothy Morton: *Humankind*, S. 179

21 Marion von Osten / Peter Spillmann: *Be Creative! – Der kreative Imperativ*. Zürich: Museum für Gestaltung Zürich, 2002

22 Vgl. »Guerillas in tha Mist« von Da Lench Mob, zuerst erschienen auf Ice Cubes Debüt-Soloalbum »AmeriKKKa's Most Wanted«, Priority Records, 1990

LITERATUR

Adorno, Theodor W.: *Minima Moralia. Reflexionen aus dem beschädigten Leben.* Frankfurt am Main: Suhrkamp Verlag, 1951

Adorno, Theodor W.: *Negative Dialektik.* Frankfurt am Main: Suhrkamp, [1966] 1996

Ahuja, Neel: *Bioinsecurities: Disease Interventions, Empire, and the Government of Species.* Durham: Duke University Press, 2016

Ahuja, Neel: »Abu Zubaydah and the Caterpillar«, *Social Text*, 29:1, 2011, S. 127–149

Amrith, Sunil S.: *Decolonizing International Health: India and Southeast Asia, 1930–65.* New York: Palgrave Macmillan, 2006

Andrijaševiü, Rutvica: »The Spectacle of Misery. Gender, Migration and Representation in Anti-Trafficking Campaigns«, *Feminist Review*, Nr. 86, 2007, S. 24–44

Arluke, Arnold / Sax, Boria: »Understanding Nazi Animal Protection and the Holocaust«, *Anthrozoös*, 5:1, S. 6–31.

Bales, Richard F.: *The Great Chicago Fire and the Myth of Mrs. O'Leary's Cow.* Jefferson: McFarland, 2002

Balibar, Etienne / Mezzadra, Sandro: »Borders, Citizenship, War, Class: a Discussion with Etienne Balibar and Sandro Mezzadra«, *New Formations*, Nr. 58, 2006, S. 10–30

Balluch,. Martin: *Tierschützer. Staatsfeind – In den Fängen von Polizei und Justiz.* Wien: Promedia, 2011

Beisel, Uli: »Markets and Mutations: mosquito nets and the politics of disentanglement in global health«, *Geoforum*, Bd. 66, 2016, S. 145–155

Beisel, Uli / Boëte, Christophe: »The Flying Public Health Tool: Genetically Modified Mosquitoes and Malaria Control«, *Science as Culture*, 22:1, 2013, S. 38–60

Benton, Ted: *Natural Relations: Ecology, Animal Rights and Social Justice*, London/New York: Verso, 1993

Berger, John: »Why look at animals?« In: ders.: *About Looking.* New York: Bloomsbury, 1980, S. 1–26

»Billigfleisch für Afrika«, *Die Zeit*, 20. Januar 2015

»Bio-Essen kaufen, aber Kokain nehmen? Polizeichefin kritisiert scheinheilige Mittelschichtler«, *Der Stern*, 1. August 2018

Birkner, Martin / Foltin, Robert: *(Post-)Operaismus. Von der Arbeiterautonomie zur Multitude*. Stuttgart: Schmetterling-Verlag, 2006

Blanchette, Alex: »Herding Species: Biosecurity, Posthuman Labor, and the American Industrial Pig«, *Cultural Anthropology*, Bd. 30, Nr. 4, 2015, S. 640–669.

Blechman, Andrew: *Pigeons*. New York: Grove Press, 2006

Bloch, Ernst: »›Etwas fehlt … über die Widersprüche der Utopischen Sehnsucht‹, Rundfunkgespräch mit Theodor W. Adorno (1964)«. In: ders., *Tendenz – Latenz – Utopie* (Ergänzungsband zur Gesamtausgabe), Frankfurt am Main: Suhrkamp, 1978, S. 350–368

Bojadžijev, Manuela: *Die windige Internationale. Rassismus und Kämpfe der Migration*. Münster: Westfälisches Dampfboot, 2008

Bojadžijev, Manuela / Karakayali, Serhat: »Autonomie der Migration. 10 Thesen zu einer Methode.« In: TRANSIT MIGRATION Forschungsgruppe (Hrsg.), *Turbulente Ränder. Neue Perspektiven auf Migration an den Grenzen Europas*, Bielefeld: Transcript, 2006, S. 203–209

Bowerman, Mary: »Crowd Goes Wild After Small Bird Lands on Bernie Sanders' Podium«, *USA TODAY*, 26. März 2016.

Brighenti, Andrea Mubi: »The Public and the Common: Some Approximations of Their Contemporary Articulation«, *Critical Inquiry*, Bd. 42, Nr. 2, Winter 2016, S. 306–328

Broadnov, William J.: »Paradise Lost: Biosphere Retooled as Atmospheric Nightmare«, *The New York Times*, 19. November 1996

Brod, Max: *Über Franz Kafka*. Frankfurt am Main: Fischer Taschenbuch Verlag, 1974

Bronner, Simon J.: »Contesting Tradition: The Deep Play and Protest of Pigeon Shoots«, *Journal of American Folklore*, Bd. 118, 2005, S. 409–452

Burke, Edmund: *Reflections on the Revolution in France, And on the Proceedings in Certain Societies in London Relative to that Event. In a Letter Intended to Have Been Sent to a Gentleman in Paris*

Burt, Jonathan: »John Berger's ›Why Look at Animals?‹: A Close Reading«, *Worldviews: Global Religions. Culture, and Ecology*, Bd. 9, Nr. 2, 2005, S. 203–218

Bybee, Jay: *Memorandum for John Rizzo, Acting General Counsel of the Central Intelligence Agency*, U.S. Department of Justice, Office of Legal Counsel, 1. August 2009, S. 1-18 (https://www.hsdl.org/?view&did=37518)

Callaway, Helen: *Gender, culture and empire: European women in colonial Nigeria*. Basingstoke: Macmillan, 1987

Caprotti, Federico: »Malaria and technological networks: medical geography in the Pontine Marshes, Italy, in the 1930s«, *Geographical Journal*, Bd. 172, Nr. 2, S. 145–155

Cardwell, Jo / Dissington, Claire / Richardson, Brian: »Out of Control? Youth Crime, Class and Capitalism«, *International Socialism*, Nr. 159, Juli 2018, http://isj.org.uk/out-of-control-youth-crime-class-and-capitalism/

Carter, Eric D.: »›God Bless General Perón‹: DDT and the Endgame of Malaria Eradication in Argentina in the 1940s«, *Journal of the History of Medicine and Allied Sciences*, 64:1, 2008, S. 78–122

Cell, John W.: »Anglo-Indian Medical Theory and the Origins of Segregation in West Africa«, *The American Historical Review*, 91:2, S. 307–335

Chakrabarty, Dipesh: *Europa als Provinz: Perspektiven postkolonialer Geschichtsschreibung*. Frankfurt am Main: Campus Verlag, 2010 (erstmals erschienen unter ders., *Provincialising Europe: Postcolonial thought and Historical Difference*. Princeton: Princeton University Press, 2000)

Chrulew, Matthew: »Animals in Biopolitical Theory: Between Agamben and Negri«, *New Formations*, Nr. 76, Herbst 2012, S. 53–67

Clark, Jonathan L.: »Labourers or Lab Tools? Rethinking the Role of Lab Animals in Clinical Trials.« In: Taylor, Nik / Twine, Richard (Hrsg.), *The Rise of Critical Animal Studies: From the Margins to the Centre*. London: Routledge, 2014, S. 139–166

Clasberry, Emma Umana: *Culture of Names in Africa: A Search for Cultural Identity*. New York: Xlibris Corp, 2012

Cleaver, Harry: *Reading Capital Politically*. London: Anti-Theses / AK Press, 2000

Coates, Peter: »From hazard to habitat (or hazardous habitat): The lively and lethal afterlife of Rocky Flats, Colorado«, *Progress in Physical Geography*, 38:3, 2014, S. 286–300

Coates, Peter / Cole, Tim / Dudley, Marianna / Pearson, Chris: »Defending Nation, Defending Nature? Militarized Landscapes and Military Environmentalism in Britain, France, and the United States«, *Environmental History*, Nr.16, July 2011, S. 456–491

Code, Lorraine: *What Can She Know? Feminist Theory and the Construction of Knowledge*, Ithaca: Cornell University Press, 1991

Cohen, William B.: »Malaria and French Imperialism«, *The Journal of African History*, Bd. 24, S. 23–36

Cohn, Jeffrey P.: »A Makeover for Rocky Mountain Arsenal: Transforming a Superfund Site into a National Wildlife Refuge«, *BIOSCIENCE*, 49.4, 1999, S. 273–277

Coppin, Dawn: »Foucauldian Hog Futures«, *Sociological Quarterly*, Bd. 44, Nr. 4, 2003, S. 597–616

Coulter, Kendra: »Horse Power: Gender, Work, and Wealth in Canadian Show Jumping.« In: Adelman, Miriam / Knijnik, Jorge (Hrsg.): *Gender and Eques-trian Sport: Riding Around the World Gender and Equestrian Sport.* Dodrecht: Springer, 2013, S.165–181

Coulter, Kendra: *Animals, Work, & the Promise of Interspecies Solidarity*. New York: Palgrave Macmillan, 2016

Cronon, William: *Nature's Metropolis: Chicago and the Great West*. New York: W. W. Norton, 1991

Cronon, William: »The Trouble with Wilderness; or, Getting Back to the Wrong Nature«. In: ders. (Hrsg.), *Uncommon Ground*, S. 69–90

Cronon, William (Hrsg.): *Uncommon Ground: Rethinking the Human Place in Nature*. New York: W.W. Norton & Co, 1996

Curtin, Philip D.: »Medical Knowledge and Urban Planning in Tropical Africa«, *The American Historical Review,* Bd. 90, Nr. 3, 1985, S. 594–613

Damaniaa, Richard / Bulte, Erwin H.: »The economics of wildlife farming and endangered species conservation«, *Ecological Economics*, Bd. 62, Nr. 3–4, 2007, S. 461–472

Danta, Chris: »Kafka's Mousetrap: The Fable of the Dying Voice«, *SubStance*, Ausgabe 117, 37:3, 2008, S. 152–168

Das purpurne Muttermal, Programmheft, Wien: Burgtheater/Akademietheater Wien, 2006

Deacon, Harriet: »Racial Segregation and Medical Discourse in Nineteenth-Century Cape Town«, *Journal of Southern African Studies*, Bd. 22, Nr. 2, 1996, S. 287–308

Dearden, Lizzie: »Violent crime ›stabilising in London‹, police say after 87 people killed so far in 2018«, *The Independant*, 1. August 2018, https:// www.independent.co.uk/news/uk/crime/crime-uk-stabbings-london-murders-rate-new-york-drugs-cocaine-a8471976.html

Dee, Andrea: *Eine vergessene Leidenschaft: Von Tauben und Menschen*. Wien: Ueberreuter, 1994

Derrida, Jacques: *The Beast and the Sovereign. Volume I. The Seminars of Jacques Derrida*, übersetzt von Geoffrey Bennington. Chicago: The University of Chicago Press, 2009

DiSalvo, David: »How To Squeeze Snake Oil From Deer Antlers And Make Millions«, *Forbes Magazine*, 10. November 2013

Donald, Diana: »›Beastly Sights‹: The Treatment of Animals as a Moral Theme in Representations of London c.1820–1850«, *Art History*, Bd. 22, Nr. 4, 1999, S. 514–544.

Donaldson, Sue / Kymlicka, Will: *Zoopolis: A Political Theory of Animal Rights.* Oxford: Oxford University Press, 2011 (Dt. *Zoopolis: Eine politi-*

sche Theorie der Tierrechte, übersetzt von Joachim Schulte, Frankfurt am Main: Suhrkamp, 2013)

Douglas, Mary: *Reinheit und Gefährdung. Eine Studie zu Vorstellungen von Verunreinigung und Tabu*, übersetzt von Brigitte Luchesi, Berlin: Reimer, Dietrich, 1985

Dyer-Witheford, Nick: »Cyber-Negri: General Intellect and Immaterial Labor«. In: Murphy, Timothy / Mustapha, Abdul-Karim: *The Philosophy of Antonio Negri. Resistance in Practice*, London: Pluto Press, 2005, S. 136–162

Ehrenberg, Alain: *Das erschöpfte Selbst: Depression und Gesellschaft in der Gegenwart*, übersetzt von Manuala Lenzen und Martin Klaus. Frankfurt am Main: Suhrkamp, 2004

Eisenman, Stephen F.: »The Real ›Swinish Multitude‹«, *Critical Inquiry, Bd.* 42, Nr. 2, 2016, S. 339–373

Enzensberger, Hans Magnus: »Über S. Giedions ›Die Herrschaft der Mechanisierung‹«, *Der Spiegel*, 7. Februar 1983, S. 196–201

D'Eramo, Marco: *»Das Schwein und der Wolkenkratzer.« Chicago: Eine Geschichte unserer Zukunft*, übersetzt von Friederike Hausmann und Rita Seuß. München: Verlag Antje Kunstmann, 1996

Evans, Theodore A.: »Invasive Termites.« In: Bignell, David Edward / Roisin, Yves / Lo, Nathan (Hrsg.): *Biology of Termites: A Modern Synthesis*. New York: Springer, 2011, S. 519–562

Evans, Theodore A. / Forschler, Brian T. / Kenneth, Grace J.: »Biology of Invasive Termites: A Worldwide Review«, *Annual Review Entomology*, Nr. 58, 2012, S. 455–74

Federl, Fabian: »Veganer und Drogen. Hört erst mal auf zu koksen!«, *Der Tagesspiegel*, 24. Dezember 2015

Fierl, Bruno: »Nachwort«. In: Lewis Mumford: *Vom Blockhaus zum Wolkenkratzer: Eine Studie über amerikanische Architektur und Zivilisation.* Übersetzt von M. Mauthner. Nachdruck der Ausgabe von 1925. Berlin: Cassirer, 1997, S. 293–304

Fisher, Carl: »Politics and porcine representation: Multitudinous swine in the British eighteenth century«, *Literature Interpretation Theory*, Bd. 10, Nr. 4, 1999, S. 303–326

Fitzgerald, Amy J.: »A Social History of the Slaughterhouse: From Inception to Contemporary Implications«, *Human Ecology Review*, Bd. 17, Nr. 1, 2010, S. 58–69

Foucault, Michel: *Was ist Kritik?* Übersetzt von Walter Seitter, Berlin: Merve, 1992

Fuller, Errol: *The Passenger Pigeon.* Princeton: Princeton University Press, 2014

Garber, David: »Ben Klock: ›Ich bin kein Technopurist‹«, Vice Online, 21. Oktober 2015, https://thump.vice.com/de/article/xypy8n/ben-klock-ich-bin-kein-techno-purist-422

Gerhardt, Christina: »The Ethics of Animals in Adorno and Kafka«, *New German Critique* 97, 33:1, 2006, S. 159–178

Gibson-Graham, JK: *The End of Capitalism (As We Knew It): A Feminist Critique of Political Economy*. Oxford, UK & Cambridge, USA: Blackwell Publishers, 1996

Giedion, Sigfried: *Bauen in Frankreich, Bauen in Eisen, Bauen in Eisenbeton*. Leipzig: Klinkhardt & Biermann, 1928; Nachdruck Berlin: Gebr. Mann, 2000

Giedion, Sigfried: *Die Herrschaft der Mechanisierung. Ein Beitrag zur anonymen Geschichte*. Frankfurt am Main: Europäische Verlagsanstalt, [1948] 1982

Gilje, Paul A.: *The Road to Mobocracy: Popular Disorder in New York City, 1763–1834*, Chapel Hill: University of North Carolina Press, 1987

Glasgow, Rupert D. V.: *The Minimal Self*. Würzburg: Würzburg University Press, 2017

Glover, David / Beaumont, Marie: *Racing Pigeons*. Marlborough: Crowood, 1999

Gramsci, Antonio: »Americanism and Fordism«. In: *The Gramsci Reader: Selected Writings 1916–1935*, herausgegeben von David Forgacs. New York: New York University Press, 2000, S. 275–299

Guillemin, Jeanne: »Choosing Scientific Patrimony: Sir Ronald Ross, Alphonse Laveran, and the Mosquito-Vector Hypothesis for Malaria«, *Journal of the History of Medicine and Allied Sciences,* Bd. 57, Nr. 4, 2002, S. 385–409

Gurr, Jens Martin: »The Mass-Slaughter of Native Americans in Jim Jarmusch's *Dead Man*. A Complex Interplay of Word and Image.« In: Meyer, Michael / Gesellschaft für die Neuen Englischsprachigen Literaturen: *Word & Image in Colonial and Postcolonial Literatures and Cultures*. Amsterdam: Brill Academic Publishers, 2009, S. 354–371

Haag-Wackernagel, Daniel: *Die Taube. Vom heiligen Vogel der Liebesgöttin zur Strassentaube*. Basel: Verlag Schwabe & Co, 1998

Hanssen, Jens: »Kafka and Arabs«, *Critical Inquiry*, 39:1, 2012, S. 167–197

Haraway, Donna: »Die Biopolitik postmoderner Körper. Konstitutionen des Selbst im Diskurs des Immunsystems.« In: dies., *Die Neuerfindung der Natur. Primaten, Cyborgs und Frauen*; hrsg. v. Garmen Hammer und Immanuel Stiess. Frankfurt am Main: Campus Verlag, 1995, S. 160–199

Haraway, Donna: »Otherworldly Conversations; Terran Topics; Local Terms«, *Science as Culture*, 3:1, 1992

Haraway, Donna: »Situiertes Wissen. Die Wissenschaftsfrage im Feminismus und das Privileg einer partialen Perspektive«. In: Hark, Sabine (Hrsg.), *Dis/Kontinuitäten: Feministische Theorie*. Wiesbaden: VS Verlag, 2007, S. 305–322

Haraway, Donna: *When Species Meet*. Minneapolis and London: University of Minnesota Press, 2008

Hardt, Michael / Negri, Antonio: *Empire. Die neue Weltordnung*, übersetzt von Thomas Atzert. Frankfurt am Main: Campus, 2002

Hardt, Michael / Negri, Antonio: *Multitude. Krieg und Demokratie im Empire*, übersetzt von Thomas Atzert. Frankfurt am Main: Campus, 2004

Harrasser, Karin (Hrsg.), *Auf Tuchfühlung. Eine Wissensgeschichte des Tastsinns*. IFK-Buchreihe: Schauplätze der Evidenz 4, Frankfurt am Main, 2017

Hartok, Hendrik: »Pigs and Positivism«, *University of Wisconsin Law Review*, Nr. 4, 1985, S. 899–935

Harvey, David: *A Companion to Marx's Capital*, New York: Verso, 2010

Haugg, Frigga: »Gramsci und die Produktion des Begehrens«, *Psychologie und Gesellschaftskritik* 22, 1998, S. 75–92

Hayward, Eva: »Fingery Eyes: Impressions of Cup Corals«, *Cultural Anthropology*, 25:4, 2010, S. 577–599

Heiden, Anne von der / Vogl, Joseph (Hrsg.): *Politische Zoologie*. Zürich / Berlin: diaphanes Verlag, 2007

Heinrich, Michael: *Die Wissenschaft vom Wert. Die Marxsche Kritik der politischen Ökonomie zwischen wissenschaftlicher Revolution und klassischer Tradition*; 7., erweiterte Auflage. Münster: Westfälisches Dampfboot, 2017

Hess, Sabine: *Globalisierte Hausarbeit. Au-pair als Migrationsstrategie von Frauen aus Osteuropa*, Wiesbaden: VS Verlag, 2009

Higgins, Hannah: *The Grid Book*. Cambridge MA: MIT Press, 2009

Hippel, William von: »Is Viagra a viable conservation tool? Response to Hoover, 2003«, *Environmental Conservation*, Bd. 31, Nr. 1, 2004, S. 4–6

Hippel, William von / Hippel, Frank A. von: »Sex drugs and animal parts: will Viagra save threatened species?«, *Environmental Conservation*, Bd. 29, Nr. 3, 2002, S. 277–281

Hippel, William von / Hippel, Frank A. von / Chan, Norman / Cheng, Clara: »Exploring the use of Viagra in place of animal and plant potency products in traditional Chinese medicine«, *Environmental Conservation*, Bd. 32, Nr. 3, 2005, S. 235–238

Hird, Myra: *Sex, Gender and Science*. Houndmills: Palgrave Macmillan, 2004

Hoover, Craig: »Response to ›Sex, drugs and animal parts: Will Viagra save threatened species?‹«, *Environmental Conservation*, Bd. 30, Nr. 4, 2003, 317–318

Horkheimer, Max: *Gesammelte Schriften*, Bd. 7. Frankfurt am Main: Suhrkamp, [1959] 1985

Horkheimer, Max: »Der Wolkenkratzer«. In: ders., *Notizen 1950 bis 1969 und Dämmerung. Notizen in Deutschland.* Frankfurt am Main: Suhrkamp, 1974, 287f. (Engl. »The Skyscraper«. In: *Dawn and Decline*: Notes 1926–1931 and 1950–1969. New York: The Seabury Press, p. 66.)

Horn, Tammy: *Bees in America: How the Honey Bee Shaped a Nation.* Lexington: University Press of Kentucky, 2005

Howard, Darren: »Necessary Fictions: The ›Swinish Multitude‹ and the Rights of Man«, *Studies in Romanticism*, Bd. 47, Nr. 2, Sommer 2008, S. 161–178

Humphries, Courtney: *Superdove: How the Pigeon Took Manhattan – And the World.* New York: Collins, 2008

Ingraham, Catherine: *Architecture and The Burdens of Linearity.* New Haven: Yale University Press, 1998

Ivor L. Miller: »Religious Symbolism in Cuban Political Performance«, *The Drama Review*, Bd. 44, Nr. 2, 2000, S. 30–55, hier: S. 30–32, 38f.

Jerolmack, Colin: »How Pigeons Became Rats: The Cultural-Spatial Logic of Problem Animals«, *Social Problems*, Bd. 55, Nr. 2, 2008, S. 72–94

Jerolmack, Colin: *The global pigeon.* Chicago: The University of Chicago Press, 2013

Johach, Eva: »Termitewerden: Staatenbildende Insekten im Industriezeitalter«, *Kultur & Gespenster*, Nr. 4, 2007, S. 20–37

Johnson, Charlotte: »District heating as heterotopia: Tracing the social contract through domestic energy infrastructure in Pimlico«, *Economic Anthropology*, 3:1, 2016, S. 94–105

Johnston, Richard / Janiga, Marián: *Feral Pigeons.* New York: Oxford University Press, 1995

Joy, Melanie: *Why We Love Dogs, Eat Pigs, and Wear Cows. An Introduction to Carnism.* Newburyport MA: Conari Press, 2009

Jurt, Pascal: »Menschliche Bienen. Interview mit Yann Moulier Boutang zur Entstehung und möglichen Überwindung des ›kognitiven Kapitalismus‹«, *springerin. Magazin zur Kritik und Theorie der Kultur der Gegenwart*, Heft 4, 2014

Kaika, Maria: »Dams as Symbols of Modernization: The Urbanization of Nature Between Geographical Imagination and Materiality«, *Annals of the Association of American Geographers*, Bd. 96, Nr. 2, 2006, S. 276–301

»Karoviertel, Termiten-Attacke«, *Hamburger Morgenpost*, 9. Februar 2009.

Karsten, Peter: *Between Law and Custom: »High« and »Low« Legal Cultures in the Lands of the British Diaspora – The United States, Canada, Australia, and New Zealand, 1600–1900.* Cambridge MA: Cambridge University Press, 2002

Kathan, Bernhard: »Human, unauffällig: Gehn mer Tauben vergiften im Park«, *Die Gazette*, 7. Dezember 2001

Klöver, Silke: *Was hat die Globalisierung mit uns zu tun? Grundwissen erwerben – Zusammenhänge erkennen*. Buxtehude: Persen Verlag, 2011

Konijnendijk, Cecil C.: *The Forest and the City – The Cultural Landscape of Urban Woodland*. Berlin: Springer, 2008

Kosek, Jake: »Ecologies of the Empire: On the new Uses of the Honeybee«, *Cultural Anthropology*, 25:4, 2010, S. 650–678

Kosek, Jake: »New Uses of the Honeybee.« In: Peet, Richard / Robbins, Paul / Watts, Michael (Hrsg.): *Global Political Ecology*, London: Routledge, 2011, S. 227–251

Kosut, Mary / Moore, Lisa Jean: »Urban Api-Ethnography: The Matter of Relations between Humans and Honeybees.« In: Pitts-Taylor, Victoria: *Mattering: Feminism, Science, and Materialism*, New York / London: New York University Press, 2016, S. 245–257

Kotte, Hans-Hermann: »Tauben-Population geht zurück«, *Frankfurter Rundschau*, 12. Juli 2012

Kowalczyk, Agnieszka: »Mapping Non-human Resistance in the Age of Biocapital«. In: Taylor, Nik / Twine, Richard (Hrsg.): *The Rise of Critical Animal Studies – From the Margins to the Centre*. London: Routledge 2014, S. 183–200

Kristeva, Julia: *Powers of horror. An essay on abjection*, New York: Columbia University Press, 1982

Kurth, Markus: »Ausbruch aus dem Schlachthof. Momente der Irritation in der industriellen Tierproduktion durch tierliche Agency«. In: *Das Handeln der Tiere. Tierliche Agency im Fokus der Human-Animal Studies*, herausgegeben von Wirth, Sven / Laue, Anett / Kurth, Markus / Dornenzweig, Katharina / Bossert, Leonie / Balgar, Karsten. Bielefeld: Transcript 2016, S. 179–209

Labisch, Alfons: »Species sanitation of malaria in the Netherlands East Indies (1913–1942) – an example of applied medical history?«, *Michael Quarterly*, Nr. 7, 2010, S. 296–306

Latour, Bruno: *The Pasteurization of France*, Cambridge MA: Harvard University Press, 1988

Laue, Anett: *Das sozialistische Tier: Auswirkungen der SED-Politik auf gesellschaftliche Mensch-Tier-Verhältnisse in der DDR (1949–1989)*. Köln: Böhlau Verlag, 2017.

Levitt, Steven D.: *Freakonomics: A Rogue Economist Explores the Hidden Side of Everything* (mit Stephen Dubner), New York: Harper Collins, 2005

Lewis, Tyson E.: »Swarm Intelligence: Rethinking the Multitude from within the Transversal Commons«, *Culture, Theory and Critique*, 51:3, 2010, S. 223–238.

Lock, Margaret / Nguyen, Vinh-Kim: *An Anthropology of Biomedicine*. Hoboken NJ: Wiley-Blackwell, 2010

Lockwood, Jeffery: *Six-Legged Soldiers: Using Insects as Weapons of War*, Oxford: Oxford University Press, 2008

Löhner, Gudrun: »Anopheles Anni vs. Malaria Mike.« In: Möhring, Maren / Perinelli, Massimo / Stieglitz, Olaf: *Tiere im Film. Eine Menschheitsgeschichte der Moderne.* Köln: Böhlau, 2009, S. 193–205

Luther, Dieter: *Die ausgestorbenen Vögel der Welt.* Wittenberg: Die Neue Brehm-Bücherei / A. Ziemsen Verlag, 1986

Lutz, Catherine / Elliston, Jon: »Domestic Terror«, *The Nation*, 14. Oktober 2002, S. 14–16

Macho, Thomas: *Das Leben nehmen. Suizid in der Moderne*. Berlin: Suhrkamp, 2017

Macho, Thomas: *Schweine. Ein Porträt*, Naturkunden Nr. 17, herausgegeben von Judith Schalansky. Berlin: Matthes & Seitz, 2015.

Mackinger, Christof / Pack, Birgit (Hrsg.): *§ 278a: Gemeint sind wir alle! Der Prozess gegen die Tierbefreiungs-Bewegung und seine Hintergründe*. Wien: Mandelbaum Verlag, 2011

Malay, Michael: »Modes of Production, Modes of Seeing: Creaturely Suffering in Upton Sinclairs The Jungle«. In: Dominik Ohrem, *American Beasts: Perspectives on Animals, Animality and U.S. Culture, 1776–1920.* Berlin: Neofelis, 2017, S. 123–149

Marí, Francisco / Buntzel, Rudolf: *Das globale Huhn. Hühnerbrust und Chicken Wings – Wer isst den Rest?* Frankfurt am Main: Brandes & Apsel, 2012

Markman, S. / Leitner, S. / Catchpole, C. / Barnsley, S. / Müller, C.T. et al.: »Pollutants Increase Song Complexity and the Volume of the Brain Area HVC in a Songbird«, *PLoS ONE*, 3:2, 2008, e1674, S. 1–6

Marks, Horst: *Unsere Haustauben*. Wittenberg: Ziemsen, 1971

Marx, Karl / Engels, Friedrich: *Werke* (MEW), herausgegeben vom Institut für Marxismus-Leninismus beim ZK der SED. Berlin: Dietz-Verlag, 1968

Massumi, Brian: *What Animals Teach Us about Politics*. Durham NC: Duke University Press Books, 2014

Mavhunga, Clapperton Changanetsa: *The Mobile Workshop: Mobility, Technology, and Human-Animal Interaction in Gonarezhou (National Park), 1850 – present*, Dissertation, University of Michigan, 2008

McNeill, John Robert: *Mosquito Empires: Ecology and War in the Greater Caribbean, 1620–1914,* Cambridge: Cambridge University Press, 2010

McNeur, Catherine: »The ›Swinish Multitude‹: Controversies over Hogs in Antebellum New York City«, *Journal of Urban History*, Bd. 37, Nr. 5, 2011, S. 639–660,

McNeur, Catherine: *Taming Manhattan: Environmental Battles in the Antebellum City*. Cambridge MA: Harvard University Press, 2014

Miller, Eric: »A Defect in Nature: The Figure of the Passenger Pigeon in Graeme Gibson and Other North American Writers.« In: Tinkler-Villani, V. / Barfoot, C.C.: *Restoring the Mystery of the Rainbow.* Amsterdam / New York: Rodopi, 2011, S. 333–354

Miller, Ivor L.: »Religious Symbolism in Cuban Political Performance«, *The Drama Review*, Bd. 44, Nr. 2, 2000, S. 30–55

Mitchell, Timothy: *Rule of Experts: Egypt, Techno-Politics, and Modernity.* Berkeley: University of California Press, 2002, S. 19–53

Mock, Wolfgang: »Margolis, Abraham«, *Neue Deutsche Biographie* 16, 1990, S. 169f.

Molella, Arthur P.: »Science Moderne: Sigfried Giedion's Space, Time and Architecture and Mechanization Takes Command«, *Technology and Culture*, Bd. 43, Nr. 2, 2002, S. 374–389

Morton, Timothy: *Humankind. Solidarity with Nonhuman People*. London und New York: Verso, 2017

Morton, Timothy: *Ökologie ohne Natur. Eine neue Sicht der Umwelt*, übersetzt von Dirk Höfer. Berlin: Matthes & Seitz, 2016

Much, Marc / Yard, Donna (Hrsg.): *Kafka's Creatures. Animals, Hybrids, and Other Fantastic Beings*. Lanham: Lexington Books, 2010

Neates, Patrick: *The London Pigeon Wars*. London: Penguin, 2004

Negri, Antonio: *Trilogy of Resistance.* Minneapolis / London: University of Minnesota Press, 2011

Nelson, Diane M.: »A social science fiction of fevers, delirium, and discovery: The Calcutta Chromosome, the colonial laboratory, and the postcolonial new human«, *Science Fiction Studies*, Bd. 30, Nr. 2, 2003, S. 246–266

Neocleous, Mark: *The Monstrous and the Dead: Burke, Marx, Fascism*. Cardiff: University of Wales Press, 2005

Neocleous, Mark: »The Monstrous Multitude: Edmund Burke's Political Teratology«, *Contemporary Political Theory*, Nr. 3, 2004, S. 70–88

Neocleous, Mark: *The Universal Adversary: Security, Capital and ›the Enemies of All Mankind‹*. Abingdon / Oxon / New York: Routledge, 2016

Neurath, Johannes: »Shifting Ontologies in Huichol Ritual and Art«, *Anthropology and Humanism*, 40:1, S. 58–71

Nietzsche, Friedrich: *Also sprach Zarathustra*. Kritische Studienausgabe, Band 4, München / Berlin / New York: Deutscher Taschenbuch Verlag & De Gruyter, 1988

Nightingale, Carl H.: *Segregation: A Global History of Divided Cities.* Chicago: University of Chicago Press, 2015

Njoh, Ambe J.: »Urban planning as a tool of power and social control in colonial Africa«, *Planning Perspectives*, Bd. 24, Nr. 3, 2009, S. 301–317

Noske, Barbara: *Beyond Boundaries: Humans and Animals*. Montréal: Black Rose Books, 1997

Noske, Barbara: *Humans and Other Animals: Beyond the Boundaries of Anthropology*, London: Pluto Press, 1989

Novek, Joel: »Pigs and People: Sociological Perspectives on the Discipline of Nonhuman Animals in Intensive Confinement«, *Society & Animals*, Bd. 13, Nr. 3, 2005, S. 221–244

Oechslin, Werner / Harbusch, Gregor: *Sigfried Giedion und die Fotografie. Bildinszenierungen der Moderne*. Zürich: Institut für Geschichte und Theorie der Architektur, 2010

Osten, Marion von / Spillmann, Peter: *Be Creative! – Der kreative Imperativ*. Zürich: Museum für Gestaltung Zürich, 2002

Pacyga, Dominic A.: *Slaughterhouse: Chicago's Union Stock Yards and the World it Made*. Chicago: Chicago University Press, 2015

Papadopoulos, Dimitris / Tsianos, Vassilis: »Die Autonomie der Migration: Die Tiere der undokumentierten Mobilität«; übersetzt von Birgit Mennel und Stefan Nowotny, eipcp; 15. September 2008, http://translate.eipcp.net/strands/02/papadopoulostsianos-strands01en?lid=papadopoulostsianos-strands01de#redir

Papadopoulos, Dimitris / Tsianos, Vassilis / Stephenson, Niamh: *Escape Routes. Control and Subversion in the 21st Century*. London: Pluto Press, 2008

Pasquinelli, Matteo: *Animal Spirits: A Bestiary of the Commons*. Amsterdam: Institute of Network Cultures / NAi Publishers, 2008

Payne, Mark: *The Animal Part: Human and Other Animals in the Poetic Imagination*. London / Chicago: University of Chicago Press, 2010

Pearl, Mike: »So unmoralisch ist es, Kokain zu nehmen«, *Vice Magazine*, 28. Mai 2016, https://www.vice.com/de_at/article/jmn7kx/ist-kokain-moralisch-vertretbar

Perlo, Katherine: »Marxism and the Underdog«, *Society & Animals*, Bd. 10, Nr. 3, 2002, S. 303–318

Pfaller, Robert: *Wofür es sich zu leben lohnt. Elemente materialistischer Philosophie*. Frankfurt a. M.: S. Fischer, 2011

Porcher, Jocelyne / Schmitt, Tiphaine: »Dairy Cows: Workers in the Shadows?«, *Society and Animals*, Bd. 20, Nr. 1, 2012, S. 39–60

Potter, Will: *Green is the New Red: An Insider's Account of a Social Movement Under Siege*. San Francisco: City Lights Books, 2011

Preciado, Paul Beatriz: »Pharmaco-pornographic Politics: Towards a New Gender Ecology«, *Parallax*, 14:1, 2008, S. 105–117

Preciado, Paul Beatriz: *Testo Junkie: Sex, Drogen und Biopolitik in der Ära der Pharmapornographie*. Berlin: b_books, 2016

Puar, Jasbir K. / Rai, Amit S.: »Monster, Terrorist, Fag: The War on Terrorism and the Production of Docile Patriots«, *Social Text*, Nr. 72, 2002, S. 117-48

Rafes, Hugh: *Insectopedia*. New York: Pantheon, 2010, S. 469–73

Ramírez, Juan Antonio: *The Beehive Metaphor: From Gaudí to Le Corbusier.* London: Reaktion Books, 2000

Rasmussen, Nicolas: »Plant Hormones in War and Peace: Science, Industry, and Government in the Development of Herbicides in 1940s America«, *Isis*, Bd. 92, Nr. 2, 2001, S. 291–316

Reis-Castro, Luisa / Hendrickx, Kim: »Winged promises: Exploring the discourse on transgenic Mosquitoes in Brazil«, *Technology in Society*, Nr. 35, 2013, S. 118–128

Riechelmann, Cord: *Bestiarium: Der Zoo als Welt, die Welt als Zoo.* Die Andere Bibliothek, Bd. 227, Frankfurt am Main: Eichborn, 2003

Ritvo, Harriet: *The Animal Estate: The English and Other Creatures in the Victorian Age*. London: Penguin, 1987

Roberts, Jonathan: »*Korle and the Mosquito:* Histories and memories of the antimalaria campaign, Accra, 1942–45«, *The Journal of African History*, Bd. 51, S. 343–365

Rock, Howard B.: »A Delicate Balance: The Mechanics and the City«, *The New-York Historical Quarterly,* Nr. 63, April 1979, S. 93–114

Rose, Eva / Nagel, Peter / Haag-Wackernagel, Daniel: »Spatio-temporal use of the urban habitat by feral pigeons (Columba livia)«, *Behavioral Ecology and Sociobiology*, Bd. 60, Nr. 2, S. 242–254

Rösener, Annette: *Die Stadttaubenproblematik: Ursachen, Entwicklungen, Lösungen; eine Literatur-Übersicht*. Aachen: Shaker, 1999

Russell, Edmund: *War and Nature: Fighting Humans and Insects with Chemicals from World War I to Silent Spring*, Cambridge MA: Cambridge University Press, 2001

Russell, Paul F.: *Man's Mastery of Malaria*, Oxford: Oxford University Press, 1955

Salcido, Rachael E.: »The Rocky Mountain Arsenal National Wildlife Refuge: On a Rocky Road To Creating a Community Asset«, *The John Marshall Law Review*, 47:4, 2014, S. 1399–1430

Salvatore, Ricardo: »Imperial Mechanics: South America's Hemispheric Integration in the Machine Age«, *American Quarterly*, 58:3, 2006, S. 663–691

Sax, Boria: *The Mythical Zoo: Animals in Myth, Legend, and Literature*. New York: Overlook Press, 2013

Schrom, Michael: »Michel Houellebecqs ›Unterwerfung‹: Die schwarze Taube über Paris«, *Christ in Gesellschaft,* 15. Februar 2015 (https://www.herder.de/cig/geistesleben/2015/01-06-2015/michel-houellebecqs-unterwerfung-die-schwarze-taube-ueber-paris

Sellenschlo, Udo: *Vorratsschädlinge und Hausungeziefer: Bestimmungstabellen für Mitteleuropa.* Heidelberg: Springer, 2010

Shukin, Nicole: *Animal Capital: Rendering Life in Biopolitical Times.* Minneapolis MN: University of Minnesota Press, 2009

Simon, Anne-Catherine: »Wie sieht der Unheilige Geist aus? Wie eine Stadttaube«, *Die Presse*, Print-Ausgabe, 15. Mai 2016

Skinner, B. F.: »Superstition in the Pigeon«, *Journal of Experimental Psychology*, Nr. 38, S. 168–172

Slater, Leo Barney / Humphreys, Margaret: »Parasites and Progress: Ethical Decision-Making and the Santee-Cooper Malaria Study, 1944–1949«, *Perspectives in Biology and Medicine*, 51:1, 2008, S. 103–120

Smith, Olivia: *The Politics of Language, 1791–1916.* Oxford: Clarendon, 1984

Soeffner, Hans-Georg: »Der fliegende Maulwurf (Der taubenzüchtende Bergmann im Ruhrgebiet) – totemistische Verzauberung und technologische Entzauberung der Sehnsucht«. In: Gumbrecht, Hans Ulrich / Pfeiffer, Karl Ludwig (Hrsg.): *Paradoxien, Dissonanzen, Zusammenbrüche*, Frankfurt am Main: Suhrkamp, 1990, S. 431–453

Spivak, Gayatri Chakravorty: »Can the Subaltern Speak?« In: Williams, Patrick / Chrisman, Laura (Hrsg.): *Colonial Discourse and Post-Colonial Theory: A Reader.* New York: Harvester / Wheatsheaf, 1994, S. 66–111

Starr, Douglas / Driver, Felix: »Imagining the Tropical Colony: Henry Smeathman and the Termites of Sierra Leone.« In: Driver, Felix / Martins, Luciana (Hrsg.): *Tropical Visions in an Age of Empire.* Chicago: University of Chicago Press, 2005, S. 92–112

Stine, Peter: »Franz Kafka and Animals«, *Contemporary Literature*, 22:1, 1981, S. 58–80

Strathern, Marylin: *Partial Connections.* Lanham MD: AltaMira Press, 2004

Suarez-Rodriguez, Monserrat / Lopez-Rull, Isabel / Macıas Garcia Constantino: »Incorporation of cigarette butts into nests reduces nest ectoparasite load in urban birds: new ingredients for an old recipe?«, *Biology Letters*, 9:1, 2012, S. 1–3

Sullivan, Nikki: »The Somatechnics of Perception and the Matter of the Non/human: A Critical Response to the New Materialism«, *European Journal of Women's Studies*, Nr. 19, 2012, S. 299–313

Sutherland, Jean L.: »Protozoa from Australian Termites«, *Quarterly Journal of Microscopical Science*, Bd. 2, 1933, S. 145–173

Sutter, Paul S.: »Nature's Agents or Agents of Empire? Entomological Workers and Environmental Change During the Construction of the Panama Canal«, *Isis*, Bd. 98, Nr. 4, 2007, S. 724–54

Tallack, Douglas: »Siegfried Giedion. Modernism and American Material Culture«, *Journal of American Studies*, Bd. 28, Nr. 2, 1994, S. 149–167

Timofeeva, Oxana: »Communism with a Nonhuman Face«, *e-flux journal*, issue #48, 10/2013, http://www.e-flux.com/journal/48/60030/communism-with-a-nonhuman-face/

Timofeeva, Oxana: *Unconscious Desire for Communism, Manuskript, 2018*

The Nation's Most Ironic Nature Park, Einleitung, Landschaftskalender 1991, Rocky Mountain Arsenal

Thierman, Stephen: »Apparatuses of Animality: Foucault Goes to a Slaughterhouse«. In: *Foucault Studies*, Nr. 9, 2010, S. 89–110

Trausmuth, Gudrun: »Was kommen kann, wenn nichts mehr da ist«, *Bene-Dicta*, 26. Mai 2017, http://www.kath.net/news/59723

Tronti, Mario: *Arbeiter und Kapital*. Frankfurt am Main: Verlag Neue Kritik, 1974

Tsing, Anna L.: »Empowering Nature, or: Some Gleanings in Bee Culture.« In: Yanagisako, S. / Delaney, C. (Hrsg.): *Naturalizing Power: Essays in Feminist Cultural Analysis*. New York: Routledge, 1995, S. 113–143

Turnbull, David: *Masons, Tricksters, and Cartographers: Comparative Studies in the Sociology of Scientific and Indigenous Knowledge*. New York: Routledge, 2000

Varley, John: *The Persistence of Vision*. New York: The Dial Press / James Wade, 1978

Vater, Günther: »Bestandsverminderung bei verwilderten Haustauben. Teil 1: Bilanz mitteleuropäischer Stadtverwaltungen«, *Bundesgesundheitsblatt – Gesundheitsforschung – Gesundheitsschutz*, 1999, Bd. 42, Nr. 12, S. 911–921

Vieweg, Martin: »Kurios: Nester aus Kippen«, *wissenschaft.de*, 5. Dezember 2012, https://www.wissenschaft.de/umwelt-natur/kurios-nester-aus-kippen-2/

Virno, Paolo: *Grammatik der Multitude: Öffentlichkeit, Intellekt und Arbeit als Lebensformen*, übersetzt von Klaus Neundlinger. Wien: Turia und Kant, 2014

Wagner, Eric: »The DMZ's Thriving Resident: The Crane«, *The Smithsonian Magazine*, April 2011

Wendt, Gunna: *Die Bechsteins: Eine Familiengeschichte*. Berlin: Aufbau, 2016

Werfring, Johann: *Rätselraten um das Wiener Ratzenstadl*, *Wiener Zeitung*, Beilage Programmpunkte, 18. Oktober 2012, S. 7

Wiesböck, Laura: *In besserer Gesellschaft. Der selbstgerechte Blick auf die Anderen*. Wien: Kremayr & Scheriau, 2018

Wilde, Lawrence: »›The creatures, too, must become free‹: Marx and the Animal/Human Distinction«, *Capital & Class*, Bd. 24, Nr. 3, 2000, S. 37–53

Williams, Eric: »Of Cinema, Food, and Desire: Franz Kafka's ›Investigations of a Dog‹«, *College Literature*, 34:4, 2007, S. 92–124

Wilson, Alexander: *The Culture of Nature: North American Landscape from Disney to the Exxon Valdez*. Cambridge, MA: Blackwell, 1992

Wray, Matt: *Not Quite White. White Trash and the Boundaries of Whiteness.* Durham: Duke University Press, 2006

Wright, Steve: *Den Himmel stürmen. Eine Theoriegeschichte des Operaismus.* Berlin / Hamburg: Assoziation A, 2005

Yomtov, Nel: *From Termite Den to Office Building.* Ann Arbor: Cherry Lake Publishing, 2014

Yücel, Deniz: »Einmal Fair-Trade-Biokoks, bitte.« In: ders.: *Wir sind ja nicht zum Spaß hier. Reportagen, Satiren und andere Gebrauchstexte.* Hamburg: Edition Nautilus, 2018

Žižek, Slavoj: *The Courage of Hopelessness. Chronicles of a Year of Acting Dangerously*. London: Penguin / Random House, 2017

INHALT